Caro aluno, seja bem-vindo à sua plataforma do conhecimento!

A partir de agora, você tem à sua disposição uma plataforma que reúne, em um só lugar, recursos educacionais digitais que complementam os livros impressos e são desenvolvidos especialmente para auxiliar você em seus estudos. Veja como é fácil e rápido acessar os recursos deste projeto.

1 Faça a ativação dos códigos dos seus livros.

Se você NÃO tiver cadastro na plataforma:
- Para acessar os recursos digitais, você precisa estar cadastrado na plataforma educamos.sm. Em seu computador, acesse o endereço <br.educamos.sm>.
- No canto superior direito, clique em "**Primeiro acesso? Clique aqui**". Para iniciar o cadastro, insira o código indicado abaixo.
- Depois de incluir todos os códigos, clique em "**Registrar-se**" e, em seguida, preencha o formulário para concluir esta etapa.

Se você JÁ fez cadastro na plataforma:
- Em seu computador, acesse a plataforma e faça o *login* no canto superior direito.
- Em seguida, você visualizará os livros que já estão ativados em seu perfil. Clique no botão "**Adicionar livro**" e insira o código abaixo.

Este é o seu código de ativação! → **DKD6B-4CJBR-AULBP**

2 Acesse os recursos.

Usando um computador

Usando um dispositivo móvel

Acesse o endereço <br.educamos.sm> e faça o *login* no canto superior direito. Nessa página, você visualizará todos os seus livros cadastrados. Para acessar o livro desejado, basta clicar na sua capa.

Instale o aplicativo **educamos.sm**, que está disponível gratuitamente na loja de aplicativos do dispositivo. Utilize o mesmo *login* e a mesma senha da plataforma para acessar o aplicativo.

Importante! Não se esqueça de sempre cadastrar seus livros da SM em seu perfil. Assim, você garante a visualização dos seus conteúdos, seja no computador, seja no dispositivo móvel. Em caso de dúvida, entre em contato com nosso canal de atendimento pelo **telefone 0800 72 54876** ou pelo **e-mail** atendimento@grupo-sm.com.

convergências
História 8

Caroline Torres Minorelli
- Bacharela e licenciada em História pela Universidade Estadual de Londrina (UEL-PR).
- Especialista em História e Teorias da Arte: Modernidade e Pós-Modernidade pela UEL-PR.
- Atuou como professora da rede pública de Ensino Fundamental e Ensino Médio.
- Autora de livros didáticos para o Ensino Fundamental.

Charles Hokiti Fukushigue Chiba
- Bacharel e licenciado em História pela Universidade Estadual de Londrina (UEL-PR).
- Especialista em História Social e Ensino de História pela UEL-PR.
- Professor das redes pública e particular de Ensino Fundamental, Ensino Médio e Ensino Superior.
- Autor de livros didáticos para o Ensino Fundamental.

Convergências – História – 8
© Edições SM Ltda.
Todos os direitos reservados

Direção editorial	M. Esther Nejm
Gerência editorial	Cláudia Carvalho Neves
Gerência de *design* e produção	André Monteiro
Edição executiva	Valéria Vaz
Coordenação de *design*	Gilciane Munhoz
Coordenação de arte	Melissa Steiner Rocha Antunes
Assistência de arte	Juliana Cristina Silva Cavalli
Coordenação de iconografia	Josiane Laurentino
Coordenação de preparação e revisão	Cláudia Rodrigues do Espírito Santo
Suporte editorial	Alzira Ap. Bertholim Meana
Projeto e produção editorial	Scriba Soluções Editoriais
Edição	Ana Flávia Dias Zammataro, Alexandre de Paula Gomes
Assistência editorial	Natalia Figueiredo Cirino de Moura
Revisão e preparação	Felipe Santos de Torre, Joyce Graciele Freitas
Projeto gráfico	Dayane Barbieri, Marcela Pialarissi
Capa	João Brito e Tiago Stéfano sobre ilustração de Estevan Silveira
Edição de arte	Cynthia Sekiguchi
Pesquisa iconográfica	Tulio Sanches Esteves Pinto
Tratamento de imagem	Equipe Scriba
Editoração eletrônica	Adenilda Alves de França Pucca (coord.)
Pré-impressão	Américo Jesus
Fabricação	Alexander Maeda
Impressão	Forma Certa Gráfica Digital

Dados Internacionais de Catalogação na Publicação (CIP)
(Câmara Brasileira do Livro, SP, Brasil)

Minorelli, Caroline Torres
   Convergências história : ensino fundamental : anos finais : 8º ano / Caroline Torres Minorelli, Charles Hokiti Fukushigue Chiba. -- 2. ed. -- São Paulo : Edições SM, 2018.

   Bibliografia.
   ISBN 978-85-418-2155-1 (aluno)
   ISBN 978-85-418-2159-9 (professor)

   1. História (Ensino fundamental) I. Chiba, Charles Hokiti Fukushigue. II. Título.

18-20888   CDD-372.89

Índices para catálogo sistemático:

1. História : Ensino fundamental 372.89
Maria Alice Ferreira - Bibliotecária - CRB-8/7964

2ª edição, 2018
3ª impressão, dezembro 2023

SM Educação
Rua Tenente Lycurgo Lopes da Cruz, 55
Água Branca   05036-120   São Paulo   SP   Brasil
Tel. 11 2111-7400
atendimento@grupo-sm.com
www.grupo-sm.com/br

Apresentação

Cara aluna, caro aluno,

Tudo o que conhecemos tem história: as construções, os aparelhos que utilizamos no dia a dia, nossos direitos e deveres, nossos hábitos e costumes, nossos valores, nossas famílias, as outras pessoas, entre outros exemplos.

A História existe para nos auxiliar a compreender, por exemplo, como o mundo atual se formou e quais são os nossos vínculos com os nossos antepassados. Dessa maneira, podemos entender as mudanças e as permanências que ocorreram na nossa sociedade ao longo do tempo, nos ajudando a fazer escolhas mais conscientes para a construção de um futuro melhor.

Portanto, esta coleção foi produzida para auxiliar você no estudo da História. Nela, você vai encontrar uma grande variedade de imagens, textos, atividades e outros recursos que o ajudarão a descobrir mais sobre nós, seres humanos, e sobre nossas relações com o tempo passado, presente e futuro.

Bom ano e bons estudos!

Raul Aguiar

Conheça seu livro

Esta coleção apresenta assuntos interessantes e atuais, que o auxiliarão a desenvolver autonomia, criticidade, entre outras habilidades e competências importantes para a sua aprendizagem.

Abertura de unidade

Essas páginas marcam o início de uma nova unidade. Elas apresentam uma imagem instigante, que se relaciona aos assuntos da unidade. Conheça os capítulos que você irá estudar e participe da conversa proposta pelo professor.

Iniciando rota

Ao responder a essas questões, você vai saber mais sobre a imagem de abertura, relembrar os conhecimentos que já tem sobre o tema apresentado e se sentir estimulado a aprofundar-se nos assuntos da unidade.

Boxe informativo

Esse boxe apresenta temas atuais e informações que ampliam o assunto estudado.

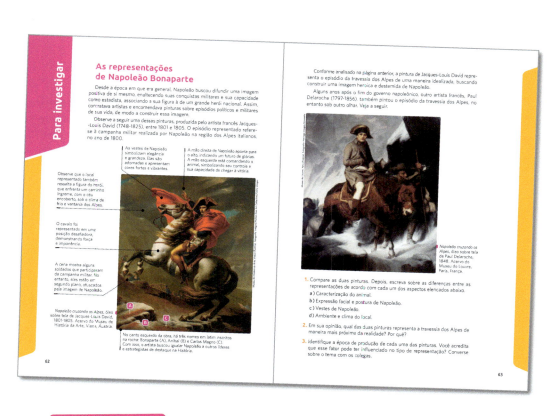

Para investigar

Nessa seção, você vai ler e analisar, com o auxílio de um roteiro, diferentes fontes históricas, como documentos pessoais, trechos de cartas e diários, entre outras. A análise de fontes históricas pode revelar informações sobre o passado e auxiliar na compreensão do presente.

Boxe complementar

Esse boxe apresenta assuntos que complementam o tema estudado.

Vocabulário

Algumas palavras menos conhecidas terão seus significados apresentados na página, para que você se familiarize com elas. Essas palavras estarão destacadas no texto.

Ícone pesquisa

Esse ícone marca as atividades em que você deverá fazer uma pesquisa.

Ícone em grupo

Esse ícone marca as atividades que serão realizadas em duplas ou em grupos.

Ícone digital

Esse ícone remete a um objeto educacional digital.

Atividades

Nessa seção, são propostas atividades que irão auxiliá-lo a refletir, a organizar os conhecimentos e a conectar ideias.

Verificando rota

Aqui você terá a oportunidade de avaliar sua aprendizagem por meio de perguntas que o farão refletir sobre os conhecimentos que você tinha antes de iniciar os estudos, comparando-os com o aprendizado adquirido ao longo da unidade.

Ampliando fronteiras

Nessa seção, você encontrará informações que o levarão a refletir criticamente sobre assuntos relevantes e a estabelecer relações entre diversos temas ou conteúdos. Os assuntos são propostos com base em temas contemporâneos, que contribuem para a sua formação cidadã e podem ser relacionados a outros componentes curriculares.

▶ Aprenda mais

Aproveite as sugestões de livros, filmes, *sites*, vídeos e dicas de visitas para aprender um pouco mais sobre o conteúdo estudado. Essas sugestões aparecerão ao final de cada um dos volumes.

Sumário

UNIDADE 1 — O Iluminismo e a Revolução Industrial ... 12

CAPÍTULO 1 — O Iluminismo ... 14
- As monarquias absolutistas ... 14
- Os precursores do Iluminismo ... 15
- Como pensavam os iluministas? ... 16
- **Atividades** ... 22

CAPÍTULO 2 — As Revoluções Inglesas ... 24
- A Revolução Puritana ... 24
- A Revolução Gloriosa ... 25
- A Revolução Industrial ... 26
- As inovações tecnológicas ... 28
- A sociedade industrial ... 30
- **Atividades** ... 38
- **Verificando rota** ... 39
- **Ampliando fronteiras**
  - As inovações tecnológicas na produção de energia ... 40

UNIDADE 2 — A Revolução Francesa e a Era de Napoleão ... 42

CAPÍTULO 3 — A Revolução Francesa ... 44
- O Antigo Regime ... 44
- A luta contra o Antigo Regime ... 46
- A convocação dos Estados Gerais ... 47
- A Assembleia Nacional Constituinte ... 48
- A implantação da república na França ... 52
- A fase do Terror ... 53
- A reação termidoriana ... 54
- **Atividades** ... 55

CAPÍTULO 4 — A volta do regime centralizado ... 58
- O golpe de 18 Brumário ... 58
- O governo do Consulado ... 59
- O Império Napoleônico ... 60
- **Para investigar**
  - As representações de Napoleão Bonaparte ... 62
  - As derrotas e o exílio de Napoleão ... 64
  - O Congresso de Viena ... 65
- **Atividades** ... 66
- **Verificando rota** ... 67
- **Ampliando fronteiras**
  - Os ecos da revolução ... 68

Ernesto Reghran/Pulsar Imagens

UNIDADE 3 — Independências na América ... 70

CAPÍTULO 5 — A formação dos Estados Unidos ... 72
- Colonização e trabalho nas Treze Colônias ... 72
- Religiosidade e educação ... 73
- A independência das Treze Colônias ... 74
- ▸ Atividades ... 76

CAPÍTULO 6 — A independência do Haiti e das colônias espanholas ... 78
- A colônia de São Domingos ... 78
- A independência do Haiti ... 79
- A crise nas colônias espanholas ... 81
- As independências na América espanhola ... 82
- O processo de independência do México ... 84
- A independência de Cuba ... 86
- A América Latina após as independências ... 87
- ▸ Atividades ... 90
- ▸ Verificando rota ... 91
- ▸ Ampliando fronteiras
  O Muralismo Mexicano ... 92

UNIDADE 4 — De colônia a Império ... 94

CAPÍTULO 7 — Mudanças na colônia ... 96
- A Conjuração Mineira ... 96
- A Conjuração Baiana ... 99
- A transferência da Corte portuguesa ... 100
- A sede da Coroa portuguesa no Rio de Janeiro ... 102
- O processo de emancipação do Brasil ... 106
- ▸ Atividades ... 112

CAPÍTULO 8 — O Primeiro Reinado ... 114
- A primeira Constituição do Brasil ... 115
- A Confederação do Equador ... 116
- A crise do Primeiro Reinado ... 116
- ▸ Atividades ... 118
- ▸ Verificando rota ... 119
- ▸ Ampliando fronteiras
  Higiene e saúde no Brasil Império ... 120

UNIDADE 5 — O período Regencial e o Segundo Reinado 122

CAPÍTULO 9 — O período Regencial 124
- A instabilidade política 125
- As revoltas regenciais 126
- ▌ Para investigar
  Imagens do cotidiano brasileiro 130
- ▌ Atividades 132

CAPÍTULO 10 — O Segundo Reinado 134
- O governo de dom Pedro II 134
- O Brasil rural 135
- Urbanização e crescimento das cidades 138
- ▌ Atividades 142
- ▌ Verificando rota 143
- ▌ Ampliando fronteiras
  Educação e ensino no Império 144

UNIDADE 6 — A transição do Império para a República 146

CAPÍTULO 11 — Trabalho e sociedade no Império 148
- O café e a imigração no Brasil 150
- A introdução do trabalho assalariado 151
- A cultura no Brasil do século XIX 154
- ▌ Atividades 158

CAPÍTULO 12 — Do Império à República 160
- A Guerra do Paraguai 160
- A crise do Império 163
- A Proclamação da República 167
- ▌ Atividades 170
- ▌ Verificando rota 171
- ▌ Ampliando fronteiras
  A fotografia e a História 172

Giorgos Moutafis/Reuters/Fotoarena

UNIDADE 7 — A Europa no século XIX e o Imperialismo 174

CAPÍTULO 13 — As transformações na Europa no século XIX 176
- As revoluções na França 176
- A unificação da Itália 178
- A unificação da Alemanha 179
- As transformações científicas e tecnológicas 180
- ▶ Atividades 184

CAPÍTULO 14 — O crescimento urbano e o imperialismo europeu 186
- A sociedade europeia no final do século XIX 186
- As teorias sociais 190
- O capitalismo financeiro 192
- O imperialismo no século XIX 193
- ▶ Atividades 198
- ▶ Verificando rota 199
- ▶ Ampliando fronteiras
  As tecnologias do século XXI 200

UNIDADE 8 — Neocolonialismo e a expansão dos Estados Unidos 202

CAPÍTULO 15 — O neocolonialismo europeu 204
- A África no século XIX 204
- A Conferência de Berlim 206
- Resistência na África 212
- O imperialismo e o neocolonialismo na Ásia 214
- Resistência na Ásia 217
- ▶ Atividades 218

CAPÍTULO 16 — A expansão dos Estados Unidos no século XIX 220
- O Destino Manifesto 220
- A situação dos povos indígenas 222
- O crescimento populacional 223
- A divisão entre o Norte e o Sul 224
- A Guerra Civil Americana 225
- O imperialismo estadunidense 228
- ▶ Para investigar
  Os selos que contam história 230
- ▶ Atividades 232
- ▶ Verificando rota 233
- ▶ Ampliando fronteiras
  Os nativos sob as lentes do cinema 234

▶ Aprenda mais 236
▶ Referências bibliográficas 239

UNIDADE 1
O Iluminismo e a Revolução Industrial

Capítulos desta unidade
- **Capítulo 1** - O Iluminismo
- **Capítulo 2** - As Revoluções Inglesas

Vista da cidade de Swansea, no atual País de Gales, Grã-Bretanha. Gravura de Jean-Baptiste Henri Durand-Brager, feita no século XIX.

Coleção Particular. Fotografia: The Art Archive/Ianni Dagli Orti/Diomedia

Iniciando rota

1. Descreva as principais características da cidade industrial europeia representada nesta gravura do século XIX.

2. O que você já sabe sobre o Iluminismo e a Revolução Industrial? Comente.

3. No século XIX, a industrialização em larga escala causou sérios prejuízos ao ambiente. E atualmente, isso ainda acontece? Explique.

13

CAPÍTULO

1 O Iluminismo

Na Europa, o século XVIII também ficou conhecido como o **Século das Luzes**. Tal expressão foi utilizada pelos próprios intelectuais da época que, influenciados pelo pensamento renascentista dos séculos XV e XVI, buscavam interpretar o mundo sob a "luz da razão", ou seja, por meio do pensamento racional e da ciência.

Esses pensadores, embora muitas vezes com ideias diferentes, fizeram parte de um movimento cultural e intelectual chamado **Iluminismo**, passando a difundir os seguintes conceitos: razão, progresso e liberdade. Dessa forma, a maioria deles compartilhava concepções, como a defesa do pensamento racional e a crítica à autoridade da Igreja católica e ao regime absolutista.

As monarquias absolutistas

Desde o século XV, com a formação dos Estados modernos, o absolutismo foi o sistema político predominante em diversos reinos na Europa. Nas monarquias absolutistas, o poder político era centralizado na autoridade do rei, o que era legitimado pela Igreja católica, pois se acreditava que os reis governavam sob desígnios divinos.

Representação dos principais grupos sociais da Europa, na época das monarquias absolutistas: nobreza, clero e camponeses. Detalhe de gravura de artista desconhecido, produzida no século XVIII.

A sociedade era hierarquizada e desigual, sendo a condição social do indivíduo determinada pelo nascimento. Assim, havia rígida divisão entre os privilegiados, que pertenciam à nobreza e ao clero, e a maioria da população, que incluía camponeses, trabalhadores urbanos e burgueses.

Foi a partir da segunda metade do século XVII que se formou, na Inglaterra, um pensamento político que começou a questionar o absolutismo e as desigualdades desse sistema, além de defender princípios, como liberdade humana, que até então eram pouco discutidos. Com o tempo, esse movimento intelectual, que mais tarde foi chamado de Iluminismo, se difundiu em outras nações, como a França, como estudaremos mais adiante.

1 Descreva a gravura. Como foram representados os grupos sociais que nela aparecem?

2 O que o modo como esses grupos foram representados indica sobre a sociedade europeia na época do absolutismo?

14

Os precursores do Iluminismo

Diversos filósofos, artistas plásticos, pintores, escritores, entre outros, destacaram-se como precursores, ou seja, os pioneiros, do Iluminismo ainda no século XVII, como o inglês John Locke (1632-1704) e o francês René Descartes (1596-1650). O movimento, no entanto, consolidou-se apenas no século XVIII.

John Locke

O filósofo John Locke destacou-se principalmente por questionar a autoridade dos monarcas absolutistas e por elaborar as bases do **liberalismo político**, propondo a limitação do papel do Estado, um pacto social entre governantes e governados, entre outros aspectos. Dessa forma, o filósofo criticava o princípio do poder divino dos reis e defendia a ideia de que eles deveriam ser submetidos às leis. E, caso as descumprissem, o governante perderia o direito de exercer seu cargo. Em sua obra *Dois tratados sobre o governo*, de 1690, ele partia do princípio de que os seres humanos possuem direitos naturais, como o direito à vida, à liberdade e à propriedade, e que cabia ao Estado garanti-los.

René Descartes

Descartes é considerado um dos fundadores da filosofia moderna. Sua obra mais conhecida é *Discurso do método*, publicada em 1637.

Ele defendia a observação e a experimentação como fontes para o conhecimento científico e foi o autor da frase "penso, logo existo", que mostra sua crença na dúvida e no questionamento como pontos de partida para compreender a verdade.

Por meio da razão e do raciocínio, o método matemático era o meio mais fácil para chegar ao conhecimento seguro, de acordo com Descartes. Além disso, ele acreditava que o universo material, assim como a natureza, podiam ser comparados a uma máquina, sendo desse modo regidos por leis mecânicas.

Representação de René Descartes. Gravura extraída da obra *Opera philosophica*, de Descartes, escrita no século XVII.

"Ouse saber!"

Na Alemanha, um dos pensadores mais conhecidos do Iluminismo é Immanuel Kant (1724-1804). De acordo com Kant, por meio da razão, os humanos deveriam conquistar sua autonomia, pensando por si próprios. Em seu artigo *O que é o esclarecimento?*, de 1783, Kant comenta "Ouse saber! Tenha a coragem de te servir de teu próprio entendimento, tal é portanto a divisa do esclarecimento".

Como pensavam os iluministas?

Com base nos conceitos de razão e de progresso, os filósofos iluministas acreditavam no avanço constante da racionalidade humana sobre o desconhecido. Por meio de uma postura crítica, as pessoas poderiam usar o pensamento racional para promover mudanças e para melhorar o mundo ao redor delas. O texto a seguir comenta sobre a maneira de pensar dos iluministas.

> [...]
> Pensar racionalmente, filosoficamente, isto é, pensar diferente. Que significa esse novo pensar? Basicamente, trata-se de criticar, duvidar e, se necessário, demolir. A razão define-se, portanto, como crítica de um pensamento "tradicional" – de suas formas e conteúdos. Não há mais espaços proibidos à razão. Tudo deve ser submetido ao espírito crítico. Afinal, é através da crítica do existente que se poderá produzir o novo e o verdadeiro. Os preconceitos, as superstições, os ídolos [...] constituem barreiras ou véus que ocultam/encobrem a verdade, impedindo o caminho até ela. [...]
>
> Francisco José Calazans Falcon. *Iluminismo*. São Paulo: Ática, 1991. p. 37. (Série Princípios).

> De acordo com o pensamento iluminista, o que impedia o caminho até a verdade?

A pintura a seguir, intitulada *A lição com o planetário*, de Joseph Wright (1734-1797), foi produzida no século XVIII e expressa muitas concepções do Iluminismo. Nela, um cientista demonstra o funcionamento do Sistema Solar com um planetário, provavelmente usando uma vela no centro para representar o Sol. Ao redor do cientista, pessoas mais jovens aparentam ouvir a explicação com interesse e admiração.

A vela, que ilumina as pessoas em volta do planetário, tem a intenção de simbolizar a luz do conhecimento e do esclarecimento sobre a ignorância, que é representada pela escuridão ao redor.

A lição com o planetário, óleo sobre tela de Joseph Wright, produzido em 1766. Acervo do Museu e Galeria de Arte de Derby, Inglaterra.

Os pensadores iluministas

A crítica racionalista dos filósofos iluministas sobre o mundo levou-os a refletir sobre diferentes problemas da sociedade da época, como a organização do Estado e da sociedade, o papel da Igreja católica, entre outros.

A desigualdade e a opressão pelas quais grande parte da população europeia passava, no século XVIII, levaram muitos iluministas a pensar em novas formas de organização política e social. Conheça a seguir as suas principais ideias.

A crítica ao absolutismo

A crítica ao despotismo exercido pelos reis absolutistas europeus foi um dos principais temas estudados pelos filósofos iluministas. Desde o século XVII, pensadores como o inglês John Locke, como vimos anteriormente, já propunham novas concepções de Estado e questionavam o autoritarismo dos governantes.

As ideias de John Locke influenciaram muitos pensadores iluministas. Conheça a seguir alguns filósofos franceses e o que cada um deles pensava sobre o poder político na época.

> **Despotismo:** tipo de governo centralizado nas mãos de um déspota, que exerce o poder de maneira autoritária e absoluta.

Charles-Louis de Secondat, conhecido como **barão de Montesquieu** (1689-1755), escreveu *O espírito das leis*, obra publicada em 1748. Para Montesquieu, a liberdade seria garantida por meio da separação dos poderes do Estado em: Poder Executivo, Poder Legislativo e Poder Judiciário. Administrados por diferentes pessoas, essa divisão de poderes políticos garantiria mais equilíbrio e liberdade, inibindo o abuso de poder.

Representação de Montesquieu. Óleo sobre tela de Jacques-Antoine Dassier, 1728. Acervo do Palácio de Versalhes, França.

Para o filósofo Francois Marie Arouet, conhecido como **Voltaire** (1694-1778), autor da obra *Cândido, ou o otimismo*, publicada em 1759, a liberdade seria garantida pelo estabelecimento de um governo regido por leis aplicadas a todos os cidadãos. Dessa forma, o Estado deveria garantir e promover a justiça, a tolerância religiosa, a liberdade de imprensa, entre outros direitos.

Representação de Voltaire. Óleo sobre tela de Nicolas de Largillière, 1718. Acervo do Museu Carnavalet, Paris, França.

Um dos pensadores iluministas mais influentes foi **Jean-Jacques Rousseau** (1712-1778). Em sua obra *O contrato social*, publicada em 1762, o filósofo defendeu o princípio de que os seres humanos nascem bons e livres, mas que são corrompidos pela sociedade, que os faz perder sua liberdade ao longo da vida. Para Rousseau, a liberdade poderia ser reconquistada por meio de um contrato, ou pacto social, em que cada indivíduo se comprometeria a abrir mão de seus interesses pessoais em prol da coletividade e do bem comum.

Representação de Rousseau. Pastel sobre papel de Maurice Quentin de La Tour, 1753. Acervo do Museu Antoine Lécuyer, Saint-Quentin, França.

A crítica à Igreja católica

Os filósofos iluministas, principalmente Voltaire, criticavam o poder exercido pela Igreja católica durante o século XVIII e as doutrinas dessa instituição religiosa, que desafiavam a razão e que não podiam ser cientificamente comprovadas.

Além disso, os pensadores iluministas combatiam outros preceitos do catolicismo, entre eles o que considerava a natureza humana essencialmente pecaminosa e dependente de Deus. Eles também se opunham ao modo como os religiosos julgavam as pessoas, ou seja, por meio de um poder que não se baseava na razão.

Embora muitos desses filósofos fossem religiosos, eles eram contra a prática de censura e a repressão exercidas pela Igreja, pois, segundo eles, eram práticas que resultavam em guerras e perseguições.

A crítica à economia

A principal teoria econômica da época do Iluminismo foi a idealizada pelo pensador escocês Adam Smith (1723-1790), em sua obra *Investigação sobre a natureza e as causas da riqueza das nações*, de 1776. Nessa obra, Adam Smith defendia o fim da intervenção do Estado na economia e orientação do mercado pela **lei da oferta e da procura** (leia o boxe abaixvo). Suas ideias deram origem ao **liberalismo econômico**.

Oferta e procura

A lei da oferta e da procura é uma teoria que relaciona a quantidade de produtos disponíveis com o interesse dos consumidores. Assim, se há grande quantidade de determinado produto e pouca procura, seu preço tende a cair. Entretanto, se há pouca disponibilidade desse produto e muita procura, seu preço tende a subir.

Moeda do século XVIII em homenagem a Adam Smith, na qual aparece escrito "riqueza das nações", traduzido do inglês *"wealth of nations"*. Nela, vemos representadas algumas ferramentas e um pacote de mercadorias pronto para ser embarcado nos navios. Acervo particular.

Balança comercial favorável: o equivalente a exportar mais produtos do que importar.

Monopólio comercial: neste caso, privilégio concedido a uma pessoa ou a uma empresa de ter exclusividade no comércio de determinados produtos ou prestação de serviços.

Ao contrário do mercantilismo, em que a riqueza das nações era medida pela capacidade de acumulação de metais preciosos, pela balança comercial favorável e pelos monopólios comerciais, no liberalismo econômico a riqueza passaria a ser medida pelo trabalho e pela quantidade e qualidade de bens e serviços produzidos.

Outro importante conceito apresentado por Adam Smith, que contribuiu para a definição do liberalismo econômico, é o de **livre concorrência**. De acordo com esse princípio, diferentes empresas que atuam no mesmo ramo devem concorrer entre si. Dessa maneira, espera-se que haja redução de preços e melhoria dos produtos ou serviços oferecidos ao consumidor.

A importância da educação

Para os filósofos iluministas, uma das principais maneiras de se promover o racionalismo, a liberdade política, religiosa e econômica seria por meio de reformas na educação.

No século XVIII, o acesso ao ensino formal destinava-se a uma parcela muito pequena da população. Além disso, escolas e outras instituições educacionais eram geralmente administradas pelas ordens religiosas da Igreja católica, que influenciavam a formação dos jovens com a transmissão de princípios religiosos.

Para tornar o ensino mais acessível e alinhado aos seus ideais, os iluministas defendiam a educação gratuita, obrigatória e laica, capaz de contribuir para a construção da autonomia e da visão crítica sobre o mundo.

Jean-Jacques Rousseau, em sua obra *Emílio, ou Da Educação*, de 1762, reconheceu a importância da formação de crianças e jovens. Para ele, a educação deveria oferecer meios para os seres humanos conservarem sua bondade natural em um mundo corrompido. Essas condições seriam garantidas por uma educação crítica, voltada para a formação política e moral dos indivíduos.

De acordo com as ideias de Rousseau, até os 12 anos de idade, a família teria papel fundamental na educação das crianças, ajudando a preservar sua bondade natural. Ao lado, *Os verdadeiros professores*, gravura de Jean-Baptiste Mallet e N. Lambert feita no século XVIII, que representa a importância do pai e da mãe na educação dos filhos.

O despotismo esclarecido

No século XVIII, alguns monarcas europeus realizaram reformas políticas e econômicas para atender às demandas da burguesia, classe social em ascensão na época. Muitas dessas reformas foram influenciadas pelas ideias iluministas e, por isso, esses monarcas ficaram conhecidos como **déspotas esclarecidos**.

Frederico, o Grande (1712-1786), da Prússia, por exemplo, procurou organizar a burocracia, tornando a arrecadação de impostos mais eficiente. Além disso, incentivou o desenvolvimento da manufatura, do comércio e da agricultura, além de promover o ensino público no país.

Outro exemplo foi Catarina, a Grande (1729-1796), da Rússia, que, entre outras medidas, buscou incentivar o crescimento das universidades e concedeu liberdade religiosa à população.

Representação de Catarina, a Grande. Óleo sobre tela de Fedor Stepanovich Rokotov, feito em 1770. Acervo do Museu Hermitage, São Petersburgo, Rússia.

Enciclopédia

Uma das obras iluministas mais conhecidas é a *Enciclopédia*, um conjunto de livros com 35 volumes que procurou reunir e sistematizar todo o conhecimento existente até então. Ela foi produzida por diversos pensadores, entre eles Denis Diderot (1713-1784) e Jean-Baptiste D'Alembert (1717-1783). Observe a imagem abaixo.

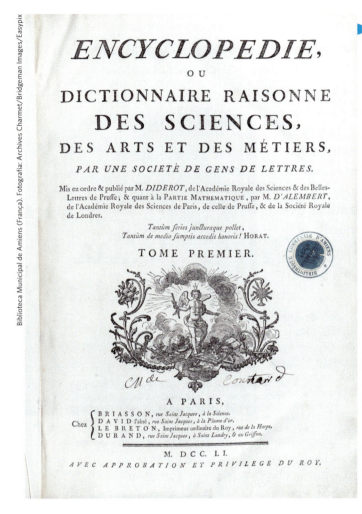

Reprodução da capa da obra francesa *Encyclopédie, ou Dictionnaire raisonné des sciences, des arts et des métiers* (em tradução para o português: *Enciclopédia, ou Dicionário razoado das ciências, das artes e dos ofícios*), publicada em 1751.

> A data da publicação está indicada no final da página, em algarismos romanos, você conseguiu identificar?

A palavra **enciclopédia** vem do grego e significa "conhecimento geral". Isso indica a intenção de seus autores de reunir todo o conhecimento científico, artístico e filosófico adquiridos até o século XVIII. De acordo com Diderot, o objetivo da obra era eliminar a ignorância, os preconceitos e as superstições, defendendo uma educação baseada na razão e na ciência para formar cidadãos "esclarecidos".

O trabalho de redação e publicação da *Enciclopédia* levou mais de 30 anos. A obra foi organizada por temas, como matemática, mecânica, mineralogia, história, literatura, filosofia, política, economia, música, entre outros. Essa organização de temas e verbetes viria a servir de modelo para enciclopédias dos séculos XIX e XX, como a *Britannica* e a *Barsa*, e, na atualidade, para as enciclopédias disponíveis na internet.

Mas há diferenças entre elas. A enciclopédia dos iluministas tinha um caráter bastante crítico e incorporava os debates da época sobre determinados assuntos. Enciclopédias como a *Britannica* e a *Barsa*, por sua vez, organizavam-se simplesmente como repositórios de temas gerais, sem incorporar críticas e polêmicas. Já as enciclopédias *on-line* são funcionais e informam sobre diversos temas, porém, geralmente sem aprofundamento.

Agora, veja um verbete disponível em uma enciclopédia *on-line*.

História

A História é o estudo do passado. Estudamos História para compreender melhor a humanidade, bem como as coisas que ocorrem hoje e as que podem acontecer no futuro.

Os especialistas no estudo da História são os historiadores. Eles geralmente escolhem um período de tempo ou um povo em especial para pesquisar. Muitas vezes, utilizam registros escritos, como diários, cartas e artigos de jornal, para aprender mais sobre o passado.

Registros históricos relativamente recentes podem ser obtidos com facilidade. A maior parte deles está impressa em papel ou arquivada em computadores. No entanto, muitos registros antigos eram gravados na pedra ou pintados em paredes. Com o passar dos séculos, muitas vezes eles acabaram soterrados, parcialmente destruídos ou cobertos por camadas de tinta. Os historiadores que estudam as épocas mais antigas precisam recuperar esses materiais para poder examiná-los.

Os historiadores podem ter de utilizar recursos da Arqueologia para estudar os tempos antigos. A Arqueologia é o estudo dos vestígios de edificações e objetos construídos por povos do passado. Alguns povos não tinham escrita. Mesmo assim, os historiadores e os arqueólogos conseguem aprender muito sobre o modo de vida deles ao estudar as ferramentas, as roupas, as armas, a arquitetura e outros elementos de sua cultura.

[...]

História. Britannica Escola Online. Enciclopédia Escolar Britannica, 2018. Disponível em: <http://escola.britannica.com.br/article/481504/historia>. Acesso em: 19 out. 2018. Reprodução autorizada pela Enciclopédia Escolar Britannica, © 2018 by Encyclopædia Britannica, Inc.

Nas enciclopédias *on-line*, é possível encontrar o significado da palavra buscada digitando-a no campo de busca.

O texto dos verbetes das enciclopédias *on-line* podem apresentar *hiperlinks*. Ao clicar em um *hiperlink*, você é direcionado a outra página interligada. Também pode ser um texto, uma imagem ou outro arquivo.

> Você já utilizou alguma enciclopédia *on-line*? Qual era o objetivo? O recurso utilizado foi útil para você? Converse com os colegas. Depois, comentem a importância desse meio de pesquisa na atualidade.

Atividades

Organizando o conhecimento

1. Como era caracterizada a sociedade europeia no século XVIII?

2. Por que o século XVIII ficou conhecido como Século das Luzes?

3. Observe a pintura da página **16** e explique por que ela pode ser relacionada ao contexto do Iluminismo.

4. Produza um texto explicando o que é liberalismo econômico. Utilize as palavras do quadro.

> livre concorrência • oferta e procura • trabalho • Adam Smith

Conectando ideias

5. Uma das questões debatidas pelos filósofos iluministas era a relação entre os seres humanos e os outros seres vivos. Eles questionavam o costume de se usar espécies de animais vivos em experimentos científicos, prática fundamentada pela ideia de que os seres não humanos eram semelhantes às máquinas, sendo, portanto, insensíveis à dor e ao sofrimento. O texto a seguir apresenta o que defendiam os filósofos Voltaire, Humphry Primatt e Jeremy Bentham a respeito desse tema.

> [...]
>
> No século XVIII, sob as "luzes" do Iluminismo, alguns filósofos como Voltaire (1694-1778) criticam a experimentação animal, sugestionando que os animais não humanos são dotados com os mesmos órgãos de sensação que nós, assim seria ilógico pensar que eles não pudessem igualmente sentir dor. Humphry Primatt (1735-1777) e Jeremy Bentham (1748-1832) iniciam, então, uma crítica filosófica à tirania do ser humano frente aos outros animais, baseando-se no princípio da dorência e na capacidade dos seres em sofrer. [...]
>
> Flávia Bernardo Chagas; Fernanda Maurer D´Agostini. Considerações sobre a experimentação animal: Conhecendo as implicações éticas do uso de animais em pesquisas. *Revista Redbioética/UNESCO*, ano 3, v. 2, n. 6, jul./dez. 2012. p. 38. Disponível em: <www.unesco.org.uy/shs/red-bioetica/fileadmin/shs/redbioetica/Revista_6/RevistaBioetica6b-35a46.pdf>. Acesso em: 5 out. 2018.

Princípio da dorência: princípio que defende que todos os animais sentem dor e sofrem, por isso devem ser tratados com respeito.

a) De acordo com o texto, o que pensavam os filósofos iluministas sobre a experimentação animal?

b) O que você sabe sobre a utilização de animais vivos em experimentos científicos? Explique sua resposta.

c) Reúna-se em grupo com colegas e pesquisem sobre o uso de animais em estudos científicos na atualidade. Depois, discutam o tema e apresentem o argumento do grupo em um texto coletivo.

6. Observe a fonte ao lado. Trata-se de uma das páginas da *Enciclopédia*.

a) Essa página está dividida em duas partes. Qual o tema abordado em cada uma delas?

b) Em sua opinião, por que os iluministas achavam importante registrar essas informações?

c) Essa página que você analisou pode ser considerada uma fonte histórica? Por quê?

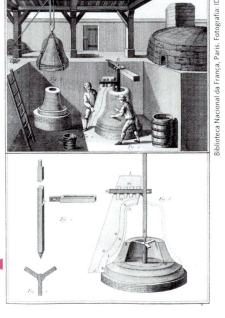

Página da *Enciclopédia*, produzida no século XVIII.

7. Analise um trecho da obra *O espírito das leis*, de Montesquieu.

> [...]
> A liberdade política, em um cidadão, é esta tranquilidade de espírito que provém da opinião que cada um tem sobre a sua segurança; e para que se tenha esta liberdade é preciso que o governo seja tal que um cidadão não possa temer outro cidadão.
>
> Quando, na mesma pessoa ou no mesmo corpo de magistratura, o poder legislativo **(A)** está reunido ao poder executivo **(B)**, não existe liberdade; porque se pode temer que o mesmo monarca ou o mesmo senado crie leis tirânicas para executá-las tiranicamente.
>
> Tampouco existe liberdade se o poder de julgar **(C)** não for separado do poder legislativo e do executivo. Se estivesse unido ao poder legislativo, o poder sobre a vida e a liberdade dos cidadãos seria arbitrário, pois o juiz seria legislador. Se estivesse unido ao poder executivo, o juiz poderia ter a força de um opressor.
>
> Tudo estaria perdido se o mesmo homem, ou o mesmo corpo dos principais, ou dos nobres, ou do povo exercesse os três poderes: o de fazer as leis, o de executar as resoluções públicas e o de julgar os crimes ou as querelas entre os particulares. [...]
>
> Charles Louis de Secondat Montesquieu. *O espírito das leis*. 2. ed. Tradução de Cristina Murachco. São Paulo: Martins Fontes, 2000. p. 168. (Coleção Paideia).

a) Para Montesquieu, o que garante a liberdade e a segurança para um cidadão?

b) Quais seriam as consequências caso os poderes não fossem separados? Cite dois exemplos mencionados no texto.

c) Observe as indicações **A**, **B** e **C**. Esses tipos de poder citados por Montesquieu fazem parte da estrutura de governo brasileiro? O que você conhece sobre eles? Em casa, converse com seus pais ou responsáveis sobre o papel de cada uma dessas estruturas políticas. Depois, conte aos colegas o que você aprendeu.

23

CAPÍTULO 2

As Revoluções Inglesas

Ao longo do século XVII, ocorreram diversos movimentos na Inglaterra que contribuíram para a crise do absolutismo e proporcionaram condições favoráveis para o início da Revolução Industrial no século seguinte, como veremos mais adiante. Esses movimentos ficaram conhecidos como **Revoluções Inglesas**.

Em 1640, a Inglaterra era governada pelo rei Carlos I, que sofria severa oposição das camadas burguesas da sociedade. Elas criticavam a excessiva centralização do poder e a constante intervenção do Estado na economia.

Muitos membros das camadas insatisfeitas da sociedade, como os burgueses, os comerciantes e os pequenos proprietários rurais, formavam o Parlamento inglês, que fazia oposição à monarquia e, nessa época, exerceu um importante papel contra a autoridade do rei. Além disso, os conflitos religiosos entre anglicanos (religião de Carlos I e de grande parte da nobreza) e puritanos (religião seguida pela maioria da burguesia) se acirraram, contribuindo para fragilizar ainda mais a monarquia absolutista inglesa.

> **Puritano:** neste sentido, grupo de protestantes de influência calvinista que pregavam a realização de reformas na Igreja anglicana inglesa.

A Revolução Puritana

Como forma de reafirmar sua autoridade e manter os privilégios da nobreza, Carlos I tomou diversas medidas: aumentou os impostos, perseguiu os puritanos e, em 1642, invadiu o Parlamento para neutralizar sua oposição política.

Como reação, o Parlamento, junto a demais membros da burguesia, organizaram um exército para combater as forças do governo. Tropas de ambos os lados mobilizaram-se em um conflito militar que culminou na derrota do poder monárquico e na captura de Carlos I, que foi executado publicamente em 1649.

Dessa forma, o líder militar puritano Oliver Cromwell (1599-1658) assumiu o poder na Inglaterra e proclamou a República. Esse processo, conhecido como **Revolução Puritana**, abalou o poder monárquico e enfraqueceu o sistema absolutista na Inglaterra.

Uma das principais medidas instituídas por Cromwell foi o **Ato de Navegação**, uma legislação que proibia navios estrangeiros de transportar mercadorias para a Inglaterra, favorecendo os interesses da burguesia mercantil inglesa.

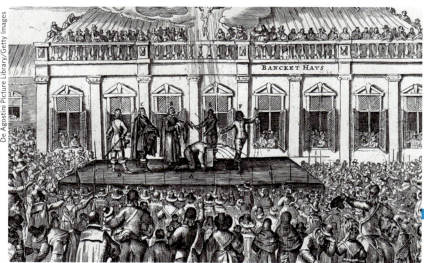

> Representação da execução pública do rei Carlos I. Gravura de artista desconhecido, feita no século XVII.

24

A Revolução Gloriosa

Com a morte de Cromwell, houve a tentativa de restauração do poder monárquico na Inglaterra. Um dos principais governantes nessa época foi Jaime II, da dinastia Stuart, que buscou restabelecer o absolutismo entre os ingleses, provocando uma insatisfação geral entre a população.

Nesse contexto, para frear o avanço monárquico e evitar que ocorresse outro conflito armado, os opositores de Jaime II pensaram em uma saída para o impasse: Guilherme de Orange (genro do rei, de origem holandesa) assumiria o poder em troca do estabelecimento de uma relação estável com o Parlamento inglês.

Assim, em 1688, Jaime II se exilou e Guilherme assumiu o poder durante a **Revolução Gloriosa**, processo que alterou profundamente a estrutura política inglesa e estabeleceu o sistema de governo que até hoje vigora no país: a **monarquia constitucional** ou **monarquia parlamentar**. Nesse sistema, o chefe de Estado é o monarca, mas o poder é exercido efetivamente pelo primeiro-ministro e pelo Parlamento.

Representação de Jaime II recebendo a notícia da chegada de Guilherme de Orange à Inglaterra, em 1688. Óleo sobre tela de Edward Matthew Ward, feito no século XIX. Acervo da Galeria de Arte e Museu Towneley Hall, Lancashire, Inglaterra.

A Declaração de Direitos de 1689

Para regulamentar a relação entre o rei e o Parlamento, foi aprovada na Inglaterra, em 1689, a **Declaração de Direitos**. Nesse documento, o Parlamento ganhou autonomia em relação ao monarca, que ficou impedido de executar aumentos fiscais, perseguições políticas e religiosas, bem como de exercer o poder de forma autoritária.

A Revolução Gloriosa e a aprovação desse conjunto de leis marcaram o fim do absolutismo e a ascensão da burguesia como classe detentora do poder político e econômico na Inglaterra. Com isso, desenvolveram-se as condições para que, no século seguinte, ocorressem as transformações que contribuíram para o desenvolvimento industrial do país, como veremos mais adiante.

Representação do acordo entre o Parlamento e Guilherme de Orange. Gravura de artista desconhecido, século XIX.

A Revolução Industrial

Atualmente, grande parte dos bens que as pessoas consomem ou utilizam é produzida de modo industrial. Alimentos, roupas, automóveis, brinquedos, computadores, móveis, eletrodomésticos e muitos outros itens passam por diversas transformações nas fábricas antes de chegarem às casas das pessoas.

As primeiras indústrias surgiram na Inglaterra na segunda metade do século XVIII. O processo de industrialização trouxe profundas mudanças sociais e econômicas, e, por isso foi chamado pelos historiadores de **Revolução Industrial**. Essa revolução também transformou o modo como os seres humanos se relacionam com o ambiente.

No século XVIII, as ideias iluministas que defendiam a razão e o progresso, assim como as teorias do liberalismo econômico, espalharam-se pela Europa. Na Inglaterra, além da influência desses novos ideais, outros fatores contribuíram para o início do processo de industrialização, principalmente as Revoluções Inglesas do século XVII, que resultaram no fim do sistema absolutista e na ascensão da burguesia no país, como vimos.

Além disso, a Inglaterra, apresentava condições favoráveis para liderar a Revolução Industrial, como o acúmulo de riquezas gerado pelo desenvolvimento comercial e pela exploração de suas colônias na América do Norte e no Caribe. Além de favorecer matérias-primas, essas colônias constituíam novos mercados consumidores dos produtos ingleses, principalmente de tecidos de algodão.

Também havia na Inglaterra abundância de reservas naturais de carvão mineral e de ferro, que seriam utilizados como fonte de energia e de matéria-prima para as indústrias. Podemos citar também os avanços na agricultura que levaram ao aumento da produtividade e, consequentemente, do crescimento demográfico, bem como a expulsão dos camponeses de suas terras devido à política de cercamento. Por meio dela, particulares cercaram as terras comuns para a criação de ovelhas, que forneciam a lã necessária para abastecer o comércio de tecidos. Expulsos dessas terras, muitos camponeses migraram para a cidade. Essa população forneceu mão de obra barata para as nascentes indústrias.

Vista da cidade de Sheffield, na Inglaterra, na época da Revolução Industrial. Litogravura do século XIX. Artista desconhecido.

As mudanças no modo de produção

O significado da palavra **indústria** está relacionado à capacidade humana de criar, de produzir algo. Em termos econômicos, a indústria é a transformação da matéria-prima em mercadoria, por meio do trabalho e da utilização de ferramentas e máquinas.

Durante o processo que culminou com a Revolução Industrial, o modo de produção tradicional foi aos poucos substituído, e os trabalhadores, que antes dominavam todo o processo de produção, passaram a operar grandes máquinas. Conheça mais sobre essas transformações.

As manufaturas

A organização do trabalho passou por grandes mudanças ao longo do tempo. Até o século XV, o modo de produção que predominava era o **artesanal**. Nesse tipo de produção, o trabalhador (artesão) dominava todas as etapas do trabalho: ele tinha as ferramentas, comprava as matérias-primas necessárias, controlava seu tempo de trabalho, era dono do produto final e depois o comercializava.

Com o aumento da demanda de produtos, o trabalho passou a envolver a participação de mais pessoas, inicialmente em oficinas domésticas, nas quais as tarefas eram divididas para aumentar o ritmo de produção. Os burgueses passaram a encomendar produtos dos artesãos para comercializar e tornaram-se seus empresários. Eles forneciam as matérias-primas e combinavam o pagamento com o artesão, podendo revender o produto pronto pelo valor que desejassem.

O crescimento das oficinas culminou com o desenvolvimento das **manufaturas** e ampliou o controle dos empresários sobre o trabalhador. Inovações técnicas surgiram e com elas vieram máquinas grandes e pesadas que impulsionavam a produção; no entanto, por serem caras, a maioria dos artesãos não podia adquiri-las. Assim, os trabalhadores passaram a ser reunidos em estabelecimentos, como galpões, onde as ferramentas, as matérias-primas e as máquinas eram de propriedade de outra pessoa.

A produção era dividida em etapas, sendo que cada trabalhador, que a partir de então passou a vender sua **força de trabalho**, especializava-se em uma das fases. A divisão da produção em etapas acelerou o processo de produção.

Assim, desenvolveu-se o sistema de fábricas, mas o maior impulso para a expansão da indústria foi a introdução das primeiras máquinas, o que caracterizou o sistema de **maquinofatura**. As fábricas conseguiam produzir mais com custos cada vez menores, o que gerava cada vez mais lucros para os proprietários delas.

Representação de mulheres trabalhando em uma fábrica de tecidos em Manchester, na Inglaterra. Litogravura de artista desconhecido, século XIX.

As inovações tecnológicas

O grande impulsionador da Revolução Industrial foi o **motor a vapor**, que permitiu o desenvolvimento técnico para a transformação de recursos da natureza voltados à produção de energia e à mecanização.

Essa inovação tecnológica só foi possível por causa das invenções anteriores baseadas em experimentos realizados com o vapor-d'água para a projeção dos primeiros motores, que eram usados, por exemplo, para bombear a água que se acumulava no interior das minas de carvão.

O êxito da máquina a vapor é atribuído ao engenheiro James Watt (1736-1819), que na década de 1760 aperfeiçoou o motor a vapor.

Algumas indústrias já haviam mecanizado sua produção por meio da utilização das rodas-d'água, com as quais a energia que movimentava as engrenagens das máquinas era fornecida pela força da água dos rios.

Em poucas décadas, várias melhorias foram feitas na máquina a vapor, que passou a utilizar a energia gerada com a queima de carvão mineral em vez da madeira. O uso do carvão barateou o custo com energia utilizada nas máquinas a vapor e impulsionou sua difusão em diversos setores, como na indústria, na navegação, nas ferrovias, na imprensa, etc.

Representação da máquina a vapor inventada por James Watt. Gravura de artista desconhecido, século XIX.

As mudanças na indústria têxtil

O processo de industrialização na Inglaterra iniciou-se com as transformações tecnológicas na indústria têxtil. Havia grande quantidade de matéria-prima disponível, principalmente o algodão. Assim, os ingleses já eram grandes exportadores de algodão antes da Revolução Industrial.

O setor têxtil apresentava vários avanços tecnológicos antes do desenvolvimento das máquinas a vapor. Entre esses avanços, houve a invenção da *Spinning-jenny* em 1764, uma máquina de fiar algodão que possibilitou o aumento da produção, pois permitia que cada artesão produzisse vários fios ao mesmo tempo.

Novas invenções foram criadas ao longo do tempo e outras foram adaptadas, transformando cada vez mais o processo industrial de tecidos na Inglaterra. Além de aumentar a produtividade, essas máquinas produziam fios mais resistentes e de maior qualidade.

Representação de mulher fiando algodão em uma *Spinning-jenny*. Gravura de artista desconhecido, século XIX.

Os transportes

O setor dos transportes também passou por transformações com o desenvolvimento da máquina a vapor. Ao mesmo tempo que se acelerava a produção fabril, os meios de transporte eram aperfeiçoados. Um dos motivos era a necessidade de transportar as matérias-primas e os produtos industrializados.

Nesse contexto, foi criado o barco a vapor, em 1807, que aos poucos substituiu os barcos a vela. Em 1814, circulou na Inglaterra a primeira locomotiva a vapor, que foi utilizada para transportar produtos e matérias-primas. Em 1825, circulou a primeira locomotiva que transportava passageiros. Nos anos seguintes, a construção de ferrovias se expandiu na Inglaterra, modificando o modo de vida e a paisagem da época.

Assim, as viagens, que antes eram feitas a cavalo ou com veículos movidos por tração animal, passaram a ser bem mais rápidas após a introdução do motor a vapor.

Representação da locomotiva a vapor criada pelo engenheiro inglês George Stephenson (1781-1848). Ela ficou conhecida como Rocket. Gravura de artista desconhecido, século XIX.

O impacto ambiental

Além das mudanças sociais e econômicas, a Revolução Industrial provocou grande impacto ambiental na Inglaterra e em outros países industrializados. A tecnologia e o progresso eram vistos na época com entusiasmo pela população em geral. Assim, não havia muitas preocupações com a questão ambiental.

Na Inglaterra, o enorme desmatamento decorrente da necessidade de matéria-prima para as indústrias causou a destruição da fauna e da flora locais. A poluição das fábricas também afetou o ecossistema inglês.

Da maneira como foi implantado, o desenvolvimento industrial na Inglaterra resultou em enormes danos ambientais no país. Do mesmo modo, em outros países industrializados, o uso desenfreado dos recursos naturais causou desmatamentos, poluição da água, do ar e do solo e a destruição de ecossistemas. Esses impactos ambientais podem ser percebidos até os dias atuais, e afetam a população mundial como um todo.

Vista de área industrial em Borgonha, na França. Gravura de artista desconhecido, século XIX. Repare na grande quantidade de fumaça expelida pelas chaminés das fábricas.

29

A sociedade industrial

A Revolução Industrial consolidou a burguesia como uma das classes de maior poder na sociedade europeia. Os setores mais ricos dessa camada eram formados por proprietários de fábricas, de minas e de redes de transporte; por banqueiros e comerciantes e por grandes empresários agrícolas, por exemplo.

A industrialização, a concentração populacional nas cidades e a urbanização também permitiram a formação de uma classe média, composta por diversos trabalhadores, como profissionais autônomos, pequenos comerciantes, funcionários públicos, funcionários do setor de serviços, advogados e médicos, entre outros. Aos poucos, essa classe média ganhou maior importância e passou a ter mais influência sobre o restante da sociedade.

Além disso, a Revolução Industrial marcou o crescimento da população trabalhadora assalariada, principalmente urbana que formou a classe social chamada também de **proletariado**. Para sobreviver nas cidades em rápido processo de industrialização e urbanização, os trabalhadores passaram a vender seu tempo e sua força de trabalho em troca de salário. Dessa forma, com a Revolução Industrial, surgiu um novo grupo expressivo na sociedade que formava a classe proletariada, os trabalhadores das fábricas, os **operários**.

O crescimento das cidades

O grande fluxo de pessoas que migraram para as cidades industriais fez com que elas crescessem rapidamente, de modo desorganizado. Nessas cidades, as fábricas geravam enorme poluição.

Por causa da poluição do ar, casos de doenças respiratórias eram comuns. Enfermidades como a cólera também eram frequentes entre os trabalhadores, pois nos bairros por eles habitados, geralmente em regiões da periferia da cidade, não havia sistema de saneamento: eram comuns esgotos a céu aberto e a água não era tratada. Além disso, várias famílias costumavam dividir habitações precárias, úmidas e com poucas instalações sanitárias.

▶ Representação de bairro operário em Londres, na Inglaterra. Gravura de Gustave Doré, feita no século XIX.

> Você já reparou na organização urbana da sua cidade? Os bairros e as regiões seguem uma divisão de classes sociais? Converse com os colegas.

Trabalho e cotidiano nas fábricas

As condições de trabalho nas fábricas no início da Revolução Industrial eram muito ruins. As jornadas de trabalho eram extensas e chegavam a dezesseis horas diárias. Os ambientes das fábricas eram insalubres, o ar era poluído e havia muito calor, barulho e sujeira.

Além disso, os acidentes eram comuns. As máquinas não ofereciam nenhuma segurança aos operários. As poucas horas de descanso e a alimentação pobre em nutrientes contribuíam para deixar os trabalhadores fragilizados, aumentando o número de acidentes de trabalho.

Nesses acidentes, muitos operários tinham partes do corpo amputadas, como dedos, mãos ou braços. Em casos como esses, se o acidente não fosse fatal, os operários podiam sofrer penalidades, como castigos físicos, desconto salarial ou demissão. Isso também ocorria aos trabalhadores que causassem qualquer tipo de dano às máquinas ou desobedecem às regras da fábrica, como chegar atrasado, conversar durante o expediente ou executar as tarefas lentamente.

O salário das mulheres era menor do que o dos homens e, além disso, elas estavam constantemente sujeitas ao assédio de capatazes e patrões. Muitas crianças trabalhavam nas fábricas e elas recebiam ainda menos. No início da Revolução Industrial, não havia uma idade mínima para que as pessoas começassem a trabalhar, e castigos violentos contra crianças e adolescentes eram comuns. A maioria das crianças operárias não estudava e passava o dia todo na fábrica.

> **A percepção do tempo**
>
> A percepção sobre a passagem do tempo alterou-se durante a Revolução Industrial. O trabalho assalariado exigiu jornadas fixas, com horários bem estabelecidos. Antes do advento das fábricas, o tempo era disposto e regulado pelos próprios trabalhadores com base nas tarefas que deviam ser realizadas. Essas tarefas eram executadas de acordo com os ritmos da natureza, como o dia e a noite, os períodos de chuvas e secas, o período de plantar e o de colher, etc.
>
> Assim, antes das fábricas, o relógio era pouco utilizado, e sua difusão ocorreu com a Revolução Industrial.

Crianças trabalhando em uma fábrica de papéis em Aschafemburgo, na Alemanha. Gravura de artista desconhecido, século XIX.

A formação do capitalismo

O capitalismo é um sistema de organização da economia que teve sua origem na Europa, entre o final da Idade Média e o início da Revolução Industrial. A formação do capitalismo ocorreu juntamente com o fortalecimento da burguesia e o enfraquecimento das relações feudais na Europa, entre os séculos XIV e XVIII. Essa fase é conhecida como capitalismo comercial ou capitalismo mercantil. Nesse período, ocorreu a transição do modo de produção feudal para o modo de produção capitalista.

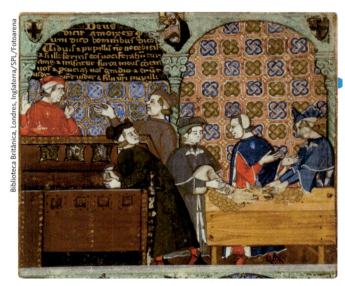

Detalhe de iluminura produzida por Cibo, monge de Hyeres, no século XIV, publicada na obra Tratado sobre os vícios, de Cocharelli de Gênova. Essa iluminura representa o cotidiano em um banco durante o final da Idade Média com a ascensão da burguesia.

Diversos pensadores escreveram sobre a formação do capitalismo, entre eles Karl Marx, que acompanhou o período inicial da industrialização na Europa e o crescimento do proletariado urbano. Dessa forma, ele pôde observar as transformações significativas que ocorriam na estrutura da sociedade. O texto a seguir aborda algumas de suas ideias sobre o capitalismo.

> [...] Para Marx, o capitalismo é um modo de produção que surgiu no interior do feudalismo, modo anterior, uma vez que a exploração feudal se metamorfoseou em exploração capitalista. Para ele, no século XVI ainda predominavam estruturas ditas feudais na Europa, e aos poucos foi se iniciando um processo de intensificação do comércio mundial, cujo eixo central foi a Europa, e um processo de "fabricação" do que viria a ser o proletário — definido como o trabalhador livre, desprovido dos meios de produção —, típico da indústria capitalista. Um dos elementos centrais da tese de Marx é a constatação de que o sistema capitalista pressupõe uma dissociação entre os trabalhadores e a propriedade dos meios de produção. No feudalismo não havia essa dissociação, mas no capitalismo o antigo servo foi desprovido de todos os meios de produção, desvinculado da terra e teve de, em troca de um salário, vender sua força de trabalho, transformada em mercadoria pelo novo sistema capitalista. Assim, a base de todo o processo que forjou o trabalhador assalariado e o capitalista foi a expropriação dos camponeses de suas terras. [...]
>
> Kalina Vanderlei Silva e Maciel Henrique Silva. *Dicionário de conceitos históricos*. São Paulo: Contexto, 2009. p. 44.

Dissociação: desunião, separação.
Expropriação: retirada da posse.

Para Marx, o capitalismo passou a dividir o mundo em duas classes sociais fundamentais, a burguesia, dona dos meios de produção, e o proletariado, que só dispõe de sua força de trabalho. Segundo ele, existe um conflito de interesses entre essas duas classes, que seria superado na luta dos trabalhadores contra a exploração e a divisão de classes. O pensamento de Marx trouxe contribuições importantes para a compreensão do sistema capitalista, de sua estrutura e dos seus mecanismos de exploração do trabalho. Muitos movimentos de trabalhadores começaram a organizar-se a partir desse momento histórico, visando a transformação da sociedade.

O sistema capitalista e a mais-valia

Com o passar do tempo, o sistema capitalista se expandiu, interligando o comércio e as relações econômicas dos diversos países do mundo. Mesmo havendo diferenças entre o capitalismo aplicado em cada país, podemos considerar algumas características comuns desse sistema, como o controle privado dos meios de produção pela burguesia. Os meios de produção são o conjunto dos recursos utilizados para produzir mercadorias, como os instrumentos de trabalho, as máquinas, a terra, a energia e a matéria-prima, entre outros. O objetivo fundamental dos proprietários dos meios de produção é obter lucro através do comércio de mercadorias.

O lucro no sistema capitalista baseia-se na diferença entre os valores gastos na produção de mercadorias e o valor final obtido com sua venda. O valor gasto inicialmente com os meios de produção e os salários pagos aos trabalhadores são sempre inferiores ao valor total recebido com a venda de mercadorias. A diferença entre esses valores foi denominada pelo cientista social e historiador alemão Karl Marx (1818-1883) como mais-valia.

Representação de proletários trabalhando em uma fábrica de relógios na Suíça. Gravura de artista desconhecido, século XIX.

A organização dos operários

As condições desgastantes de trabalho que faziam parte do dia a dia nas fábricas no início da industrialização não foram aceitas de modo passivo pelos operários.

A rotina de longas jornadas de trabalho, com baixos salários e condições precárias de segurança e higiene, estimulou os trabalhadores a organizarem-se para reivindicar seus direitos.

A formação de sindicatos

As associações e as corporações de trabalhadores, formadas principalmente por artesãos, existiam desde a Idade Média, na Europa. Com a Revolução Industrial, novas associações foram formadas na Inglaterra e, depois, em outros países, com o intuito de reivindicar melhores condições de trabalho para os operários. O fortalecimento dessas associações deu início aos primeiros sindicatos.

Um dos primeiros sindicatos formados na Inglaterra foi o Sindicato Patriota de Manchester. Em 1819, seus líderes organizaram uma manifestação pelo aumento da participação política dos operários no Parlamento, com a participação de milhares de pessoas, reprimidas com violência pela cavalaria de Manchester. Depois desse evento, conhecido como Massacre de Peterloo, o governo local decretou leis que restringiam o direito de reunião dos trabalhadores.

Acima, *Manchester Heroes*, caricatura de artista desconhecido, feita no século XIX, representando o Massacre de Peterloo.

Aos poucos, as associações e os sindicatos operários se difundiram, mas foram reprimidos tanto por leis que proibiam os trabalhadores de se associar, fazer greve e protestar quanto pela violência exercida principalmente pela polícia. Por isso, muitos sindicatos realizavam reuniões secretas para discutir suas pautas, pois era comum que houvesse espiões que procuravam infiltrar-se nelas a mando dos patrões.

Assim, a primeira metade do século XIX foi marcada por uma série de conflitos entre proletários e burgueses, com avanços e recuos na conquista de direitos dos trabalhadores. Diferentes movimentos, como o **ludismo** e o **cartismo**, foram organizados nesse período por operários que lutavam para melhorar suas condições de vida.

Uma das conquistas do operariado nesse período foi a aprovação, em 1824, da primeira lei na Inglaterra que permitia a livre associação de trabalhadores, o que fortaleceu a luta por direitos.

As greves

Um dos instrumentos de luta dos trabalhadores por melhores condições de trabalho e de vida são as greves. Por meio delas, no período em estudo, os trabalhadores se uniram para reivindicar a redução da jornada de trabalho, o fim dos castigos físicos nas fábricas e o aumento dos salários, entre outros direitos.

O movimento ludista

No início do século XIX, na Inglaterra, grupos de trabalhadores conhecidos como ludistas realizaram diversos ataques a fábricas, quebrando máquinas e ferramentas, pois acreditavam que elas eram a causa do desemprego.

O nome do movimento vem do líder operário que, provavelmente, se chamava Ned Ludd. Antes dos ataques, os proprietários das fábricas recebiam cartas assinadas por Ludd, dando ordens para que se livrassem de suas máquinas.

Em uma época em que os operários ainda tinham poucas opções para reivindicar melhores condições de trabalho, o movimento ludista contribuiu para ampliar a organização dos trabalhadores e também para a realização das primeiras ações dos operários contra a exploração que sofriam.

Representação de ludistas quebrando máquinas em uma indústria de tecidos. Gravura de Tom Morgan, feita no século XIX.

O governo inglês, formado principalmente por representantes da burguesia, reagiu duramente aos ataques, chegando a condenar à forca alguns de seus participantes. Dessa maneira, em 1816, pôs fim a esse movimento.

O movimento cartista

Na década de 1830, um movimento iniciado pela Associação dos Trabalhadores de Londres começou a ganhar forma: o cartismo. O nome surgiu com a Carta do Povo, enviada ao Parlamento, em 1838. Nela, os trabalhadores reivindicavam a realização de uma reforma que garantisse maior participação da população na política do país. Mesmo com o apoio de milhares de operários, as reivindicações não foram aceitas, gerando diversas manifestações, que foram duramente reprimidas pela polícia.

Nos anos seguintes, o movimento voltou a enviar cartas ao Parlamento, incluindo novas reivindicações, como a criação de uma legislação trabalhista. Os parlamentares recusaram novamente as propostas, gerando mais mobilizações, greves e confrontos entre operários e policiais.

Após anos de luta, a partir de 1842, os trabalhadores conquistaram algumas melhorias, como a redução da jornada de trabalho para dez horas diárias e a proibição da limpeza de máquinas enquanto estivessem ligadas, fato que causava muitos acidentes.

Representação de trabalhador entregando a Carta do Povo ao chefe do Parlamento inglês. Caricatura de John Leech publicada na revista *Punch*, em 1848.

35

A união por direitos

Após a Revolução Industrial, a burguesia ampliou seu poder econômico e político e procurou fazer uso do Estado para garantir seus interesses.

Por outro lado, os trabalhadores passaram a reivindicar seus direitos e a lutar por melhores condições de vida e de trabalho.

Representação de trabalhadores durante reunião de um sindicato em Londres, na Inglaterra. Gravura de artista desconhecido, século XIX.

Iniciativas como a criação de sindicatos, a formação de associações, a realização de greves e protestos representam algumas das formas de organização, mobilização e união dos trabalhadores após o advento da Revolução Industrial e a consolidação do capitalismo.

A partir de então, o movimento operário se difundiu para outros países do mundo, mobilizando trabalhadores das mais diversas áreas.

A luta das mulheres

Na Revolução Industrial, as mulheres também se uniram e lutaram por melhores condições de trabalho. As operárias eram vistas por muitos como seres inferiores e incapazes que deviam submissão aos homens. Nesse ambiente patriarcal, elas recebiam salários menores, não tinham os mesmos direitos que os homens e, ainda, deviam ser responsáveis pelos afazeres domésticos.

Assim, surgiram as primeiras organizações de mulheres para reivindicar igualdade de salários e de direitos. Um exemplo dessa mobilização é a luta da costureira e líder operária Jeanne Deroin (1805-1894), que atuou na França e na Inglaterra. Ela publicou jornais e organizou uma associação de operárias para discutir a questão salarial e para promover a participação política das mulheres. Jeanne Deroin foi perseguida, e os membros dessa associação foram acusados de conspiração.

Representação de mulheres carregando Jeanne Deroin. Gravura de artista desconhecido, publicada na obra *Les femmes celebres*, de 1848.

Em 1849, mesmo não sendo permitido, ela concorreu a uma cadeira no Parlamento francês, o que gerou intensa reação dos parlamentares, que argumentaram que uma mulher não seria capaz de legislar por causa de suas condições biológicas, ou seja, por ser uma mulher. Jeanne, no entanto, continuou sua luta pela cidadania plena para as mulheres.

União e mobilização

Mas, afinal, por que as pessoas se unem? Você já parou para pensar sobre isso? A união é importante na busca de um objetivo coletivo. Manter vínculos com pessoas que vivem em condições semelhantes, ou com experiências e ideias em comum, pode ser uma forma de conquistar determinados propósitos. Por exemplo, quando reunidas, as pessoas são capazes de mobilizar recursos, de elaborar projetos e soluções diferentes para algo que beneficia o grupo.

Veja a seguir algumas iniciativas que podem ser realizadas com a união de várias pessoas.

- Realização de greves e manifestações.
- Promoção de eventos, discursos e palestras.
- Formação de associações e organizações.
- Execução de debates e consultas públicas.
- Publicação de cartazes, jornais ou folhetos informativos.
- Realização de campanhas relacionadas à saúde, à higiene, às causas sociais, entre outras.

Foto de protesto de estudantes contra ataques homofóbicos e racistas ocorridos na Universidade de Brasília (DF), em 2016.

1. Quais as formas de união utilizadas pelos operários no século XIX? O que eles reivindicavam?
2. E na atualidade, os trabalhadores costumam lutar por seus direitos? Como?
3. Você já realizou alguma das iniciativas listadas acima? Quais?
4. Em sua opinião, quando a luta por direitos é empreendida em conjunto ela pode ser mais bem-sucedida? Explique.
5. Agora, com a turma, reflitam sobre o cotidiano escolar. Existe algum problema que afete sua escola e que seja reconhecido pela maioria dos colegas? Pensem em algumas formas de união que possam ser úteis para resolver esse problema. Busquem planejar suas ações em conjunto, em prol desse determinado propósito coletivo, e coloquem-nas em prática.

Atividades

Organizando o conhecimento

1. De que formas as transformações causadas pela Revolução Industrial estão presentes em seu dia a dia?

2. Copie o quadro abaixo em seu caderno, descrevendo cada uma das formas de produção indicadas.

Artesanal	Manufatura	Maquinofatura

3. O capitalismo e a Revolução Industrial contribuíram para a consolidação de duas classes sociais, que se tornaram fundamentais a partir de então: a burguesia e o proletariado. Faça um registro das principais características dessas duas classes sociais.

4. Explique como ocorreu a formação do capitalismo.

5. De que formas os trabalhadores se organizaram no período inicial da Revolução Industrial para combater as precárias condições de trabalho às quais estavam submetidos?

Conectando ideias

6. Com o desenfreado crescimento urbano e industrial, iniciado no final do século XVIII, as águas dos rios que passavam pelas grandes cidades europeias tornaram-se bastante poluídas. Para ironizar essa situação, a revista *Punch* publicou a caricatura abaixo. Observe-a e realize as atividades.

a) Que figuras estão representadas na caricatura?

b) Ao observar essa imagem, qual é a impressão que você tem sobre a água de Londres?

c) Explique a crítica que a revista *Punch* buscou fazer ao publicar essa caricatura.

Caricatura de 1850, publicada na revista *Punch*, na Inglaterra. Na legenda, traduzida do inglês, lê-se a frase: "Uma gota da água de Londres".

7. Analise as fontes a seguir e depois responda às questões.

[...]
O trabalho infantil não era uma novidade. A criança era uma parte intrínseca da economia industrial e agrícola [...] conforme declarou uma das testemunhas do Comitê de Sadler, [...]

[...] "Vi algumas crianças correndo para a fábrica, com lágrimas nos olhos, levando um pedaço de pão nas mãos, seu único alimento até o meio-dia; chorando por medo de estarem muito atrasadas".

[...] o dia realmente começava desta forma para muitas crianças, e o trabalho não terminava antes das sete ou oito horas da noite. No final da jornada, elas já estavam chorando ou adormecidas em pé [...]. Seus pais davam-lhe palmadas para mantê-las acordadas, enquanto os contramestres rondavam com correias. Nas fábricas rurais, dependentes da energia hidráulica, eram comuns os turnos à noite ou as jornadas de quatorze a dezesseis horas diárias, em épocas de muito trabalho. [...]

Edward Palmer Thompson. *A formação da classe operária inglesa*. Tradução de Renato Busatto Neto e Cláudia Rocha de Almeida. Rio de Janeiro: Paz e Terra, 1987. p. 203; 209-210.

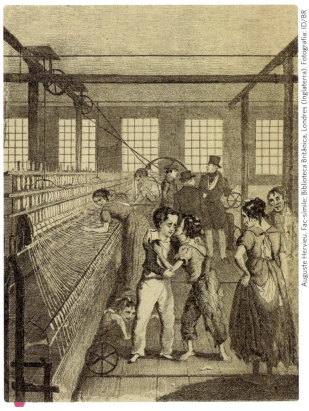

A vida e as aventuras de Michael Armstrong, o garoto da fábrica representa a vida de crianças em uma fábrica de Manchester, Inglaterra. Ilustração de Frances Trollope e Auguste Hervieu, publicada em 1840.

a) Sobre o que trata o texto?
b) Qual ambiente é representado na ilustração?
c) Qual é a relação entre as fontes?
d) Quais eram as condições de trabalho das crianças nas fábricas?

Verificando rota

Sobre qual assunto você mais se interessou nesta unidade? Faça um desenho sobre esse tema e produza um pequeno texto explicando o porquê de seu interesse. Depois, apresente seu trabalho aos colegas. Por fim, responda às questões.

- De que maneira os conteúdos estudados na unidade se relacionam com o seu dia a dia? Explique.
- Qual é a importância da união para a conquista de objetivos coletivos?
- Você costuma conversar com seus colegas sobre o que estudou? Isso lhe ajuda a compreender os assuntos? Por quê?

Ampliando fronteiras

As inovações tecnológicas na produção de energia

Você sabe de que forma é produzida a energia elétrica que chega à sua residência ou à sua escola? Sabe quais fontes de energia são utilizadas atualmente?

A princípio, as máquinas e os instrumentos de trabalho utilizados pelos seres humanos eram movidos por força humana ou animal. Mas, no século XVIII, o desenvolvimento da máquina a vapor – que utilizava como fonte energética a queima de carvão mineral – transformou o modo de vida de muitas sociedades. Foi durante a **Revolução Industrial** que os seres humanos passaram a desenvolver **tecnologias** cada vez mais avançadas para a produção de energia.

Nos últimos anos, diversas pesquisas têm sido realizadas nessa área. A implementação de medidas para a utilização de recursos renováveis e pouco poluentes vem estimulando novas descobertas. Veja a seguir como funcionam as principais fontes de energia utilizadas atualmente.

1 Energia termoelétrica: As máquinas a vapor desenvolvidas na Revolução Industrial utilizavam esse princípio de funcionamento. O carvão mineral é queimado para aquecer um reservatório com água, produzindo o **vapor**, que move a turbina, para gerar energia. A queima do carvão (assim como de outros combustíveis fósseis) é extremamente poluente.

2 Energia hidrelétrica: Nas hidrelétricas, a força da **água** em movimento, ao rodar as turbinas, gera energia sem que ocorra a combustão de nenhum material. Contudo, a instalação de usinas hidrelétricas pode alagar áreas próximas e afetar as populações que ali vivem.

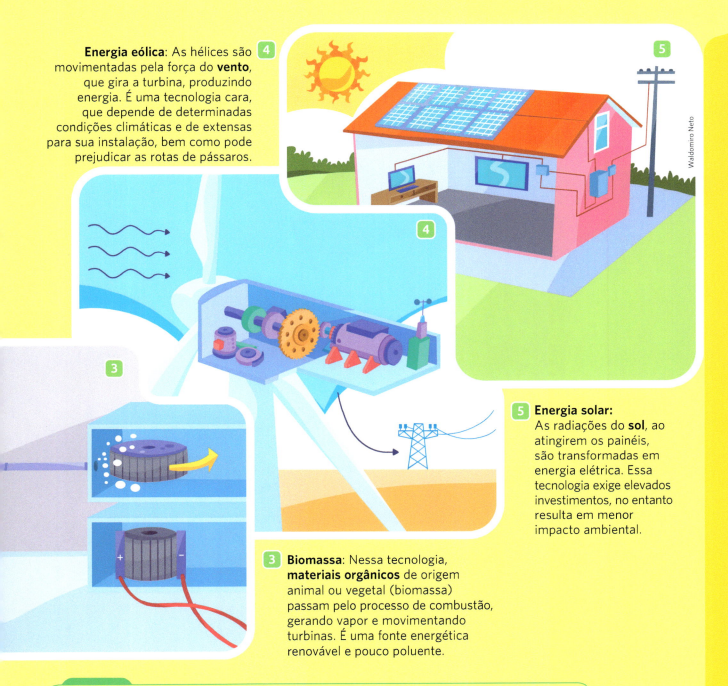

Energia eólica: As hélices são movimentadas pela força do **vento**, que gira a turbina, produzindo energia. É uma tecnologia cara, que depende de determinadas condições climáticas e de extensas para sua instalação, bem como pode prejudicar as rotas de pássaros.

Energia solar: As radiações do **sol**, ao atingirem os painéis, são transformadas em energia elétrica. Essa tecnologia exige elevados investimentos, no entanto resulta em menor impacto ambiental.

Biomassa: Nessa tecnologia, **materiais orgânicos** de origem animal ou vegetal (biomassa) passam pelo processo de combustão, gerando vapor e movimentando turbinas. É uma fonte energética renovável e pouco poluente.

1. Por que a Revolução Industrial é considerada um marco no desenvolvimento tecnológico?

2. Qual das tecnologias representadas nas ilustrações é menos nociva para o ambiente? Explique.

3. Reúna-se com sua turma e realizem uma pesquisa sobre as tecnologias energéticas empregadas no Brasil. Com base no material que vocês coletarem, elaborem em uma cartolina um gráfico que mostre a porcentagem de energia produzida por tecnologia (matriz energética brasileira).
    - Depois, reflita com os colegas: ainda utilizamos a fonte de energia típica dos tempos da Revolução Industrial? Quais as inovações dos últimos anos? Em que aspectos elas se diferenciam entre si?

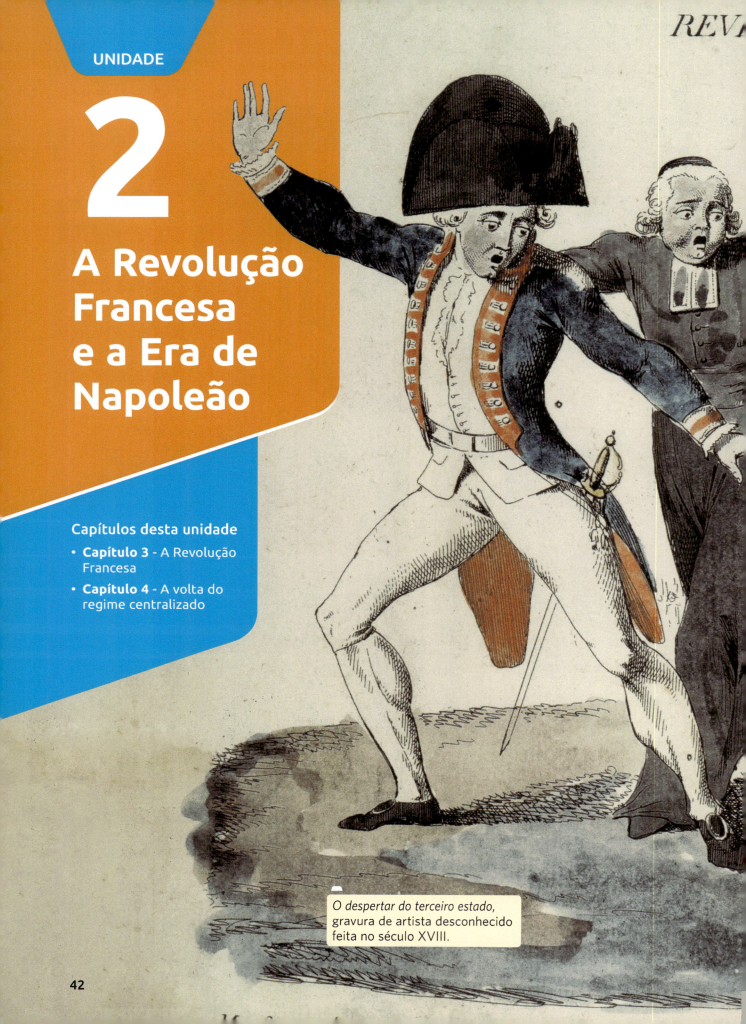

UNIDADE

2

A Revolução Francesa e a Era de Napoleão

Capítulos desta unidade
- **Capítulo 3** - A Revolução Francesa
- **Capítulo 4** - A volta do regime centralizado

O despertar do terceiro estado, gravura de artista desconhecido feita no século XVIII.

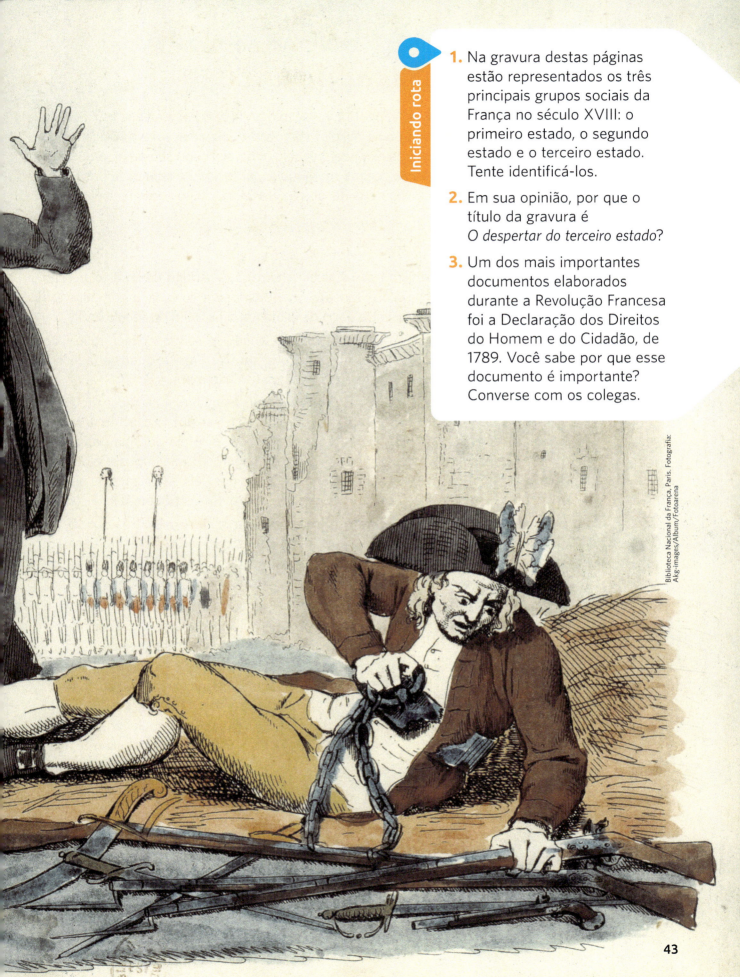

DU TIERS ETAT.

Iniciando rota

1. Na gravura destas páginas estão representados os três principais grupos sociais da França no século XVIII: o primeiro estado, o segundo estado e o terceiro estado. Tente identificá-los.

2. Em sua opinião, por que o título da gravura é *O despertar do terceiro estado*?

3. Um dos mais importantes documentos elaborados durante a Revolução Francesa foi a Declaração dos Direitos do Homem e do Cidadão, de 1789. Você sabe por que esse documento é importante? Converse com os colegas.

Biblioteca Nacional da França, Paris. Fotografia: Akg-images/Album/Fotoarena

43

CAPÍTULO
3

A Revolução Francesa

Como foi estudado no capítulo **1**, no século XVIII, a Europa estava estruturada politicamente em monarquias absolutistas, isto é, o poder estava concentrado nas mãos dos reis. Na França, onde o absolutismo alcançou seu auge, o descontentamento em relação ao regime monárquico, associado à influência das ideias iluministas, provocou a chamada Revolução Francesa, como veremos a seguir.

▎O Antigo Regime

O período do absolutismo passou a ser chamado de **Antigo Regime**, expressão criada no início da Revolução Francesa para referir-se à sociedade europeia, em especial a França, formada entre o fim da Idade Média e o fim do século XVIII.

Como vimos anteriormente, além da desigualdade, havia grande hierarquização entre as camadas sociais na Europa absolutista. Na França, a sociedade era dividida em três camadas, chamadas estados (ou estamentos).

O **primeiro estado** era composto pelos membros da Igreja católica: alto clero (papa, bispos e abades) e baixo clero (párocos e padres), que formavam uma das camadas sociais mais ricas e poderosas na época. A Igreja possuía uma série de privilégios, como a não obrigatoriedade do pagamento de impostos à Coroa francesa. Além disso, ela recolhia diversos tributos dos fiéis, autorizava ou proibia a circulação de livros e administrava escolas, entre outros poderes.

O **segundo estado** era composto pela nobreza, e seus membros ocupavam os melhores cargos em instituições como a Igreja, o governo e o exército. Além de serem isentos do pagamento de impostos, eram donos de grandes extensões de terra, de onde recolhiam tributos senhoriais pagos pelos camponeses.

O **terceiro estado** englobava a maioria da população francesa, formada pelos burgueses (comerciantes e banqueiros, entre outros), pelos camponeses e pelos trabalhadores urbanos. No final do século XVIII, essa camada da população passou a criticar o sistema social vigente, que valorizava a origem nobre da pessoa, mais do que seu trabalho e sua capacidade individual.

▎Representação de membro do terceiro estado sendo "esmagado" por membros do primeiro e do segundo estados. Gravura de artista desconhecido, feita no século XVIII.

O cotidiano na França no Antigo Regime

A população francesa no século XVIII constituía alguns núcleos urbanos, mas vivia prioritariamente no ambiente rural. Nesse período, eram mais de 20 milhões de camponeses por toda a França, enquanto Paris, a cidade mais populosa, tinha cerca de 500 mil habitantes.

A nobreza e seus privilégios

A nobreza do Antigo Regime tinha seu cotidiano marcado por diversas atividades, como caminhadas, refeições ao ar livre e caçadas. Além disso, os nobres participavam de bailes e banquetes promovidos pela Corte.

Nessa época, os hábitos dos nobres deviam seguir as regras de conduta previamente instituídas, como utilizar vestimentas características, manter a postura e a cordialidade, assim como demonstrar educação e polidez. Essas eram algumas maneiras de os nobres se diferenciarem dos outros grupos sociais.

Representação de família da nobreza francesa durante uma refeição. Gravura de artista desconhecido, feita no século XVIII.

O modo de vida e a cultura popular

Diferentemente da nobreza, as camadas populares tinham pouco tempo livre para atividades de lazer, pois a maior parte de seu tempo era dedicada ao trabalho.

O cultivo de cereais era uma das atividades mais importantes na França e era realizado principalmente pelos camponeses e pelos pequenos proprietários de terras. Com os cereais eram produzidos os pães, a base da alimentação da população mais pobre.

O comércio das feiras e dos núcleos urbanos fazia parte do cotidiano da população na época e tinha grande variedade de produtos.

Representação de mulher vendendo pão e sopa em uma feira. Detalhe de pintura com guache feita pelos irmãos Lesueur, em 1792. Acervo do Museu Carnavalet, Paris, França.

A luta contra o Antigo Regime

Na França, grande parte dos camponeses e dos trabalhadores urbanos vivia em situação de pobreza e pagava muitos impostos. Os camponeses ainda estavam submetidos a taxas do período medieval, como as banalidades, em que parte de sua produção era paga aos donos das terras como tributo.

O terceiro estado representava 98% da população francesa, como mostra o gráfico ao lado. A burguesia, que, como vimos, fazia parte do terceiro estado, era composta por diferentes grupos: a pequena, a média e a alta burguesia, que tinham interesses diferentes. Mesmo com tantas diferenças, o que uniu os membros do terceiro estado (trabalhadores urbanos e rurais e burgueses) foi o empenho em abolir os privilégios do clero e da nobreza e exigir igualdade de direitos.

Assim, foi a luta contra o Antigo Regime que provocou a Revolução Francesa, influenciada por ideias iluministas, como os princípios de liberdade e igualdade. Tais princípios surgiram entre as camadas burguesas e depois se difundiram também entre os outros setores do terceiro estado.

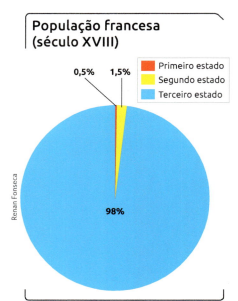

Fonte: Françoise Autrand. Composição da população. *História Viva*, São Paulo, Duetto Editorial, n. 2, p. 42. (Coleção Grandes Temas: Revolução Francesa).

A crise econômica

No final do século XVIII, a França passava por grave crise econômica, gerada por vários fatores, entre eles a forma como o Estado era administrado. Nesse período, o governo francês gastou mais recursos do que era capaz de recolher por meio de impostos.

Essa crise econômica piorou ainda mais a partir de 1776, por causa do apoio militar da monarquia francesa à guerra de independência das Treze Colônias inglesas da América contra a dominação da Inglaterra (tema que será abordado na próxima unidade).

Além disso, na década de 1780, a França passou por uma crise de produção agrícola, com uma sequência de más colheitas. A falta de alimentos, causada pelas safras ruins, fez com que os preços subissem, ocasionando o aumento da fome entre a população pobre. A situação no campo provocou também a queda de arrecadação de impostos, intensificando a crise financeira do Estado francês.

Embora a França passasse por grave crise econômica, a família real ostentava luxo e riqueza. Acima, representação de Maria Antonieta, rainha da França. Gravura de artista desconhecido, feita em 1780.

46

A convocação dos Estados Gerais

Como uma das medidas para solucionar a crise econômica pela qual passava, o governo francês, em 1787, propôs a reforma do sistema de arrecadação de tributos, prevendo o pagamento de impostos pela Igreja católica e pela nobreza, que até então estavam livres dessas obrigações. No entanto, esses grupos não aceitaram perder seus antigos privilégios, oferecendo resistência às mudanças. Para solucionar esse impasse, o rei francês, Luís XVI, convocou os Estados Gerais, uma assembleia que reunia representantes dos três estados e que não ocorria desde 1614.

A reunião dos Estados Gerais foi realizada em 4 de maio de 1789, em Versalhes. Inicialmente, parte da nobreza e do clero almejava limitar os poderes do rei e fazer com que o restante da população pagasse ainda mais impostos para solucionar a crise. A burguesia, por sua vez, desejava diminuir a interferência do governo na economia e apoiava o pagamento de impostos por parte do primeiro e do segundo estados.

Representação da procissão de abertura dos Estados Gerais, no dia 4 de maio de 1789, em Versalhes, na França. Gravura de Reiner Vinkeles, feita no século XVIII.

A criação da Assembleia Nacional

Na assembleia dos Estados Gerais, o sistema de votos era por estado. Cada estado tinha direito a um voto. Como o primeiro e o segundo estados costumavam votar juntos, defendendo seus interesses em comum, o terceiro estado não tinha chances de aprovar suas propostas. Assim, uma das principais reivindicações dos representantes do terceiro estado era que o voto passasse a ser individual, ampliando suas chances de vencer algumas votações, já que possuíam aproximadamente o mesmo número de representantes que o primeiro e o segundo estados juntos.

A resistência em mudar o sistema de votação motivou representantes do terceiro estado, com alguns membros liberais da nobreza e do clero, a se rebelar e a formar uma nova assembleia em 17 de junho: a Assembleia Nacional, que tinha como principal objetivo criar uma Constituição que impusesse mais limites ao poder do rei.

A Assembleia Nacional Constituinte

Após ser pressionado pela população francesa, Luís XVI reconheceu a legitimidade da Assembleia Nacional e ordenou que os demais membros do primeiro e do segundo estados se juntassem aos rebeldes para elaborar uma Constituição para a França, formando, assim, a Assembleia Nacional Constituinte. Entretanto, receoso de perder parte de seu poder e apoiado por setores conservadores da nobreza e do clero, o rei ordenou que suas tropas ficassem de prontidão em Versalhes e que cercassem Paris, onde havia forte tensão, para evitar revoltas populares.

A tomada da Bastilha

A população francesa acompanhava atentamente, na cidade de Paris, os acontecimentos políticos que ocorriam em Versalhes, com grande esperança e expectativa de que algo fosse feito para amenizar a crise. Sofrendo com a fome e com os altos preços dos alimentos, alguns grupos das camadas mais pobres passaram a saquear mercados e armazéns.

A suspeita de que as tropas reais pudessem acabar com a assembleia e atacar Paris, impedindo que a população reagisse, agravou a situação. Em 14 de julho de 1789, uma multidão invadiu a Bastilha, antiga prisão localizada na cidade de Paris, em busca de armas e munições para combater as tropas reais.

A tomada da Bastilha teve importantes consequências, pois inspirou novos atos de reação popular em diferentes regiões da França e fez com que Luís XVI ordenasse o recuo de suas tropas. Assim, esse acontecimento contribuiu para a continuidade da Assembleia Nacional Constituinte.

Para muitos historiadores, a tomada dessa antiga prisão, símbolo da autoridade real, representa um marco importante no processo da Revolução Francesa, pois significou o início da reação popular e as primeiras vitórias contra o Antigo Regime dos grupos que compunham o terceiro estado.

Representação da tomada da Bastilha, em 14 de julho de 1789. Pintura com guache feita por Claude Cholat, morador de Paris que participou do ataque à prisão. Acervo do Museu Carnavalet, Paris, França.

O Grande Medo

Entre julho e agosto de 1789, a revolução se espalhou para o campo. Várias propriedades foram saqueadas por camponeses, nobres foram mortos e muitas de suas moradias foram incendiadas. Em alguns casos, os trabalhadores rurais destruíram os livros nos quais estavam registradas suas obrigações para com os senhores, pois, até a Revolução Francesa, parte dos camponeses da França ainda trabalhava sob o regime feudal de servidão.

Esses levantes camponeses ficaram conhecidos como Grande Medo e fizeram com que muitos nobres deixassem a França, indo para países vizinhos, como a Prússia e a Áustria. Além disso, com as insurreições populares ocorridas em Paris e as reivindicações dos representantes burgueses na Assembleia Nacional, esses levantes contribuíram para pressionar a nobreza a abrir mão de seus privilégios.

Declaração dos Direitos do Homem e do Cidadão

Os levantes populares enfraqueceram o primeiro e o segundo estados fazendo com que algumas reformas fossem aprovadas pela Assembleia Nacional Constituinte, abalando as estruturas do Antigo Regime. Entre as reformas estavam o fim dos privilégios da nobreza e do clero e a elaboração da Declaração dos Direitos do Homem e do Cidadão. Os 17 artigos desse documento defendiam alguns preceitos fundamentais do Iluminismo, como os direitos à igualdade de todos os homens perante a lei, à liberdade de expressão, à liberdade religiosa, e a ideia de que o governo pertence ao povo.

No entanto, essas reformas precisavam ser aprovadas por Luís XVI, que procurou adiar a decisão. Em 5 de outubro de 1789, a pressão popular provocou mudanças nessa situação. Uma multidão de aproximadamente 7 mil mulheres, que protestava em Paris contra a falta de pão, resolveu marchar até o palácio de Versalhes para exigir do rei uma atitude sobre o problema da fome. No caminho, outras pessoas se juntaram ao movimento. Para acalmar a população, Luís XVI aprovou as reformas da Assembleia Nacional Constituinte e foi obrigado a transferir a sede da monarquia francesa para Paris.

Representação da marcha das mulheres ao palácio de Versalhes, em 5 de outubro de 1789. *A Versailles, a Versailles*, gravura de artista desconhecido, feita no século XVIII.

Monarquia constitucional

Ao mesmo tempo que procurou acalmar os revolucionários, aprovando as reformas sugeridas na Assembleia Nacional Constituinte, Luís XVI passou a articular um plano para retomar o controle do governo francês.

Em 25 de junho de 1791, o rei e sua família, disfarçados, tentaram fugir, mas foram descobertos antes mesmo de deixar a França e reconduzidos a Paris. A intenção do monarca era juntar-se aos nobres que haviam deixado o país e organizar um exército para combater a revolução.

Representação do aprisionamento da família real francesa em 25 de junho de 1791. Gravura de artista desconhecido, feita no século XVIII.

Alguns meses depois, a Assembleia Nacional promulgou a Constituição francesa. Entre suas principais resoluções estavam:

- a estruturação de uma monarquia constitucional na França, substituindo a monarquia absolutista;
- a garantia de que todos os franceses teriam igualdade de tratamento perante a lei;
- a divisão do poder entre três instituições: o Executivo, o Legislativo e o Judiciário;
- o estabelecimento do voto censitário, ou seja, só podiam votar os cidadãos que tivessem a renda mínima estabelecida pela lei;
- a adoção de medidas que eliminavam as restrições econômicas ao livre comércio.

A elaboração da Constituição francesa teve maior participação da alta burguesia, que conseguiu fazer com que seus interesses fossem atendidos. Entretanto, as camadas mais pobres da população, do campo e da cidade permaneciam insatisfeitas. O desgaste da figura de Luís XVI, principalmente após sua tentativa de fuga, fez com que ganhasse força a ideia de acabar totalmente com a monarquia e estabelecer uma república. Entre os partidários dessa ideia estavam os *sans-culottes*, que reivindicavam mudanças consideradas radicais pela burguesia, como a extinção dos impostos sobre os alimentos e a criação de leis que acabassem com as desigualdades entre ricos e pobres.

Sans-culottes: em português significa sem culote, termo criado para se referir às pessoas das camadas populares que não utilizavam calças até os joelhos, como as usadas pela nobreza antes da revolução. Classe formada por artesãos, assalariados e pequenos comerciantes.

A reação das monarquias europeias

A revolução em curso na França repercutiu pelo restante do continente europeu. Alguns monarcas, receosos com a influência das ideias revolucionárias sobre a população, passaram a condenar a revolução. Em agosto de 1791, os governos da Áustria e da Prússia declararam que pretendiam invadir a França para combater o movimento revolucionário.

Após muitos debates, em abril de 1792, o governo francês declarou guerra à Áustria e à Prússia. Inicialmente, os franceses sofreram derrotas, mas a participação popular, em especial a dos *sans-culottes*, fez com que os exércitos inimigos recuassem.

Representação da população francesa partindo para lutar contra as tropas austro-prussianas, em 1792. *A partida dos voluntários*, aquarela sobre papel de Jean-Baptiste Édouard Detaille, feita em 1907.

A luta feminina por direitos durante a revolução

Apesar da intensa participação feminina na Revolução Francesa, as transformações ocorridas após os seus primeiros anos não contemplavam os direitos das mulheres. Assim, em 1791, a francesa Marie Gouze (1748-1793), que adotou o pseudônimo de Olympe de Gouges, publicou um manifesto que reivindicava a igualdade de direitos entre mulheres e homens, a Declaração dos Direitos da Mulher e da Cidadã. Suas reivindicações não foram atendidas, mas alguns direitos foram conquistados pelas mulheres nesse período, como o de pedir o divórcio.

As mulheres, apesar de serem impedidas de participar da vida política e de assumir cargos públicos, não deixaram de lutar por direitos. Elas organizaram diversos clubes políticos nos quais se reuniam para discutir e exigir soluções para os problemas da sociedade.

Também reivindicavam o direito de integrarem o exército, mas foram novamente derrotadas. Mesmo assim, diversas voluntárias se alistaram no exército francês disfarçadas de homens para combater as tropas austro-prussianas.

A luta feminina durante a Revolução Francesa até hoje inspira mulheres de diferentes lugares do mundo, que se mobilizam em diversos movimentos sociais para fazer valer seus direitos e ampliá-los.

Representação de Olympe de Gouges, autora da Declaração dos Direitos da Mulher e da Cidadã. Gravura de artista desconhecido, feita no século XVIII.

Pseudônimo: nome fictício adotado por um autor.

A implantação da república na França

Sob a ameaça das forças contrarrevolucionárias na guerra contra a Áustria e a Prússia, foram realizadas, em 1792, eleições que substituíram a Assembleia Nacional pela **Convenção Nacional**, que passou a ser o novo órgão legislativo da França.

A Convenção Nacional promoveu mudanças radicais, como a abolição da monarquia e o estabelecimento da república como sistema de governo. Além disso, criou uma nova Constituição, que aboliu a escravidão nas colônias francesas e a prisão por dívidas, bem como estabeleceu o voto universal masculino (em substituição ao voto censitário), a educação pública primária gratuita e a assistência médica para idosos e crianças.

> **Voto universal masculino:** nesse caso, o direito de voto a todos os homens adultos, independentemente de sua condição social ou econômica.

A formação da Convenção Nacional

A Convenção Nacional era composta por 749 deputados que estavam divididos em três grupos principais.

- **Jacobinos**: os políticos jacobinos eram identificados pela defesa radical da igualdade, do fim dos privilégios dos nobres, do fim da cobrança de taxas feudais e da organização do regime republicano, entre outros ideais. Eles se sentavam à esquerda na sala da Convenção Nacional e eram, em sua maioria, representantes da pequena e da média burguesia, além das camadas populares (*sans-culottes*).

- **Girondinos**: os políticos girondinos formavam o grupo conservador e moderado. Havia entre eles nobres, membros da alta burguesia e outros representantes das classes mais ricas da sociedade. Eles eram contra as ideias radicais dos jacobinos e defendiam a monarquia constitucional, assim como a manutenção da Constituição de 1791. Os girondinos sentavam-se à direita na sala da Convenção Nacional.

- **Planície** ou **pântano**: grupo de políticos que não tinham posição política totalmente definida. Eles ficavam sentados na região central da sala.

Condenação e execução de Luís XVI

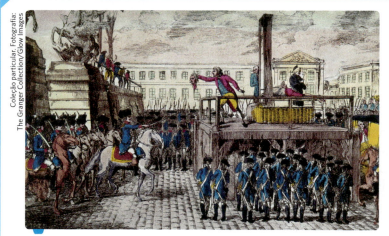

Representação da execução de Luís XVI. Gravura de artista desconhecido, feita no século XVIII.

Em 1792, quando a França tornou-se uma república, o rei deposto Luís XVI e sua esposa, a rainha Maria Antonieta, foram presos e levados a julgamento. Acusado de traição contra o povo e a nação, Luís XVI foi condenado à morte, sendo executado em 21 de janeiro de 1793. Maria Antonieta foi executada meses depois. O instrumento utilizado nas execuções foi a guilhotina, que decapitava os condenados para abreviar seu sofrimento.

A fase do Terror

A execução da família real provocou diversas reações entre a população francesa e também entre os líderes de outros países europeus, causando agitações externas e internas.

A guerra da Áustria e da Prússia contra a França continuava, agora com a coalizão de diversas outras nações absolutistas europeias, lideradas pela Inglaterra, na tentativa de restabelecer o Antigo Regime na Europa. Nesse período, o governo francês passou a convocar os cidadãos de 18 a 25 anos para compor fileiras do exército e mobilizou diversos recursos econômicos para o conflito.

Ao mesmo tempo, em 1793, em Vendeia, no oeste da França, camponeses liderados pelos nobres locais organizaram uma revolta contra a alta cobrança de impostos e o recrutamento militar. De caráter contrarrevolucionário, os participantes da chamada **Guerra da Vendeia** defendiam a volta da monarquia e a manutenção das tradições católicas.

Representação de camponeses que combateram durante a Guerra da Vendeia. Litogravura de Charpentier, feita no século XIX.

O Comitê de Salvação Pública

Nesse contexto, na tentativa de salvar a república e os princípios da revolução contra as investidas monarquistas, o governo republicano francês criou, em abril de 1793, o Comitê de Salvação Pública. Os jacobinos, que eram a maioria no Comitê, começaram, então, a perseguir sistematicamente todas as pessoas que eram consideradas "inimigas da revolução", eliminando violen-tamente qualquer tipo de oposição ao governo revolucionário.

Essas perseguições deram início ao período que ficou conhecido como **Terror**. Acredita-se que, entre agosto de 1793 e julho de 1794, mais de 40 mil pessoas tenham morrido por causa das perseguições e das execuções na guilhotina, entre elas girondinos, padres, nobres, monarquistas e jacobinos que não respeitavam a autoridade do Comitê.

Representação de execuções na guilhotina, em 1794. *Punição de traidores da Pátria*, gravura de artista desconhecido, feita no século XVIII.

53

A reação termidoriana

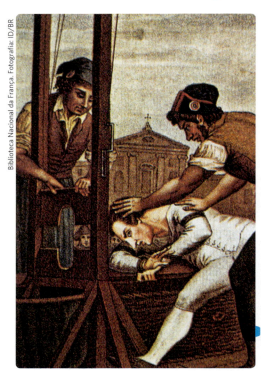

Durante a fase do Terror, houve inúmeras prisões, julgamentos e execuções, provocando enorme contrariedade entre a população. Diante disso, os políticos girondinos reagiram e organizaram-se contra a chamada "ditadura jacobina".

Assim, mediante um golpe, os girondinos ordenaram a prisão de Maximilién Robespierre (um dos principais líderes jacobinos) e de seus partidários na Convenção Nacional. Em 28 de julho de 1794, 10 Termidor no calendário revolucionário (veja boxe no fim da página), Robespierre foi executado na guilhotina. O acontecimento deu início a uma nova fase do processo revolucionário, marcado por uma política moderada e liderada pelos girondinos, que formaram o governo chamado de **Diretório** (composto por cinco deputados – os diretores – eleitos por um mandato de cinco anos).

Representação da execução de Robespierre na guilhotina. Aquarela de Jean-Joseph-François Tassaert, feita no século XVIII. Acervo da Biblioteca Nacional da França, Paris.

Uma nova Constituição

Uma das principais mudanças promovidas durante o governo do Diretório foi a elaboração, em 1795, de uma nova Constituição. Mais conservadora que a anterior, a nova Constituição restabeleceu o voto censitário e proibiu as execuções sumárias, como as que ocorreram na fase do Terror, entre outras medidas.

No entanto, nesse período, mesmo com a retomada do desenvolvimento nos setores da indústria e do comércio, a situação econômica era crítica, e as agitações provocadas pelas insurreições tanto de monarquistas como de *sans-cullotes*, ainda causavam instabilidade na França.

O calendário revolucionário francês

Com a proclamação da república francesa, em 1792, foi instituído um novo calendário, baseado nos ciclos da natureza e sem os feriados religiosos. Ele dividia o ano em 12 meses de 30 dias, e mais 5 ou 6 dias complementares.

Cada mês possuía um nome relacionado às condições climáticas francesas ou às épocas agrícolas. Veja a seguir alguns exemplos.

- **Vindimário**: referente à vindima, época de colheita de uvas. Corresponde ao período de 22 de setembro a 21 de outubro.
- **Brumário**: referente às brumas. Corresponde ao período de 22 de outubro a 20 de novembro.
- **Termidor**: referente ao calor, no período de 19 de julho a 17 de agosto.
- **Frutidor**: referente à época das frutas, de 18 de agosto a 16 de setembro.

Bruma: neblina, nevoeiro.

Atividades

Organizando o conhecimento

1. Qual era o objetivo da convocação dos Estados Gerais? O que foi alcançado a partir dessas reuniões?

2. O que o episódio da tomada da Bastilha representou durante a Revolução Francesa?

3. Explique o que foi o Grande Medo e como ele influenciou o contexto revolucionário francês.

4. Como funcionou o processo de elaboração da Constituição da França, em 1791? Comente algumas das medidas adotadas e mencione qual grupo da população teve maior influência na elaboração desse documento.

5. Copie o quadro a seguir no caderno e depois complete-o com as principais características de cada grupo.

Jacobinos	Girondinos

6. No caderno, associe as duas colunas apresentadas a seguir referentes a alguns dos eventos da Revolução Francesa.

A. Tomada da Bastilha
B. Antigo Regime
C. Fase da Assembleia Nacional Constituinte
D. Convocação dos Estados Gerais
E. Declaração dos Direitos do Homem e do Cidadão
F. Fase do Terror

I. Quando o Comitê de Salvação Pública, de maioria jacobina, começou a realizar perseguições às pessoas consideradas "inimigas da revolução", eliminando violentamente qualquer tipo de oposição ao governo revolucionário.

II. Período em que os representantes dos estados se reuniram com o objetivo de criar uma Constituição que impusesse mais limites ao poder do rei.

III. Período no qual predominou a monarquia absolutista e no qual a população francesa estava dividida em três estados: clero, nobreza e camadas populares (camponeses, burgueses e trabalhadores urbanos).

IV. Reuniões e encontros que foram realizados no final do século XVIII para sanar alguns dos problemas franceses, como a crise econômica.

V. Documento que apresentava preceitos Iluministas, como os direitos à igualdade perante a lei, à liberdade de expressão, à liberdade religiosa, e a ideia de que o governo pertence ao povo.

VI. Em 14 de julho de 1789, o povo de Paris invadiu a antiga prisão da cidade em busca de armas e munições para combater as tropas reais e manter os ideais da revolução.

Conectando ideias

7. Na França, a sociedade era dividida em três estados. Identifique cada um desses setores da sociedade na imagem e responda às questões.

Representação dos três estados da sociedade francesa durante o Antigo Regime. Gravura de artista desconhecido, feita no século XVIII.

a) Descreva como cada uma das personagens foi representada.

b) Identifique elementos que caracterizam os membros dos três estados na imagem.

c) Explique quem fazia parte de cada um desses estados e comente a situação deles na sociedade francesa.

d) Faça um desenho no caderno de acordo com a sua interpretação sobre a sociedade francesa durante o Antigo Regime. Depois, compare seu desenho com o de um colega e verifique as semelhanças e as diferenças entre eles.

8. Os motivos que levaram diversas camadas sociais francesas a se mobilizarem a favor da revolução foram variados. Abaixo, o historiador Eric J. Hobsbawm apresenta alguns deles. Leia o trecho e responda às questões.

> [...] O que transformou uma limitada agitação reformista em uma revolução foi o fato de que a conclamação dos Estados Gerais coincidiu com uma profunda crise socioeconômica. Os últimos anos da década de 1780 tinham sido, por uma complexidade de razões, um período de grandes dificuldades praticamente para todos os ramos da economia francesa. Uma má safra em 1788 (e 1789) e um inverno muito difícil tornaram aguda a crise. As más safras faziam sofrer o campesinato, pois significavam que enquanto os grandes produtores podiam vender cereais a altos preços, a maioria dos homens em suas insuficientes propriedades tinha [...] que se alimentar do trigo reservado para o plantio ou comprar alimentos àqueles preços [...]. Obviamente as más safras faziam sofrer também os pobres das cidades cujo custo de vida – o pão era o principal alimento – podia duplicar. [...]
>
> Eric J. Hobsbawm. *A era das revoluções*: 1789-1848. Tradução de Maria Tereza Teixeira e Marcos Penchel. 25. ed. São Paulo: Paz e Terra, 2010. p. 108-109.

a) De acordo com o autor do texto, que fatores influenciaram a transformação da "agitação reformista" em uma "revolução"?

b) Quais camadas da sociedade francesa foram as mais afetadas pelo processo descrito no texto?

c) Você concorda com o ponto de vista desse autor? Por quê? Comente seus argumentos com os colegas.

9. Em 25 de abril de 1792, o capitão do exército francês Claude-Joseph Rouget de Lisle (1760-1836) compôs a canção que veio a ser conhecida como o hino nacional francês. Em 30 de julho do mesmo ano, a música foi entoada por soldados que voltavam da cidade de Marselha e adentravam Paris, ficando conhecida então como *La Marseillaise* (*A Marselhesa*). Leia um trecho do hino abaixo e responda às questões.

A Marselhesa

Avante, filhos da pátria,
O dia da glória chegou.
O estandarte ensanguentado da tirania,
Contra nós se levanta.
[...]
Às armas cidadãos!
Formai vossos batalhões!
Marchemos, marchemos!
[...]

Tiago José Berg. *Hinos de todos os países do mundo*. São Paulo: Panda Books, 2008. p. 115-116.

La Marseillaise, gravura, letra e partitura publicadas no *Le Petit Journal*, em 1912.

a) É possível reconhecer no trecho do hino e por meio da imagem os ideais revolucionários? Dê exemplos.

b) Desde 14 de julho de 1795, essa canção é reconhecida como hino nacional da França. Você conhece o hino nacional do Brasil? Converse com os colegas sobre a importância dos hinos como símbolo nacional.

10. Como vimos na página **52**, os lugares ocupados na sala da Convenção Nacional pelos grupos políticos eram: à esquerda, jacobinos; à direita, girondinos; ao centro, planície ou pântano. Agora, reflita sobre essas posições e depois responda às questões.

a) Faça um breve resumo sobre o posicionamento político de cada grupo na época de acordo com o local que ocupavam na sala da Convenção Nacional: esquerda, centro e direita.

b) Após refletir sobre o posicionamento desses grupos na época, você considera que há alguma relação com os termos "direita", "esquerda" e "centro" utilizados na política em diversos países na atualidade, como no Brasil? Converse com os colegas.

CAPÍTULO 4

A volta do regime centralizado

No final do século XVIII, o governo francês formado pelo Diretório estava em crise. Os diretores eleitos enfrentavam dificuldades para conter a instabilidade econômica. Além disso, a ocorrência de insurreições populares dificultava a manutenção do poder político. De um lado, setores da elite, que eram monarquistas, buscavam o retorno ao governo centralizado e de seus privilégios da época do Antigo Regime; de outro, camadas populares formadas pelos *sans-cullotes* exigiam melhores condições de vida e a volta de direitos, como o voto universal masculino, que foram anulados pelos girondinos do Diretório.

O golpe de 18 Brumário

Elite: neste sentido, grupo social, geralmente formado pela minoria que detém privilégio ou exerce domínio sobre os outros grupos.

Corso: nascido na Córsega, ilha localizada no mar Mediterrâneo.

Nesse cenário de instabilidade econômica e política na França, ganhou cada vez mais destaque a atuação do general corso **Napoleão Bonaparte** (1769-1821), que vinha acumulando diversas vitórias nas batalhas contra os Estados absolutistas europeus. Havia entre esses Estados o temor do avanço dos ideais revolucionários franceses na Itália, na Suíça, no Egito e em outras regiões.

Com o apoio de membros da burguesia, Napoleão chegou dessas batalhas com a intenção de pôr fim às desordens internas e assumir o poder na França. Em 9 de novembro de 1799 (18 Brumário no calendário revolucionário), Napoleão liderou um golpe de Estado contra o Diretório e estabeleceu o Consulado, formado por três governantes, chamados cônsules: o político Roger Ducos, o abade de Sieyès e ele mesmo, nomeado primeiro-cônsul e exercendo plenos poderes.

Le 18 Brumaire, gravura de Duplessis Bertaux, feita no início do século XIX.

Líder e estrategista

Napoleão Bonaparte ficou conhecido principalmente por seus êxitos militares. Na juventude, estudou na Escola Militar, onde se formou como oficial de artilharia.

Durante a Revolução Francesa, Napoleão obteve promoções, até assumir o comando do exército francês na Itália, em 1796, iniciando uma série de vitórias que lhe garantiram a fama de grande estrategista e líder militar.

O governo do Consulado

Durante a vigência do Consulado, entre 1799 e 1804, Napoleão Bonaparte, o primeiro-cônsul, deu início a um governo autoritário e violento. Ele reprimiu as insurreições populares, proibiu greves, perseguiu e aprisionou opositores políticos e estabeleceu a censura nos jornais.

No campo da economia, o Consulado equilibrou a crise estimulando a indústria e o comércio por meio de empréstimos; assim, o governo francês garantia o apoio dos burgueses, que foram importantes aliados no processo de retorno ao poder centralizado. Além disso, para fortalecer a economia, foram criados, em 1800, o Banco da França e uma nova moeda, o franco.

No campo jurídico, foram instituídas novas leis, que entraram em vigor em março de 1804 e que, posteriormente, ficaram conhecidas como **Código Civil Napoleônico**.

O novo código de leis estabeleceu algumas conquistas decorrentes da Revolução Francesa, como:

- A igualdade de todos perante a lei.
- O fim dos privilégios da nobreza e do clero.
- O direito à propriedade privada.
- O Estado laico.
- A instituição do casamento civil.

Laico: aquilo que não sofre influência religiosa, da Igreja ou do clero.

> Quais aspectos do Código Civil Napoleônico também são comuns à Constituição brasileira atual?

No entanto, o Código Civil Napoleônico também apresentava aspectos conservadores, como o restabelecimento do trabalho escravo nas colônias francesas e a negação da igualdade de direitos entre mulheres e homens. Assim, o pai e o marido eram considerados responsáveis pelas decisões, pelas ações e pela sobrevivência das mulheres. O Código tratava-as como cidadãs incapazes de gerir a própria vida, por isso elas levavam desvantagem em questões como disputas por propriedade e divórcio.

Napoleão Bonaparte sendo coroado por Cronos, deus grego do tempo, enquanto escreve o Código Civil. Óleo sobre tela de Jean-Baptiste Mauzaisse, feito em 1833. Acervo do Museu do castelo de Rueil-Malmaison, França.

O Império Napoleônico

Plebiscito: consulta popular, feita por meio do voto, sobre questões específicas de âmbito político ou social.

Em 1802, por meio de um plebiscito, Napoleão havia sido nomeado primeiro-cônsul vitalício com o direito de nomear o seu sucessor. Em 1804, foi realizada uma nova consulta entre deputados, que decidiram pela volta do regime monárquico de governo e pela nomeação do primeiro-cônsul como imperador da França, com o título de Napoleão I.

Durante o Império (1804-1814), Napoleão governou dispondo de uma Corte, formada por militares e proprietários de terra, e de grande quantidade de altos funcionários submetidos à sua autoridade.

Palácio de Versalhes (França). Fotografia: Heritage Images/Hulton Fine Art Collection/Getty Images

Por meio de uma série de invasões, territórios foram anexados ao Império, ampliando-se as fronteiras e formando um Estado forte e centralizado, que integrou diversas regiões, abrangendo quase toda a Europa (veja o mapa na página seguinte).

Napoleão governou por meio de decretos, criando e anulando leis sem a aprovação de outros políticos. No entanto, algumas medidas da época do Consulado foram mantidas, como a censura aos meios de comunicação.

Em cerimônia realizada em dezembro de 1804, na catedral de Notre-Dame, em Paris, Napoleão retirou a coroa das mãos do papa e coroou-se imperador da França. Ao lado, Napoleão I em 1804. Óleo sobre tela de François Pascal Simon Gérard. Acervo do palácio de Versalhes, França.

A política educacional

As reformas educacionais iniciadas durante a Revolução Francesa, como a garantia de um ensino público secular, com a mínima interferência religiosa, consolidaram-se durante o Império Napoleônico.

Nesse período, a educação era voltada basicamente para a formação de cidadãos capacitados a trabalhar para o Estado, como funcionários públicos, para fiscalizar e aplicar as leis, ou como oficiais militares, com a função de liderar exércitos e doutrinar os soldados para servirem e serem leais ao Império.

Conquistas e expansão

Após a transição para o Império, a partir de 1805, Napoleão iniciou o processo para a consolidação de seu poder sobre a Europa. As hostilidades contra os antigos rivais foram retomadas. Países como Inglaterra, Áustria, Rússia, Prússia e Suécia, individualmente ou por meio de alianças, opuseram-se militarmente à França para impedir o seu domínio político e econômico sobre os demais Estados. Mas, após sucessivas vitórias, Napoleão dominou grande parte da Europa, até 1812. Veja o mapa abaixo.

Os Estados que passaram a compor o Império Napoleônico possuíam diferentes condições. Havia os **Estados anexados**, que integraram o território da França, como a Bélgica, parte da Alemanha e diversas regiões da atual Itália. Havia também diversos **Estados vassalos**, que mantiveram sua integridade territorial, mas estavam subordinados ao governo central. Nesses Estados, Napoleão substituiu os governantes por pessoas de sua confiança, como parentes e familiares.

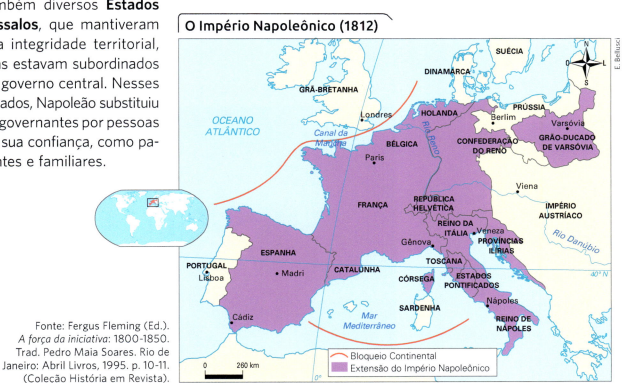

Fonte: Fergus Fleming (Ed.). *A força da iniciativa*: 1800-1850. Trad. Pedro Maia Soares. Rio de Janeiro: Abril Livros, 1995. p. 10-11. (Coleção História em Revista).

O Bloqueio Continental

A Inglaterra, armada com uma poderosa marinha de guerra, foi um dos poucos países que continuaram resistindo ao domínio francês.

Como estratégia para derrotar os ingleses, Napoleão estabeleceu um plano, em 1806, conhecido como Bloqueio Continental, que consistia na proibição a todos os reinos do Império Francês de manter trocas comerciais com a Inglaterra. Com isso, o imperador buscava prejudicar a economia inglesa, buscando enfraquecê-la e, posteriormente, subjugá-la.

No entanto, essa medida não impediu que ocorresse o contrabando de mercadorias para a Europa. Além disso, a proibição imposta pelo Bloqueio Continental passou a prejudicar também muitos países que dependiam dos produtos ingleses.

Para investigar

As representações de Napoleão Bonaparte

Desde a época em que era general, Napoleão buscou difundir uma imagem positiva de si mesmo, enaltecendo suas conquistas militares e sua capacidade como estadista, associando a sua figura à de um grande herói nacional. Assim, contratava artistas e encomendava pinturas sobre episódios políticos e militares de sua vida, de modo a construir essa imagem.

Observe a seguir uma dessas pinturas, produzida pelo artista francês Jacques-Louis David (1748-1825), entre 1801 e 1805. O episódio representado refere-se à campanha militar realizada por Napoleão na região dos Alpes italianos, no ano de 1800.

As vestes de Napoleão simbolizam elegância e grandeza. Elas são adornadas e apresentam cores fortes e vibrantes.

A mão direita de Napoleão aponta para o alto, indicando um futuro de glórias. A mão esquerda está comandando o animal, simbolizando seu controle e sua capacidade de chegar à vitória.

Observe que o local representado também ressalta a figura do herói, que enfrenta um caminho íngreme, com o céu encoberto, sob o clima de frio e ventania dos Alpes.

O cavalo foi representado em uma posição desafiadora, demonstrando força e imponência.

A cena mostra alguns soldados que participaram da campanha militar. No entanto, eles estão em segundo plano, ofuscados pela imagem de Napoleão.

Napoleão cruzando os Alpes, óleo sobre tela de Jacques-Louis David, 1801-1805. Acervo do Museu de História da Arte, Viena, Áustria.

No canto esquerdo da obra, há três nomes em latim inscritos na rocha: Bonaparte (A), Aníbal (B) e Carlos Magno (C). Com isso, o artista buscou igualar Napoleão a outros líderes e estrategistas de destaque na História.

62

Conforme analisado na página anterior, a pintura de Jacques-Louis David representa o episódio da travessia dos Alpes de uma maneira idealizada, buscando construir uma imagem heroica e destemida de Napoleão.

Alguns anos após o fim do governo napoleônico, outro artista francês, Paul Delaroche (1797-1856), também pintou o episódio da travessia dos Alpes, no entanto sob outro olhar. Veja a seguir.

Napoleão cruzando os Alpes, óleo sobre tela de Paul Delaroche, 1848. Acervo do Museu do Louvre, Paris, França.

1. Compare as duas pinturas. Depois, escreva sobre as diferenças entre as representações de acordo com cada um dos aspectos elencados abaixo.

   a) Caracterização do animal.
   b) Expressão facial e postura de Napoleão.
   c) Vestes de Napoleão.
   d) Ambiente e clima do local.

2. Em sua opinião, qual das duas pinturas representa a travessia dos Alpes de maneira mais próxima da realidade? Por quê?

3. Identifique a época de produção de cada uma das pinturas. Você acredita que esse fator pode ter influenciado no tipo de representação? Converse sobre o tema com os colegas.

As derrotas e o exílio de Napoleão

No século XVIII, a Rússia era um país rural e dependia das exportações de seus excedentes agrícolas e da importação de produtos manufaturados da Inglaterra. Dessa forma, o Bloqueio Continental implantado por Napoleão passou a ser desrespeitado pelo líder russo, o czar Alexandre I, que precisou manter as relações comerciais com os ingleses.

Como forma de retaliação, em 1812, Napoleão instaurou a Campanha da Rússia, invadindo esse território. Os russos, porém, não mobilizaram imediatamente uma resistência e implantaram o contra-ataque quando Napoleão já se encontrava em Moscou.

Um incêndio de grandes proporções foi iniciado, então, na cidade, pelos próprios russos, para que as tropas napoleônicas ficassem privadas de recursos, como alimentos e equipamentos. Exaustas com as longas viagens e também com as condições adversas decorrentes do inverno, as tropas francesas sofreram grande derrota e retiraram-se do território russo.

O exército napoleônico enfrentou condições extremas durante a Campanha da Rússia. As temperaturas chegaram aos 30 graus negativos. Acima, representação das tropas de Napoleão retirando-se de Moscou em condições climáticas adversas. Óleo sobre tela de Jan van Chelminski, 1889. Acervo particular.

O Grande Exército

Na época da Campanha da Rússia, o exército francês tinha mais de 550 mil combatentes, dos quais menos de 60 mil retornaram. Também conhecido como o "exército das 20 nações", esse contingente era formado por soldados de várias nações europeias e, por isso, representou uma das primeiras forças militares multinacionais da História.

Como cada país tinha sua tradição, as tropas utilizavam vestes características de seus locais de origem. Além disso, a comunicação entre os soldados era complicada, afinal os idiomas eram variados, exigindo até mesmo a presença de intérpretes.

A derrocada

Depois da derrota na Campanha da Rússia, pressionado pelos inimigos e sem apoio político, Napoleão renunciou, em 1814, e foi enviado para o exílio na ilha de Elba, na Itália. Luís XVIII, irmão do rei condenado durante a Revolução Francesa, assumiu, então, o governo francês.

Um ano depois, em 1815, Napoleão conseguiu escapar e voltar ao poder por um breve período de cem dias. As potências europeias, porém, o derrotaram na Batalha de Waterloo. No ano de 1821, Napoleão faleceu na ilha de Santa Helena, onde estava preso.

O Congresso de Viena

Com as guerras napoleônicas, o território da Europa passou por muitas transformações. Para buscar reorganizar e redefinir as fronteiras, os líderes europeus das monarquias vitoriosas, como Áustria, Prússia, Inglaterra e Rússia, bem como da França derrotada, reuniram-se no **Congresso de Viena**.

As reuniões foram realizadas entre 1814 e 1815, na cidade de Viena, na Áustria, e, além de redefinir as fronteiras, tinham como objetivos reprimir os movimentos revolucionários e restaurar os governos de caráter absolutista na Europa.

Muitas das decisões tomadas no Congresso levaram em consideração apenas as aspirações dos líderes políticos europeus, sem observar as características dos povos que viviam em cada uma das regiões.

A Europa após o Congresso de Viena (1815)

Fonte: Hermann Kinder e Werner Hilgemann. *The Penguin Atlas of World History*. Londres: Penguin Books, 2003. p. 40.

Atividades

Organizando o conhecimento

1. Sobre o início do governo de Napoleão na França, responda.
   a) De que forma ele ascendeu ao poder?
   b) Como esse episódio ficou conhecido?
   c) Quais foram suas primeiras ações no governo francês?

2. Analise a imagem da página **60**. Napoleão foi representado? Qual teria sido o objetivo do artista ao representá-lo dessa forma?

3. Qual era o objetivo do Bloqueio Continental?

4. Compare os mapas das páginas **61** e **65** e cite algumas das mudanças na configuração dos Estados europeus.

Conectando ideias

5. Leia o texto a seguir, observe a imagem e, depois, responda às questões.

> [...]
>
> O mapa da Europa foi redelineado sem se levar em conta as aspirações dos povos ou dos príncipes destituídos pelos franceses, mas com considerável atenção para o equilíbrio das cinco grandes potências que emergiam das guerras: a Rússia, a Grã-Bretanha, a França, a Áustria e a Prússia. [...]
>
> Eric J. Hobsbawm. *A era das revoluções*: 1789-1848. Tradução de Maria Tereza Teixeira e Marcos Penchel. 25. ed. São Paulo: Paz e Terra, 2010. p. 170.

Representação de uma reunião do Congresso de Viena. Na imagem, os líderes das nações europeias aparecem redefinindo os territórios. Charge de artista desconhecido, feita no século XIX.

a) Qual o tema abordado no texto?
b) Descreva a cena representada na charge. O que as pessoas estão fazendo?
c) Relacione a charge ao texto citado. Qual é a crítica que podemos identificar em ambos os recursos?

6. Em 1806, iniciou-se em Paris, a mando de Napoleão, a construção de um monumento em homenagem às vitórias francesas. Conhecida como Arco do Triunfo, essa construção é um dos mais importantes pontos turísticos franceses da atualidade. Observe as imagens a seguir e responda às questões.

Arco do Triunfo, em Paris, França. Foto de 2017.

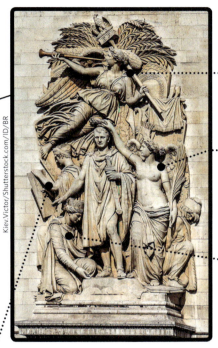

A alegoria da Fama encontra-se tocando uma trombeta e segurando um mastro.

A alegoria da Vitória aparece coroando Napoleão.

Napoleão aparece segurando uma espada, enquanto sua outra mão está sobre a alegoria de uma Nação Vencida.

A alegoria da História foi representada transcrevendo os nomes das principais batalhas vitoriosas de Napoleão.

▶ **Alegoria:** neste caso, o uso de formas e imagens para representar uma ideia.

a) Como Napoleão está representado nesse monumento? Como você chegou a essa conclusão?
b) Qual era a intenção de Napoleão ao planejar a construção dessa obra?
c) Faça uma pesquisa para identificar outras obras que foram utilizadas por Napoleão com o mesmo intuito do Arco do Triunfo. Selecione uma e apresente-a para os colegas.

Verificando rota

Qual dos temas estudados na unidade mais chamou sua atenção? Produza uma lista com os principais tópicos estudados. Depois, forme dupla com um colega, comente cada um dos temas com ele e responda às questões que seguem.

- É possível dizer que a Revolução Francesa influenciou a história de outros países e até mesmo muitos aspectos do nosso cotidiano? Por quê?
- Qual é a importância da participação popular e da burguesia no processo da Revolução Francesa?
- Qual é a sua opinião sobre a atuação do terceiro estado no início da Revolução Francesa e ao longo do processo, quando o grupo se dividiu de acordo com os diferentes interesses sociais?
- Sobre qual dos temas analisados você gostaria de aprofundar seu estudo? Por quê?

Ampliando Fronteiras

Os ecos da revolução

Muitos dos ideais formulados durante a Revolução Francesa estão presentes ainda hoje em nossa sociedade. Algumas das ideias contidas na Declaração dos Direitos do Homem e do Cidadão, de 1789, por exemplo, integram a Constituição de muitos países democráticos na atualidade, inclusive do Brasil.

Leia a seguir alguns dos artigos contidos na Declaração.

[...]

Artigo 1º – Os homens nascem e são livres e iguais em direitos. [...]

Artigo 2º – A finalidade de toda associação política é a preservação dos direitos naturais e imprescritíveis do homem. Esses direitos são a liberdade, a prosperidade, a segurança e a resistência à opressão. [...]

Artigo 4º – A liberdade consiste em poder fazer tudo o que não prejudique o próximo [...].

Artigo 6º – A lei é a expressão da vontade geral. [...]

Artigo 9º – Todo acusado é considerado inocente até ser declarado culpado [...].

Artigo 10º – Ninguém pode ser molestado por suas opiniões, incluindo opiniões religiosas, desde que sua manifestação não perturbe a ordem pública estabelecida pela lei.

Artigo 11º – A livre comunicação das ideias e das opiniões é um dos mais preciosos direitos do homem; todo cidadão pode, portanto, falar, escrever, imprimir livremente, respondendo, todavia, pelos abusos dessa liberdade nos termos previstos na lei.

[...]

Declaração dos Direitos do Homem e do Cidadão. *Sénat*. Disponível em: <www.senat.fr/lng/pt/declaration_droits_homme.html>. Acesso em: 18 out. 2018.

DIREITOS PARA TODOS

A grande particularidade da Declaração dos Direitos do Homem e do Cidadão está na ideia de que todos os homens são iguais perante a lei. Essa declaração procura garantir alguns direitos fundamentais para todas as pessoas, como viver com dignidade e ter liberdade de pensamento e de expressão. Esses direitos fundamentais constituem parte importante do que chamamos hoje de direitos humanos.

Além de inspirar a garantia dos direitos humanos na Constituição de diversos países, a Declaração dos Direitos do Homem e do Cidadão foi uma importante referência na elaboração da Declaração Universal dos Direitos Humanos aprovada pela Organização das Nações Unidas (ONU), em 1948. A Declaração Universal funciona como uma espécie de princípio para a luta por direitos no mundo todo, tornando-se um importante recurso contra a discriminação, as desigualdades e outros problemas que afetam a dignidade humana.

O cumprimento das leis que garantem os direitos humanos ainda depende da mobilização da sociedade. No Brasil, em 2014, o antigo Conselho de Defesa dos Direitos da Pessoa Humana foi transformado em Conselho Nacional dos Direitos Humanos, órgão federal responsável por fiscalizar o cumprimento dos direitos humanos no país. Além dele, diversas organizações civis lutam atualmente para que esses direitos sejam garantidos.

1. Em sua opinião, qual foi a importância da Declaração dos Direitos do Homem e do Cidadão na Revolução Francesa?

2. Qual trecho dessa declaração mais lhe chamou a atenção? Por quê?

3. Faça uma pesquisa na atual Constituição brasileira e identifique nela algumas influências da Declaração dos Direitos do Homem e do Cidadão, de 1789. Transcreva no caderno dois trechos que demonstrem essa influência.

4. Em sua opinião, os direitos humanos garantidos pela Constituição brasileira são plenamente cumpridos no país atualmente? O que é necessário para garantir que esses direitos sejam respeitados? Com auxílio do professor, debata o assunto com os colegas de classe. Após o debate, produzam um texto coletivo apresentando as opiniões e os argumentos debatidos.

69

UNIDADE

3

Independências na América

Capítulos desta unidade
- **Capítulo 5** - A formação dos Estados Unidos
- **Capítulo 6** - A independência do Haiti e das colônias espanholas

Iniciando rota

1. Atualmente, manifestações pelos direitos dos povos indígenas, como essa retratada na foto, acontecem em diferentes países da América. Você sabe por quê? Converse com os colegas.

2. Quais informações você já conhece sobre os processos de independência no continente americano? Comente.

Bolivianos comemoram a implantação da nova Constituição de seu país, que, entre outras determinações, reconhece o direito dos povos indígenas de manter suas tradições. Foto tirada na praça Murillo, na cidade de La Paz, Bolívia, em 2009.

CAPÍTULO 5

A formação dos Estados Unidos

Como estudado no **7º** ano, no atual Estados Unidos, na América do Norte, território colonizado pelos ingleses, a partir do século XVII foram fundadas as Treze Colônias na costa leste. (Observe o mapa abaixo).

A partir do século XVIII, diversos movimentos de contestação aos domínios coloniais deram início a processos de independência no continente americano, inspirados principalmente pelos ideais iluministas, como liberdade e igualdade.

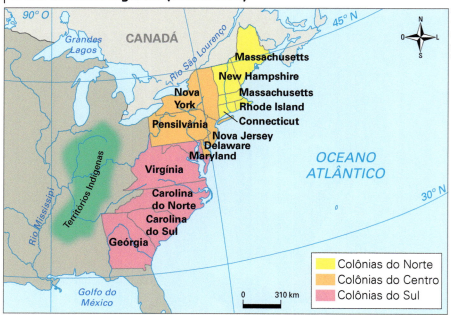

Fonte: Claudio Vicentino. *Atlas histórico*: geral e Brasil. São Paulo: Scipione, 2011. p. 96.

▌ Colonização e trabalho nas Treze Colônias

As colônias inglesas eram diferentes entre si, principalmente em relação à questão econômica. Nas que se formaram no Norte e no Centro das Treze Colônias, região também chamada de Nova Inglaterra, predominava o clima temperado, o mesmo que prevalecia na maior parte da Europa. Essa característica dificultou a produção de artigos agrícolas destinados à exportação para o mercado europeu. Isso favoreceu o desenvolvimento de uma economia diversificada e voltada principalmente para o mercado interno, com agricultura desenvolvida em pequenas e médias propriedades familiares.

Além disso, a abundância de madeira na região favoreceu o desenvolvimento do comércio, das manufaturas e da marinha mercante, impulsionando a produção de navios e de outras embarcações, utilizadas para transportar mercadorias.

O tipo de mão de obra mais comum na região da Nova Inglaterra era o familiar, porém, também havia o regime de servidão temporária, realizado por imigrantes ingleses que não conseguiam pagar os custos da viagem à América.

Já as colônias do Sul, caracterizadas por apresentar um clima subtropical, mais quente, e extensa área de solo fértil, tiveram um desenvolvimento econômico diferente. Seu solo e clima estavam mais propícios aos interesses dos colonizadores ingleses.

Assim, com uma economia mais voltada ao mercado externo, os sulistas desenvolveram o sistema de *plantation*, que se caracterizava pela monocultura, isto é, a produção de um gênero agrícola em grandes extensões de Terra. Entre os principais produtos cultivados, estavam tabaco, arroz e algodão. Nas *plantations*, a principal mão de obra era escravizada, de origem africana.

No século XVII, foi estabelecido um sistema de comércio chamado **comércio triangular**, que envolvia trocas entre as Treze Colônias, as ilhas do Caribe e a África, como representado no esquema ao lado.

Religiosidade e educação

Homens e mulheres de diferentes origens e de diversos grupos religiosos, principalmente protestantes (que fugiam de perseguições religiosas na Europa), povoaram a América do Norte.

O grande número de protestantes nas Treze Colônias favoreceu a preocupação com a educação formal. Assim, em 1647, foi publicada uma lei em Massachusetts que determinou a obrigatoriedade de um professor para cada povoado que tivesse mais de cinquenta famílias.

Esse contexto estava diretamente relacionado à a influência do pensamento ilustrado europeu na América, como mostra o texto a seguir.

[...] as teses de Newton e Locke constavam nas bibliotecas das colônias. Muitos alunos das famílias abastadas iam estudar na Europa. Da França e da Inglaterra partiam livros e ideias para a América.

O grande interesse pela educação tornou as 13 colônias uma das regiões do mundo onde o índice de analfabetismo era dos mais baixos. Apesar das variações regionais (o sistema educacional da Nova Inglaterra era melhor do que em outras áreas) e raciais (poucos negros eram alfabetizados), as 13 colônias tinham um nível de educação formal bastante superior à realidade dos séculos XVII e XVIII, seja na Europa ou no restante da América. Ainda assim, é inegável que havia mais alfabetizados brancos homens e ricos do que mulheres, negros, indígenas e pobres.

[...]

Leandro Karnal e outros. *História dos Estados Unidos*: das origens ao século XXI. São Paulo: Contexto, 2007. p. 50.

Instituições de ensino superior nas Treze Colônias até 1764
Harvard (1636) – Massachusetts
William and Mary (1693) – Virgínia
Yale (1701) – Connecticut
Princeton (1746) – Nova Jersey
Universidade da Pensilvânia (1754) – Pensilvânia
Columbia (1754) – Nova York
Brown University (1764) – Rhode Island

Fonte: Leandro Karnal e outros. *História dos Estados Unidos*: das origens ao século XXI. São Paulo: Contexto, 2007. p. 50.

A independência das Treze Colônias

No final do século XVII e ao longo de todo o século XVIII, ocorreram muitas guerras na América e na Europa, criando um cenário de agitação social que favoreceu a independência das Treze Colônias.

Os conflitos entre metrópole e colônia

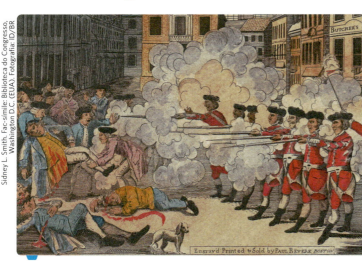

Em 1770, soldados ingleses dispararam em colonos americanos que protestavam contra os abusos da Coroa inglesa na cidade de Boston, em Massachusetts. O episódio ficou conhecido como **Massacre de Boston** e foi noticiado em todas as Treze Colônias, provocando grande revolta contra a metrópole. Acima, detalhe de gravura de Henry Pelham, feita no século XVIII, colorizada por Sidney L. Smith.

Boicote: neste caso, recusa em manter relação ou transação comercial com o objetivo de punir ou pressionar a metrópole.

Entre os anos de 1756 e 1763, ocorreu a chamada **Guerra dos Sete Anos**, entre a Inglaterra e a França, envolvendo a disputa pelos territórios coloniais na América do Norte. A Inglaterra venceu o conflito e anexou diversos territórios que antes eram ocupados pelos franceses, consolidando seu poder político e econômico na região.

A guerra gerou muitas despesas para a Coroa inglesa, que, para reduzir esses efeitos, passou a cobrar vários impostos dos colonos sobre produtos como açúcar, café, seda e artigos de luxo. Isso gerou forte reação da população. Por exemplo, como resposta à **Lei do Selo**, de 1765, que taxava a circulação de itens como jornais, livros e documentos oficiais, a população boicotou os produtos ingleses. Essa lei foi suspensa em 1767, mas novos impostos foram criados.

A Festa do Chá de Boston

Em 1773, a Coroa inglesa criou a chamada **Lei do Chá**, que obrigava os colonos a adquirir somente o chá produzido pela Inglaterra. Como forma de protesto, colonos vestidos de indígenas invadiram os navios ingleses no porto de Boston e lançaram diversas caixas de chá ao mar, no episódio que ficou conhecido como **Festa do Chá de Boston**.

O governo inglês reagiu e criou as **Leis Intoleráveis**, que determinavam o fechamento do porto de Boston até que fosse pago o valor total da carga destruída durante a revolta.

A Festa do Chá de Boston (*Boston Tea Party*) é considerada uma das principais manifestações dos colonos contra os abusos da Coroa inglesa. Detalhe de gravura de Sarony e Major, século XIX.

A Declaração de Independência

Em meio aos diversos conflitos com a Coroa inglesa, os colonos, cada vez mais influenciados pelos ideais iluministas de justiça, liberdade e resistência à tirania, passaram a lutar contra o domínio inglês e pela emancipação política.

Assim, em 1774, os representantes de todas as Treze Colônias organizaram o Primeiro Congresso Continental da Filadélfia, que aprovou o boicote aos produtos ingleses. No ano seguinte, no Segundo Congresso Continental, votaram a favor da independência. A Declaração de Independência das Treze Colônias, elaborada por Thomas Jefferson, John Adams e Benjamin Franklin, foi assinada no dia 4 de julho de 1776. Nascia, dessa forma, os Estados Unidos da América. Essa data é comemorada até hoje como *Independence Day* (Dia da Independência) pelos estadunidenses.

As Guerras de Independência

Apesar da Declaração de Independência, o governo inglês não reconheceu a nova nação. Entre os anos de 1775 e 1781, ocorreram as chamadas Guerras de Independência pelo reconhecimento da emancipação política das colônias.

Representação da batalha de Lexington e Concord, um dos primeiros confrontos entre tropas inglesas e estadunidenses, em 1775. Gravura de John Warner Barber, feita no século XIX.

Nesse período, os Estados Unidos tiveram apoio militar e financiamento da França, na época governada pelo rei absolutista Luís XVI e grande rival dos ingleses. Após diversas batalhas, os ingleses foram finalmente derrotados na batalha de Yorktown, em 1781. No entanto, foi somente em 1783 que a Inglaterra reconheceu a independência dos Estados Unidos, com a assinatura do **Tratado de Paris**, na França.

A primeira **Constituição dos Estados Unidos da América** foi aprovada em 1787 e estabeleceu um sistema político republicano e federativo, com poderes divididos em Legislativo, Executivo e Judiciário. As Treze Colônias tornaram-se estados e foi garantido o direito de voto censitário aos cidadãos.

Apesar de a Constituição garantir o direito de voto, a condição de cidadania, no entanto, era muito restrita e aplicava-se somente aos homens brancos livres e com determinada renda, excluindo-se, assim, homens pobres, afrodescendentes, pessoas escravizadas, indígenas e mulheres.

Atividades

Organizando o conhecimento

1. Observe novamente o mapa apresentado na página **72** e responda às questões a seguir.

   a) Você reconhece o nome de algumas colônias? Quais?

   b) Como era a divisão das Treze Colônias?

2. Copie o quadro a seguir em seu caderno, completando-o com as informações sobre as Treze Colônias.

Colônias	Clima	Principal mão de obra	Economia
Norte e Centro			
Sul			

3. Com o auxílio de um mapa-múndi e das informações apresentadas no capítulo, reproduza um mapa em seu caderno para representar as regiões envolvidas no comércio triangular. Indique por meio de setas e legendas os produtos trocados nesse comércio.

4. Quais foram os principais motivos que levaram as Treze Colônias a iniciar o processo de independência? Qual é a relação desse processo com as ideias dos filósofos iluministas?

5. Após a Declaração de Independência e a aprovação da primeira Constituição dos Estados Unidos da América, como foi organizada a nova nação?

6. Leia a fonte a seguir que aborda as Guerras de Independência. Depois, responda às questões propostas.

> [...] Foi organizado o Exército Continental, uma força regular a cargo de Washington. Porém, a Guerra de Independência é também fruto da luta das milícias, grupos mais ou menos autônomos de colonos que faziam atos de sabotagem contra o Exército inglês. Nessa época, desenvolve-se uma noção muito importante para os Estados Unidos: os *minutemen*, homens que deveriam estar prontos para defender-se a qualquer minuto dos ataques da Inglaterra, sendo os verdadeiros "cidadãos em armas".
>
> Em decorrência dessa mentalidade, na futura Constituição dos EUA seria garantido o direito ao cidadão de portar armas, princípio mantido até hoje. [...]
>
> Leandro Karnal e outros. *História dos Estados Unidos*: das origens ao século XXI. São Paulo: Contexto, 2007. p. 88-89.

a) De acordo com a fonte, o que eram as milícias? Com qual objetivo foram formadas?

b) Considerando o contexto, por que a Constituição garantiu o direito dos cidadãos de portar armas?

c) Faça uma pesquisa sobre a questão do porte de armas nos Estados Unidos na atualidade, buscando argumentos a favor e contrários a essa ideia. Depois, escreva um texto em seu caderno comparando as duas argumentações e se posicione a respeito, justificando sua opinião.

7. A charge a seguir ironiza a Lei do Chá, de 1773, que obrigou os colonos a comercializar chá somente com a Inglaterra. A exigência de exclusividade comercial podia gerar o aumento dos preços, pois eliminava a possibilidade de concorrência, além de representar uma medida autoritária que limitava a liberdade econômica das Treze Colônias. Interprete a charge abaixo e responda às questões sobre esse tema.

Litogravura de Paul Revere, século XVIII, representando o rei inglês George III obrigando a América, representada por uma indígena, a tomar chá.

a) Analise e descreva a charge considerando o contexto da história dos Estados Unidos.

b) Com base nos elementos da imagem e no contexto histórico estudado, identifique o cenário representado na charge. Explique como você chegou a essa conclusão.

c) Você já conhecia o conceito de monopólio? Reflita sobre essa prática. Ela ainda existe nos dias de hoje? Converse com os colegas sobre esse assunto.

77

CAPÍTULO 6
A independência do Haiti e das colônias espanholas

Na atual América Latina, desenvolveram-se diferentes processos de independência colonial. Vamos conhecer algumas características desses processos, que ocorreram entre o final do século XVIII e início do século XIX, no Haiti, uma antiga colônia francesa, e em outras regiões que foram colônias espanholas.

Os movimentos pela independência na América Latina tiveram influência das ideias iluministas, da independência dos Estados Unidos e da Revolução Francesa. Assim, as independências foram consequências de processos que combinaram diferentes fatores, ideias e interesses.

A colônia de São Domingos

O atual território do Haiti, localizado na ilha de São Domingos, na América Central, foi uma colônia espanhola e um dos primeiros territórios do continente americano no qual os europeus tiveram contato, quando Cristóvão Colombo desembarcou na região, em 1492. As colônias do Novo Mundo, no entanto, tornaram-se alvo de disputas territoriais entre espanhóis, franceses e ingleses, além de outras nações europeias. Em 1697, depois de um acordo, a Espanha reconheceu a soberania francesa sobre a parte oeste da ilha.

Os franceses, então, começaram a ocupar esse território e desenvolveram uma lucrativa produção de açúcar na região, utilizando a mão de obra de africanos escravizados.

No final do século XVIII, a maioria da população da parte francesa da ilha era formada por africanos e por seus descendentes. Existia forte tensão na colônia gerada pelas desigualdades sociais: uma pequena parcela da elite colonial francesa branca possuía terras e riquezas, enquanto cerca de meio milhão de escravizados e libertos possuíam poucos direitos e viviam em situação de extrema miséria. Além disso, as pessoas escravizadas costumavam sofrer constantes maus-tratos e violência dos proprietários de terras.

Representação de africanos escravizados trabalhando na produção de açúcar no Haiti. Gravura de artista desconhecido, século XIX.

A independência do Haiti

O início da Revolução Francesa, em 1789, teve grande repercussão em São Domingos. Os ideais de liberdade e igualdade propagados pelos revolucionários franceses inspiraram levantes de escravizados na colônia em 1791. A França enviou tropas para combater esses levantes, sem obter sucesso. Na tentativa de conter as revoltas, as autoridades francesas estabeleceram, em 1794, a abolição da escravidão em suas colônias da América, o que fez de São Domingos a primeira colônia americana a extinguir o regime de trabalho escravo.

No entanto, a revolta colonial já havia tomado grandes dimensões e isso não foi suficiente para o governo francês conter os rebeldes e restabelecer o controle sobre a ilha. Assim, ele foi obrigado a negociar com os ex-escravizados, que compunham a maior parte da população de São Domingos. O ex-escravizado Toussaint Louverture tornou-se o comandante geral do exército rebelde e passou a exercer grande influência sobre a população de São Domingos, tornando-se, posteriormente, governador-geral.

Em 1802, Napoleão Bonaparte enviou uma tropa numerosa à ilha, para retomar o total controle sobre a colônia e restabelecer a escravidão. O exército francês prendeu Toussaint e levou-o para a França, onde foi morto. Entretanto, o exército rebelde continuou a lutar, expulsando os franceses da ilha. Em 1804, os ex-escravizados, sob o comando de Jean-Jacques Dessalines, proclamaram a independência do território, batizando-o com o nome de Haiti.

Representação do exército rebelde, comandado por Jean-Jacques Dessalines, combatendo as tropas de Napoleão Bonaparte em São Domingos. Óleo sobre tela de artista desconhecido, feito no século XIX. Acervo particular.

O haitianismo

A independência do Haiti ocorreu de forma distinta das independências do restante do continente, pois foi a única realizada a partir de uma revolta de escravizados que instalou uma república e aboliu os privilégios das elites locais.

Por esse motivo, na América de colonização espanhola e portuguesa, as elites procuraram tomar a frente do processo de emancipação, temerosas de que um levante de escravizados semelhante ao do Haiti ocorresse também na região. O impacto da independência desse país ficou conhecido como **haitianismo**.

O Haiti na atualidade

O Haiti, atualmente, é o país mais pobre da América. Ao longo de sua história, o país foi marcado por governos breves, golpes de Estado, corrupção, rebeliões e intervenções estrangeiras, o que dificultou o fortalecimento e a consolidação de suas instituições democráticas até os dias de hoje.

Além da instabilidade política e da crise socioeconômica que se instaurou no país, o Haiti ainda sofre catástrofes naturais, como terremotos e furacões. Em 2010, um violento terremoto devastou a capital, Porto Príncipe, deixando cerca de 250 mil mortos e mais de 1,5 milhão de desabrigados.

Mesmo depois de anos da ocorrência desse terremoto, o país ainda não conseguiu reerguer-se. Muitas pessoas ainda vivem em acampamentos provisórios, e a população sofre com a falta de itens essenciais e de serviços, como fornecimento de água potável, eletricidade e saneamento.

Soldado brasileiro entrega água a uma moradora de Porto Príncipe, no Haiti, em foto de 2010.

A missão de paz da ONU

Desde 2004, a Organização das Nações Unidas (ONU) ocupa o Haiti com forças militares de paz, com o objetivo de ajudar o país em sua reorganização política e econômica. Além disso, busca garantir a segurança da população, principalmente em regiões mais violentas.

A Missão de Estabilização das Nações Unidas no Haiti (**Minustah**) foi chefiada pelo Brasil e, em 2004, reunia 55 países. Após o terremoto em 2010, essa missão foi reforçada para auxiliar na reconstrução do país. Na época, além da grande destruição, o índice de desemprego chegou a 70%, fazendo com que muitos haitianos passassem a buscar refúgio em outros países, como República Dominicana, Estados Unidos, França e Canadá.

A presença brasileira na missão de paz desde 2004 e a relação em grande parte amistosa entre a população do Haiti e os soldados enviados para atuar no país contribuíram para que o Brasil se tornasse um novo destino para os haitianos que buscavam melhores condições de vida.

Essa missão foi encerrada pela ONU em 2017, dando início à Missão das Nações Unidas de Apoio à Justiça no Haiti (Minujusth). Menor que a anterior, a Minujusth tem o objetivo de contribuir para que os haitianos possam fortalecer suas instituições e proteger os direitos humanos. Com isso, a ONU tem a intenção de promover um lento processo de transição, diminuindo aos poucos sua atuação no Haiti.

A crise nas colônias espanholas

Durante o século XVIII, a Espanha teve seus lucros reduzidos por causa do gradual esgotamento da prata em suas colônias americanas. Para compensar essa redução e para financiar as constantes guerras em que estava envolvida, a Coroa espanhola implementou reformas que ampliaram o controle sobre os territórios coloniais. As medidas elevaram os impostos cobrados da população, enrijeceram o sistema de cobrança, além de terem aumentado a fiscalização sobre o exclusivo comercial nas colônias.

Tensões entre as elites

Durante a segunda metade do século XVIII, os *criollos* alcançaram grande crescimento econômico. Muitos possuíam terras e eram proprietários de minas. Entretanto se sentiam prejudicados pela política colonial, que privilegiava os *chapetones*, que eram grandes proprietários de terras.

Aos *chapetones* era garantida a exclusividade da ocupação dos cargos públicos, permitindo a eles maior participação política, além do direito de realizar comércio com outras nações. As reformas promovidas pela Coroa espanhola fortaleceram ainda mais esse grupo e a manutenção de seus interesses, agravando as tensões entre as elites coloniais.

Revoltas indígenas

O aumento de tributos cobrados pela Coroa espanhola de suas colônias na América atingiu também os indígenas, que tiveram de trabalhar exaustivamente para produzir riquezas para a metrópole. Essa situação provocou bastante insatisfação nesses povos, que começaram, então, a organizar rebeliões contra a dominação espanhola. Em 1780, o líder indígena José Gabriel Condorcanqui deu início a uma revolta no Vice-Reinado do Peru, que, nesse período, era formado pelo atual território do Peru. Ele autoproclamou-se sucessor do último imperador inca, passando a chamar-se Tupac Amaru II. Nessa rebelião, os indígenas formaram um poderoso exército para defender, entre outras questões, a restauração do Império Inca e o direito de viver conforme a cultura de seus antepassados. Após alguns meses de intensas batalhas, a revolta foi controlada, e diversos de seus líderes, incluindo Tupac Amaru II, foram executados.

Exclusivo comercial: também conhecido como pacto colonial, estabelecia o monopólio da metrópole sobre a colônia, com o objetivo de gerar lucros para a metrópole. Assim, as colônias podiam comercializar apenas com a metrópole.
Criollos: descendentes de espanhóis nascidos na América.
Chapetones: espanhóis que migraram para a América.

A memória de Tupac Amaru II continua fortemente presente na sociedade peruana. Na imagem, reprodução de cédula peruana de 1987 produzida em homenagem a Tupac.

As independências na América espanhola

Além dos fatores internos, os conflitos entre países europeus no início do século XIX contribuíram de maneira decisiva para que ocorressem as independências das colônias espanholas na América. Em 1808, Napoleão Bonaparte invadiu a Espanha, destituiu o rei Fernando VII do poder e entregou o governo do país ao seu irmão, José Bonaparte.

Houve resistência da população espanhola ao novo governo. Assim, em algumas regiões da Espanha, e também em suas colônias na América, formaram-se governos autônomos, que não seguiam as ordens francesas.

Nas colônias, as elites de diferentes regiões da América aliaram-se ao governo de resistência espanhol e passaram a ter elevado grau de autonomia, realizando trocas comerciais com outros países, especialmente com a Inglaterra. A França não conseguiu controlar suas colônias, pois, além de estar envolvida em conflitos na Europa, os ingleses, em resposta ao Bloqueio Continental, procuraram impedir que as embarcações francesas chegassem à América.

Independências na América espanhola (1811-1898)

- MÉXICO 1821
- CUBA 1898
- REPÚBLICA DOMINICANA 1865
- GUATEMALA 1838
- HONDURAS 1838
- PORTO RICO 1898
- EL SALVADOR 1838
- NICARÁGUA 1838
- COSTA RICA 1838
- VENEZUELA 1819
- PANAMÁ 1830
- COLÔMBIA 1819
- EQUADOR 1822
- PERU 1821
- BOLÍVIA 1825
- PARAGUAI 1811
- CHILE 1818
- URUGUAI 1828
- ARGENTINA 1816

Revoltas coloniais

A partir de 1810, os colonos de diferentes regiões da América deram início a várias revoltas que visavam a independência em relação à Espanha. Com a queda de Napoleão, em 1814, Fernando VII reassumiu o trono espanhol e tentou retomar o controle sobre as colônias da América. Porém, o período de autonomia vivenciado pelos colonos ampliou ainda mais as tensões com a metrópole.

Dessa maneira, a Coroa espanhola não foi capaz de impedir o crescimento dos movimentos de independência em suas colônias da América.

> Relembre com os colegas algumas informações sobre a formação do Império Napoleônico.

Fonte: Jeremy Black (Ed.). *World History Atlas*. Londres: Dorling Kindersley, 2005. p. 88-89; 151.

O processo de independência na América do Sul

Após o início de diferentes movimentos de independência, em 1810, as tropas fiéis à Coroa espanhola conseguiram controlar temporariamente algumas revoltas. Em 1811, porém, depois de alguns combates, o Paraguai, que até então pertencia ao Vice-Reinado do Rio da Prata (que englobava na época os atuais países: Bolívia, Paraguai, Argentina e Uruguai), foi o primeiro a declarar sua independência em relação à Espanha.

Os processos de independência das demais colônias espanholas da América do Sul foram marcados por muitas batalhas. Mas, aos poucos, a divisão das tropas espanholas em diversas frentes e a organização de exércitos rebeldes geraram resultados desfavoráveis à metrópole.

Um dos líderes desses movimentos foi o *criollo* San Martín (1778-1850), nascido em um povoado na atual Argentina, que se destacou como comandante do exército e que atuou na independência da Argentina a partir de 1812, além de contribuir para a emancipação do Chile e do Peru.

Outra liderança dos movimentos emancipatórios nas colônias espanholas da América do Sul foi Simón Bolívar (1783-1830), nascido no território da atual Venezuela. A partir de 1814, Bolívar lutou no exército que atuou na independência de territórios que correspondem atualmente à Venezuela, à Colômbia, ao Panamá, ao Equador, ao Peru e à Bolívia. Ele defendia que esses territórios se unissem em uma confederação, com capital na cidade de Caracas, na Venezuela. Porém, seu projeto não foi concretizado.

Representação da batalha de Chacabuco, em 1817, na qual o exército colonial lutou contra o exército espanhol. Essa batalha foi decisiva no processo de independência do Chile. Óleo sobre tela de Pedro Subercaseux, feito no século XIX. Acervo particular.

O bolivarismo

O projeto de Bolívar de unir os territórios da América do Sul ficou conhecido como **bolivarismo** ou **pan-americanismo**. De acordo com esse projeto, seria formada uma confederação de países independentes, mas com uma mesma Constituição. Assim, Bolívar planejava unir e fortalecer a América Latina com um sistema de comércio e uma política externa em comum.

Ele ficou próximo de concretizar seu projeto quando liderou a Grã-Colômbia, entre os anos de 1819 e 1830, uma confederação que uniu os territórios que atualmente correspondem à Venezuela, à Colômbia, ao Panamá e ao Equador.

Representação de Simón Bolívar. Gravura de artista desconhecido, feita no século XIX.

O processo de independência do México

No Vice-Reinado da Nova Espanha, onde atualmente está localizado o México, revoltas populares contra o domínio colonial deram início ao processo de independência da região.

No começo do século XIX, um movimento liderado pelo padre Miguel Hidalgo reivindicava, entre outras medidas, a abolição da escravidão, a devolução das terras aos indígenas e o fim da cobrança de impostos deles, fato que garantiu grande adesão da população nativa, afrodescendente e mestiça. O movimento também teve o apoio de alguns membros da elite *criolla* que disputavam o poder e eram contrários ao governo espanhol.

O padre Miguel Hidalgo chamava os rebeldes à luta também em nome da Virgem de Guadalupe, santa católica considerada protetora do México. Ao lado, estandarte da Virgem de Guadalupe, de 1810, usado por seguidores do padre Hidalgo. Acervo particular.

Os conflitos

No episódio que ficou conhecido como **Grito de Dolores**, em 16 de setembro de 1810, o padre Miguel Hidalgo liderou os revoltosos contra as forças coloniais, dando início a uma série de conflitos em diversas regiões da Nova Espanha.

Os rebeldes foram derrotados em 1811, e Miguel Hidalgo foi preso e fuzilado pelos espanhóis. No entanto, as lutas emancipatórias continuaram sob a liderança do padre José María Morelos, que chegou a declarar a independência do México em 1813, mas foi preso e executado em 1815 por membros da elite *criolla* que não queriam perder seus privilégios.

Representação dos padres Miguel Hidalgo (ao centro) e José María Morelos (que aparece usando um lenço vermelho na cabeça), líderes das primeiras revoltas de independência do México. Detalhe de mural de Alfredo Zalce feito no palácio do Governo, Morelia, México. Foto de 2015.

Uma independência conservadora

Em 1820, uma revolução liberal na Espanha afetou diretamente os acontecimentos no Vice-Reinado da Nova Espanha. O general Rafael de Riego derrubou o regime absolutista vigente até então e obrigou o rei espanhol Fernando VII a governar sob um regime monárquico constitucional, ou seja, de acordo com um conjunto de leis.

Com isso, muitos privilégios da nobreza e do clero foram abolidos na Espanha e em suas colônias. Os membros do clero e os militares passaram a ser julgados pela justiça civil (antes eles eram julgados entre seus pares), e as ordens monásticas, como a ordem dos jesuítas, foram proibidas.

O Plano de Iguala

Temendo que essa situação levasse a novas revoltas populares, a elite *criolla* e os espanhóis, sob a liderança do coronel Augustín de Itúrbide, militar que lutou contra os rebeldes nas revoltas lideradas por José María Morelos, tomaram a dianteira no processo de independência e apoiaram a elaboração do **Plano de Iguala**, que visava garantir a liberdade política da região, o predomínio do catolicismo e a união entre todos os habitantes.

O Plano de Iguala foi decretado em 24 de fevereiro de 1821, tornando a antiga colônia independente e estabelecendo uma monarquia constitucional, cujo rei deveria ser nomeado pelo monarca espanhol. No entanto, Itúrbide assumiu o poder e autoproclamou-se imperador do México, com o título de Augustín I.

O Exército Imperial das Três Garantias foi criado com a assinatura do Plano de Iguala, com a função de combater as chamadas tropas realistas espanholas, que apoiavam o rei Fernando VII e recusavam-se a reconhecer a independência do México. Ao lado, *Solene e Pacífica entrada do Exército das Três Garantias na Cidade do México em 1821*. Óleo sobre tela de artista desconhecido, século XIX. Acervo do museu Nacional de História, castelo de Chapultepec, Cidade do México, México.

A independência da Guatemala

Ao conquistar a independência, em 1821, o México anexou a seu território a capitania geral da Guatemala, que era uma colônia espanhola ao sul da região.

Em 1823, a Guatemala tornou-se independente do México para integrar as Províncias Unidas da América Central. Após a fragmentação dessa confederação, a partir de 1838, formaram-se os países que conhecemos atualmente: Guatemala, El Salvador, Honduras, Nicarágua e Costa Rica.

A independência de Cuba

No final do século XIX, Cuba era um dos últimos domínios coloniais espanhóis na América. As primeiras guerras pela independência ocorreram entre os anos de 1868 e 1878, sob a liderança do filósofo e jornalista José Martí, que defendia a independência de Cuba, o estabelecimento de um governo republicano e a abolição da escravidão.

No entanto, a Espanha teve o apoio das elites agrárias de Cuba, que dependiam economicamente do trabalho escravo e das relações comerciais com a metrópole. Esses fatores contribuíram para o fracasso inicial do movimento pela independência.

Em 1895, as lutas pela independência recomeçaram. No entanto, José Martí morreu nas primeiras batalhas. Em 1898, as forças espanholas foram acusadas de destruir um navio estadunidense no porto de Havana, capital de Cuba. Com isso, os Estados Unidos engajaram-se no conflito ao lado dos cubanos e contra a Coroa espanhola. Nesse contexto, aconteceu um embate entre os chamados anexionistas (que defendiam a anexação da ilha aos Estados Unidos após a independência) e os autonomistas (que pretendiam ser totalmente autônomos).

Acima, *outdoor* com representação de José Martí na cidade de Santiago de Cuba, em Cuba, onde sua figura é lembrada até hoje. Foto de 2015.

Com o auxílio dos estadunidenses, a independência de Cuba foi conquistada em 1898. Nas negociações após as guerras de independência, a Coroa espanhola cedeu os territórios de Porto Rico, na América Central, e das Filipinas, na Ásia, aos Estados Unidos.

A Emenda Platt

Apesar da conquista da independência, Cuba passou a ser ocupada militarmente pelos estadunidenses de 1899 até 1902. Nesse intervalo, foi assinada a **Emenda Platt**, que garantia aos Estados Unidos o direito de interferência política direta em Cuba caso seus interesses fossem ameaçados.

Na prática, com o fim da colonização espanhola, deu-se início ao domínio estadunidense em Cuba. Veja o que a historiadora Maria Lígia Prado comenta sobre essa dominação.

> [...]
>
> [No] período pós-independência, o ensino da língua inglesa e da história dos Estados Unidos passou a ser obrigatório em Cuba e o dólar transformou-se em moeda corrente, tendo apenas em 1915 sido emitida moeda nacional.
>
> [...]
>
> Maria Lígia Prado. *A formação das nações latino-americanas*. São Paulo: Atual, 1994. p. 61. (Coleção Discutindo a História).

A América Latina após as independências

Os processos de independência ocorridos ao longo do século XIX em diversas regiões da América Latina acarretaram várias transformações, muitas vezes de forma lenta e gradual.

Na maioria dos países da América Latina que se tornaram independentes no século XIX, houve a **abolição da escravidão**. No Chile, a abolição ocorreu em 1823; no México, em 1829; na Bolívia, em 1881; na Colômbia, em 1851; e na Venezuela e no Peru, em 1854. Os dois últimos países da América Latina a abolir a escravidão foram Cuba, em 1886, e o Brasil, em 1888.

No entanto, mesmo com a abolição da escravidão, muitos ex-escravizados e seus descendentes continuaram a viver em condições de miséria, lidando com problemas como preconceito, desemprego e baixos salários.

As desigualdades sociais

De forma geral, após a conquista da independência, o poder e as riquezas permaneceram nas mãos de poucos, gerando um problema que, até hoje, prejudica grande parte da população latino-americana: as desigualdades sociais.

As elites formadas durante o período colonial mantiveram-se no poder, preservando seus interesses e sua influência sobre a política pós-independência dos países da América Latina.

Embora entre o século XX e o início do século XXI tivesse havido uma considerável expansão das classes sociais com acesso à escolarização e a razoáveis condições de vida, enorme parcela da população dos diversos países da América Latina, como os povos indígenas, os afrodescendentes e os trabalhadores rurais e urbanos, continuou desfavorecida, sem acesso à terra, aos meios de produção e de subsistência. No entanto, essas populações vêm lutando e reivindicando direitos. Ao longo do tempo, alguns desses direitos foram reconhecidos e outros ainda motivam diversas mobilizações sociais na atualidade.

As populações oprimidas e desfavorecidas da América Latina exercem um importante papel na luta por direitos e por melhores condições de vida.
Ao lado, foto de descendentes de indígenas protestando contra o governo boliviano em La Paz, Bolívia, 2015.

Imigrantes no Brasil atual

Como vimos, desde 2010, quando um terremoto causou grande destruição no Haiti, deixando milhares de mortos e mais de 1 milhão de desabrigados, o Brasil passou a receber imigrantes haitianos que fugiam de situações como a falta de emprego e a extrema miséria.

Essa busca por melhores condições de vida mobilizou muitas pessoas, por vezes famílias inteiras, a percorrer milhares de quilômetros e estabelecer-se em diversas regiões do Brasil, como São Paulo, Santa Catarina e Rio Grande do Sul. Por exemplo, entre os anos de 2011 e 2015, aproximadamente 65 mil haitianos chegaram ao Brasil de acordo com o Sistema Nacional de Cadastramento de Registro de Estrangeiros (Sincre), da Polícia Federal.

> **Imigrante:** pessoa que se estabelece em outro país por diferentes motivos, como em busca de emprego e melhores condições de vida.
>
> **Refugiado:** imigrante que solicita refúgio em outro país, geralmente por fugir de guerras ou de perseguição política, religiosa ou social no local de origem.
>
> **Xenofobia:** preconceito contra pessoas estrangeiras.

Imigrantes haitianos trabalhando em uma confeitaria na cidade de São Paulo (SP). Foto de 2016.

A vida no Brasil

Há muitos casos de imigrantes e de refugiados que encontraram melhores condições de vida no Brasil. No entanto, há milhares de outros que, ao chegar aqui, passaram a conviver com uma série de dificuldades, entre as quais estão as péssimas condições de trabalho, o desemprego, a barreira linguística e a falta de moradia e acesso a serviços públicos, como saúde e educação.

Além disso, outros problemas graves fazem parte do cotidiano de muitos estrangeiros, como o preconceito, o racismo e a xenofobia, que submetem muitos deles à situação de vulnerabilidade social, a humilhações e mesmo a agressões físicas e ao risco de morte.

O texto a seguir, escrito em 2015, trata da situação de refugiados sírios que vivem em situação de rua na cidade de São Paulo.

> [...]
>
> Os entrevistados dizem conseguir ganhar, no máximo, R$ 1 mil por mês, em jornadas de trabalho que começam às 7h e terminam depois das 22h.
>
> Com famílias de até 8 pessoas, eles dizem que precisam de tempo até garantir os recursos necessários para pagar aluguel na cidade, onde é difícil, mesmo na periferia, encontrar um único quarto por menos de R$ 500.
>
> [...]
>
> Do salão onde dorme Abdel, além do cheiro de comida emanam acordes acelerados de alaúde, instrumento de corda popular no Oriente Médio.
>
> "Neste momento, não penso em voltar para Síria", diz o músico profissional, que no Brasil trabalha fabricando doces como *barazeq* (de gergelim e mel), *basboosa* (bolo de trigo) e *halwa* (biscoito de gergelim e açúcar derretido).
>
> Ele vivia com parentes em um prédio de seis andares que foi bombardeado três vezes, até se reduzir a escombros. "Ninguém sabe para onde caminha a guerra na Síria", diz.
>
> [...]
>
> Ricardo Senra. Saga síria: o drama dos refugiados que vivem como sem-teto em SP. *G1*. Disponível em: <http://g1.globo.com/mundo/noticia/2015/09/saga-siria-o-drama-dos-refugiados-que-vivem-como-sem-teto-em-sp.html>. Acesso em: 9 out. 2018.

Determinados a conquistar uma vida melhor, muitos imigrantes e refugiados organizam-se em pequenas comunidades, onde há solidariedade e ajuda mútua. Muitos também recebem auxílio de movimentos sociais, de instituições não governamentais ou de grupos religiosos, que desenvolvem projetos para amenizar as dificuldades vividas por eles.

Imigrante haitiano estudando português em uma sala de aula adaptada dentro de uma igreja em Campo Grande (MS). Nesse lugar, os imigrantes também participam de atividades artísticas, como teatro e música, e promovem eventos para manter e compartilhar sua cultura. Foto de 2015.

1. Quais são as principais dificuldades enfrentadas por muitos imigrantes e refugiados no Brasil?

2. Cite exemplos de situações do seu dia a dia em que você pode praticar atitudes de determinação diante das dificuldades.

3. Você já ficou sabendo ou presenciou atitudes de intolerância ou de preconceito em relação a algum imigrante ou refugiado no Brasil? Se sim, como foi? De que modo podemos combater problemas como esse?

Atividades

▌ Organizando o conhecimento

1. Descreva alguns aspectos das sociedades coloniais na América espanhola.

2. Quais acontecimentos e princípios filosóficos se desenvolveram antes das independências na América Latina e influenciaram essas lutas emancipatórias?

3. Por que o processo de independência do México pode ser considerado conservador?

4. Qual foi a participação dos Estados Unidos no processo de independência de Cuba?

5. Após a concretização dos processos de independência na América Latina, qual problema social podemos considerar uma permanência histórica nos diversos países da região? Por quê?

▌ Conectando ideias

6. Leia o texto a seguir, que aborda aspectos da rebelião de escravizados no Haiti, em 1791. Depois, responda às questões.

> [...]
>
> Foi, na avaliação de muitos autores, a mais notável rebelião escrava jamais vista no Caribe francês. Segundo a tradição oral, a revolta foi planejada em uma reunião de escravos presidida pelo cocheiro Boukman Dutty, na qual se decidiu a deflagração de revoltas simultâneas em várias das grandes *plantations* da região. [...] os conspiradores faziam juramentos de vitória sobre os brancos que demonstravam um clima de vingança iminente. De acordo com o historiador C. L. R. James, a "canção predileta" dos negros em tais cerimônias continha os seguintes versos: "Juramos destruir os brancos e tudo que possuem; que morramos se falharmos nesta promessa".
>
> Estima-se que 100 000 escravos envolveram-se na revolta, causando enorme destruição e um saldo de 20 000 cativos que deixaram as *plantations* e formaram acampamentos, sobretudo nas áreas ao norte da ilha. Embora um aparente retorno da ordem tenha se seguido à insurreição, hoje sabemos que o levante foi o início do fim da escravidão em São Domingos [...].
>
> Larissa Viana. A independência do Haiti na Era das Revoluções. *ANPHLAC*. Disponível em: <http://anphlac.fflch.usp.br/indep-haiti-apresentacao>. Acesso em: 18 out. 2018.

a) De acordo com o texto, como foi organizada a rebelião de escravizados no Haiti? Como ela foi deflagrada?

b) Qual era a principal atividade econômica desenvolvida pelos escravizados nas *plantations* no Haiti?

c) Em sua opinião, essa rebelião foi importante para o fim da escravidão e o processo de independência do Haiti? Justifique.

d) Relacione a "canção predileta" dos rebeldes com o conceito de haitianismo tratado neste capítulo.

7. A foto abaixo retrata a escultura *Mão*, localizada no Memorial da América Latina, na cidade de São Paulo (SP). Analise essa escultura e depois responda às questões.

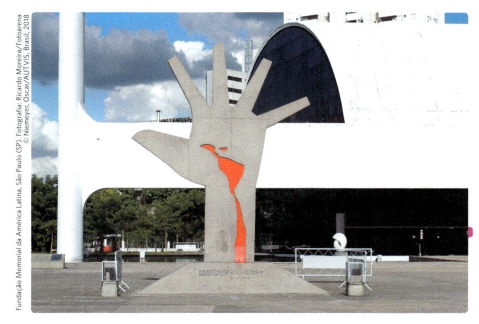

Mão, escultura de Oscar Niemeyer, localizada no Memorial da América Latina, em São Paulo (SP). Foto de 2017.

a) Descreva a escultura *Mão*. O que foi representado no centro dela?

b) O Memorial da América Latina foi projetado pelo arquiteto brasileiro Oscar Niemeyer (1907-2012). Abaixo da escultura há inscrita a seguinte frase do arquiteto: "Suor, sangue e pobreza marcaram a história desta América Latina tão desarticulada e oprimida. Agora urge reajustá-la, uni-la, transformá-la num monobloco intocável, capaz de fazê-la independente e feliz".

Escreva a sua interpretação dessa frase, considerando os processos históricos estudados no capítulo.

c) Agora, explique a relação entre essa frase e a escultura.

Verificando rota

Leia novamente as questões do **Iniciando rota** e retome suas respostas a elas. Após estudar os conteúdos desta unidade, como você as responderia? O que mudou na sua compreensão sobre os assuntos estudados? De que maneira você resumiria os temas estudados desta unidade? Conte para um colega e depois reflita sobre os seguintes questionamentos:

- Que tema da unidade despertou mais seu interesse? E sobre que assunto você teve mais dificuldade? Por quê?
- Depois de estudar os movimentos de independência no Haiti e na América espanhola, como você definiria o conceito de independência?
- Você considera importante conhecer o processo de independência das colônias na América? Em sua opinião, como esse conhecimento pode relacionar-se à nossa história e à situação dos países da América Latina no presente?

Ampliando fronteiras

O Muralismo Mexicano

Muitos aspectos da história do México foram retomados no século XX por um movimento artístico que ficou conhecido como Muralismo Mexicano. Desenvolvido na década de 1920, esse movimento foi caracterizado pelas pinturas feitas em paredes de edifícios públicos.

De acordo com as ideias dos muralistas, a arte não devia ficar restrita a ambientes como museus, galerias ou acervos de colecionadores. Por isso, os artistas muralistas passaram a valorizar a presença da arte nos espaços de grande circulação de pessoas, disponibilizando as obras a todo tipo de público nas cidades e incluindo o povo nas reflexões sobre os assuntos nacionais.

Os temas abordados pelo Muralismo Mexicano são variados, como episódios históricos, tradições culturais populares do país e elementos que resgatam a ancestralidade asteca. Os principais artistas muralistas desse período são José Clemente Orozco (1883-1949), David Alfaro Siqueiros (1896-1974) e Diego Rivera (1886-1957). Este último produziu uma série de murais que cobrem uma área de 450 metros quadrados do Palácio Nacional, sede do governo executivo do México. Os murais são intitulados conjuntamente como *A epopeia do povo mexicano* e ilustram a história do México entre 1521 e 1930, sendo cada uma das partes das obras relativamente autônoma. Vamos conhecer uma delas?

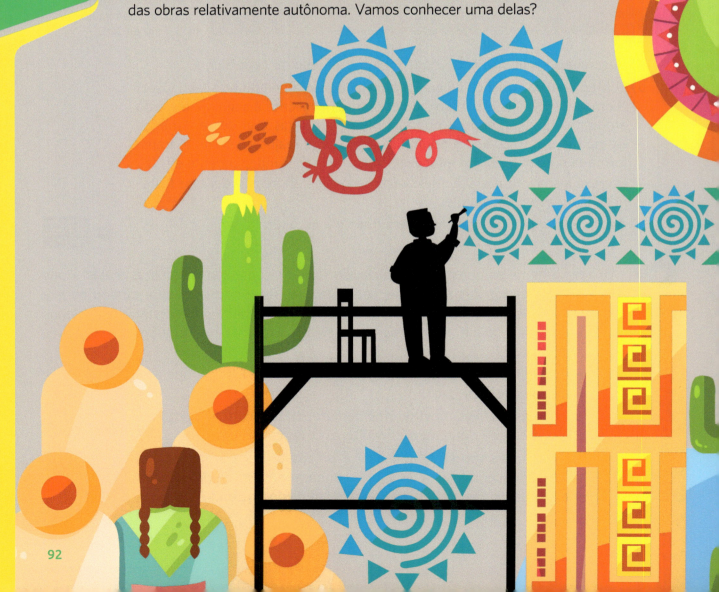

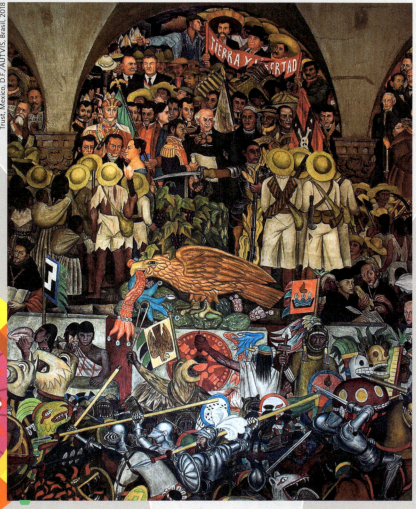

Detalhe de mural produzido por Diego Rivera, entre 1929 e 1935, intitulado *História do México*, nas paredes do Palácio Nacional, na Cidade do México, México.

1 Muitos murais apresentam temas históricos, como é o caso da pintura ao lado, que representa o processo de independência do México.

2 Os murais normalmente apresentam cores fortes e representações de personagens de destaque na política e na cultura mexicana. Ao lado, vê-se, por exemplo, o padre Hidalgo, no centro do mural, José María Morelos, à esquerda do padre, apontando o dedo para a frente, e Augustín Itúrbide, localizado à direita do padre Hidalgo.

3 A população também costumava ser representada nos murais. Nesse caso, indígenas e mestiços foram incluídos para destacar sua importância no processo de independência.

4 A cultura asteca costumava ser evocada, representando a ancestralidade dos mexicanos. Nesse mural, aparece, por exemplo, o símbolo que lembra a lenda de fundação de Tenochtitlán, a águia com uma serpente no bico.

1. Quais temas costumavam ser abordados pelo chamado Muralismo Mexicano?

2. Qual é a relação entre o mural de Diego Rivera, mostrado acima, e o resgate da ancestralidade mexicana?

3. Na sua cidade, existe alguma pintura ou obra gráfica produzida em muros ou painéis situados em lugares públicos? Sobre o que ela trata? Converse sobre ela com os colegas e reflita a respeito da presença da pintura ou obra gráfica no local. Qual impressão ela causa em você? Que pessoas têm contato com a obra? Quais são suas principais características?

4. Faça um levantamento com a sua turma sobre temas de interesse comum entre vocês e escolha um deles. Depois, em papel *kraft*, realizem uma pintura mural relacionada ao tema escolhido. Utilize algumas características do Muralismo Mexicano, como as cores fortes e as figuras simbólicas e históricas. Ao final, exponham a pintura em locais da escola com circulação de pessoas.

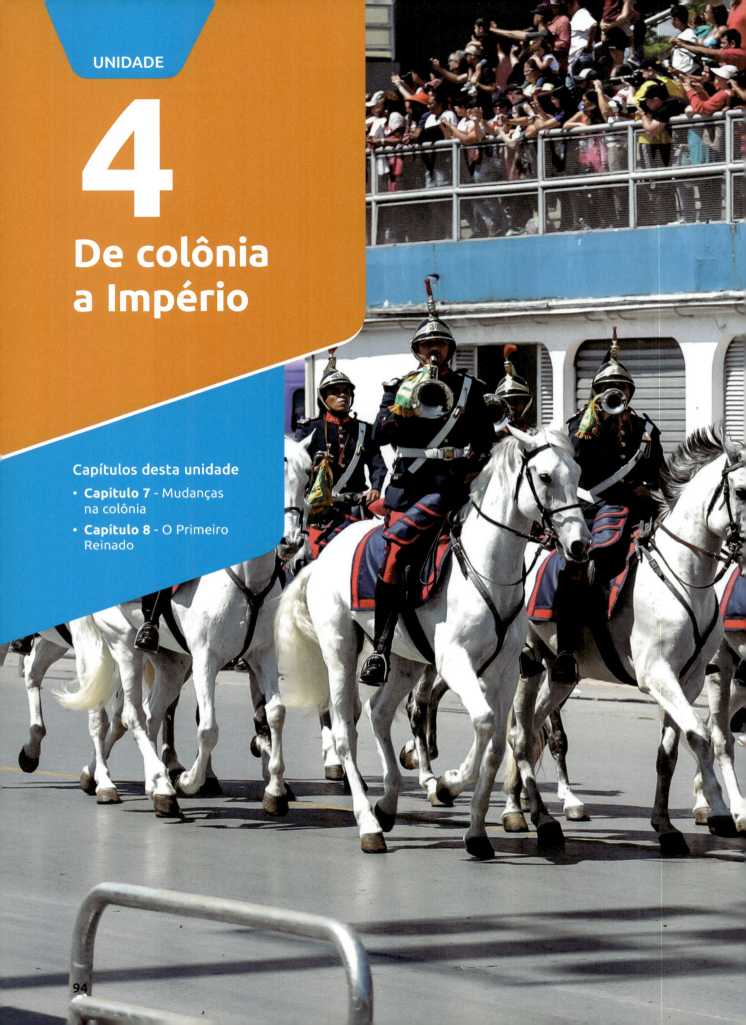

UNIDADE

4
De colônia a Império

Capítulos desta unidade
- **Capítulo 7** - Mudanças na colônia
- **Capítulo 8** - O Primeiro Reinado

Desfile de Sete de Setembro em comemoração à Independência do Brasil, São Paulo (SP). Foto de 2017.

Iniciando rota

1. Descreva a foto. Quais elementos aparecem em destaque?
2. Você já participou de algum evento ou assistiu pela televisão a alguma comemoração pela Independência do Brasil? Conte aos colegas.
3. O que você já sabe sobre o Primeiro Reinado e sobre o período Regencial no Brasil? Comente.

CAPÍTULO 7

Mudanças na colônia

Entre o final do século XVIII e o início do século XIX, Portugal vivia uma grave crise econômica, causada pela perda do monopólio comercial no Oriente e pela queda do preço do açúcar no mercado internacional, que passou a concorrer com o açúcar produzido nas Antilhas.

Como forma de reduzir os efeitos da crise e ampliar os lucros obtidos com a exploração colonial, o governo português tomou várias medidas que aumentavam o controle sobre as atividades econômicas e os impostos recolhidos no Brasil. Além disso, o **pacto colonial**, que estabelecia o monopólio comercial da metrópole sobre a colônia, passou a ser cada vez mais criticado pelos colonos. Eles pagavam altos preços pelos produtos manufaturados fornecidos por Portugal e sentiam-se prejudicados com a proibição de instalação de manufaturas no território.

Assim, nesse contexto, surgiram diversos movimentos de contestação à dominação portuguesa, muitos deles influenciados pelos ideais iluministas e liberais e por acontecimentos como a independência dos Estados Unidos (1776) e a Revolução Francesa (1789). As principais revoltas organizadas nesse período foram a **Conjuração Mineira** e a **Conjuração Baiana**.

Para garantir que Portugal escoasse sua produção de tecidos na colônia, a rainha portuguesa dona Maria I proibiu, em 1785, a instalação de manufaturas no Brasil, reforçando o pacto colonial. Ao lado, representação de dona Maria I. Óleo sobre tela de artista desconhecido, feito no século XVIII. Acervo do castelo Gripsholm, Mariefred, Suécia.

▶ A Conjuração Mineira

Conjuração: conspiração de um grupo de pessoas contra a autoridade estabelecida.

Na segunda metade do século XVIII, houve uma queda na extração de ouro com o esgotamento das lavras na capitania de Minas Gerais. Com a baixa produtividade, muitos mineiros, até mesmo membros da elite, não conseguiam pagar os impostos e passaram a acumular dívidas com a Coroa. Eram cobrados diversos impostos sobre a mineração, como o quinto (20% do total do ouro extraído) e a capitação (taxa "por cabeça" de cada pessoa envolvida na extração de ouro).

A partir de 1750, o governo português passou a exigir também a taxação mínima anual de 100 arrobas de ouro. Caso essa soma não fosse atingida, seria cobrada a chamada **derrama**, que impunha o recolhimento de bens e objetos dos habitantes das minas até que fosse atingida a cota devida.

Um movimento de contestação

Com a derrama, muitos proprietários temiam o confisco de todos os seus bens. Isso acabou provocando diversos conflitos entre a população e as autoridades locais. Sob a ameaça da aplicação da derrama, no final de 1788, um grupo formado principalmente por membros da elite mineira organizou em Vila Rica (atual Ouro Preto) um movimento de contestação ao domínio colonial, que ficou conhecido como Conjuração Mineira.

Inspirados pelos ideais do movimento de independência dos Estados Unidos, as principais reivindicações dos rebeldes eram:
- autonomia política da capitania;
- instituição da república em Minas Gerais;
- perdão das dívidas dos colonos com a Coroa;
- fundação de uma universidade em Vila Rica;
- direito de instalação de manufaturas têxteis no território.

Entre os conjurados havia comerciantes, magistrados, intelectuais, religiosos e militares. Embora houvesse entre eles o interesse comum de livrar-se do domínio colonial, muitos possuíam ideias diversas, principalmente em relação à questão da abolição da escravidão, pois a maioria dos participantes possuía escravizados, defendendo, portanto, a manutenção do regime vigente.

O fim da Conjuração Mineira

O movimento estava previsto para ser iniciado quando a derrama acontecesse, no início de 1789, porém não chegou a concretizar-se. A conjuração foi delatada às autoridades coloniais por um de seus articuladores, Joaquim Silvério dos Reis, que forneceu informações sobre o movimento em troca do perdão de suas dívidas. Após a delação, seguiu-se a prisão e o julgamento dos conjurados.

> **Alferes:** título militar de baixo prestígio, correspondente ao de segundo-tenente na atualidade.

Dessa forma, 34 pessoas foram presas e julgadas ao longo de um processo conhecido como **Devassa**, que durou três anos. Os conjurados permaneceram em uma prisão no Rio de Janeiro e 11 deles foram condenados à morte. No final do processo, porém, quase todos receberam o perdão da rainha Maria I e foram degredados para a África. O único que cumpriu a pena de morte foi o alferes Joaquim José da Silva Xavier, também conhecido como Tiradentes.

Em 21 de abril de 1792, Tiradentes foi enforcado e esquartejado, tendo as partes de seu corpo exibidas em locais públicos, como forma de afirmar a autoridade do governo metropolitano e de desencorajar outras possíveis rebeliões.

Estátua de Tiradentes (à esquerda), construída no local onde ficou exposta a cabeça dele em 1792. Ao fundo, o Museu da Inconfidência, em Ouro Preto (MG). Foto de 2017.

Tiradentes: a construção do herói

Joaquim José da Silva Xavier nasceu em 1746, na Fazenda do Pombal, hoje município de Ritápolis, Minas Gerais. Ficou órfão aos 11 anos e foi criado por seu padrinho, com quem aprendeu noções da odontologia, de onde lhe veio o apelido de "Tiradentes". Foi tropeiro, mascate, minerador, dentista e por volta dos 30 anos tornou-se alferes da Sexta Companhia do Regimento de Cavalaria Regular da capitania de Minas Gerais.

Em 1789, em Vila Rica (Ouro Preto), Tiradentes juntou-se à Conjuração Mineira. Mesmo não sendo o líder do movimento, Tiradentes tinha papel importante na conquista de simpatizantes para a causa da independência.

Tiradentes não se tornou um símbolo nacional imediatamente após sua execução. Apenas no final do século XIX, com o movimento republicano, ele se tornaria um herói, pois os republicanos precisavam de um símbolo popular para fortalecer sua luta contra a monarquia. Assim, começaram a ser pintados retratos fictícios, nos quais Tiradentes era representado de forma semelhante a Jesus Cristo, com cabelos longos e barba, como pode ser observado na representação da pintura ao lado.

Martírio de Tiradentes, de Aurélio de Figueiredo (1854-1916). Pintura de 1893. Acervo do Museu Histórico Nacional, Rio de Janeiro (RJ).

Em 1890, um ano após a proclamação da República, o dia 21 de abril, data da morte do "mártir da independência", foi decretado feriado nacional, iniciando assim a construção da imagem de Tiradentes como herói da pátria. Mais tarde, em 1965, durante a ditadura civil-militar, o Marechal Castelo Branco, enaltecendo suas qualidades de militar exemplar, tornou Tiradentes o Patrono da Nação.

Com sua imagem de herói consolidada, a memória relacionada a Tiradentes está presente em muitas cidades, por exemplo, por meio de monumentos, como estátuas, ou nomeando escolas, avenidas, ruas, praças, entre outras formas. Além disso, a figura de Tiradentes já foi representada também em selos e moedas, como a moeda de cinco centavos que circula atualmente no país.

A Conjuração Baiana

Em 1798, ocorreu um movimento de contestação ao domínio colonial, na cidade de Salvador, no atual estado da Bahia, que ficou conhecido como Conjuração Baiana ou **Revolta dos Alfaiates** e teve grande participação popular. Entre os envolvidos, havia mestiços e brancos, pobres e negros escravizados, e libertos. Muitos deles exerciam profissões urbanas como sapateiros, carpinteiros, doceiras, alfaiates. Havia ainda soldados, que trabalhavam para a Coroa e eram mal remunerados.

Naquela época, houve uma crise de abastecimento e o aumento do custo dos alimentos, o que afetou as condições de vida, principalmente da população pobre da região. Isso aconteceu devido à queda da produção de açúcar nas Antilhas, que provocou a alta do preço internacional do produto. Com isso, muitos latifundiários da colônia passaram a reservar grande parte de suas terras para o cultivo da cana, visando ampliar os lucros com o comércio de exportação do açúcar. Dessa forma, foi reduzido o espaço para as lavouras de gêneros alimentícios de consumo interno e de subsistência, causando o início de uma grave crise econômica.

As reivindicações

Influenciados pelos ideais iluministas, bem como pelos ideais de liberdade e de igualdade propagados pela Revolução Francesa, e inspirados pelas experiências revolucionárias na América, como a independência dos Estados Unidos e a revolta no Haiti (1791), os intelectuais baianos passaram a convocar o povo a se rebelar contra o governo colonial. As reivindicações dos revolucionários eram debatidas em reuniões e divulgadas em panfletos e cartazes espalhados pela cidade. Grande parcela da população, de diversas condições sociais e econômicas, aderiu ao movimento.

Veja as principais reivindicações dos rebeldes:

- a proclamação da República Baiense;
- o fim da escravidão;
- a redução dos preços dos alimentos;
- o aumento do salário dos soldados;
- o direito ao livre-comércio com outros países da Europa.

Bandeira da República Bahiense de 1978. As cores dessa bandeira (branco, azul e vermelho) foram inspiradas nas cores da bandeira francesa.

A Conjuração Baiana, assim como a mineira, não se concretizou, já que também foi delatada por membros da elite às autoridades locais. Os participantes do movimento foram punidos: 59 foram presos, dos quais 34 sofreram pena de morte, açoite ou <u>degredo</u>. Os líderes do movimento, os alfaiates Manuel Faustino e João de Deus, e os soldados Lucas Dantas e Luís Gonzaga, foram enforcados e esquartejados em novembro de 1799. Dessa forma, eles foram usados como exemplo pelo governo para os que se opusessem à ordem colonial e como meio de conter possíveis levantes de pessoas escravizadas.

Degredo: pena de exílio, de expulsão para outras terras, desterro.

A transferência da Corte portuguesa

Como vimos na unidade **2**, no início do século XIX, as nações europeias passavam por diversas transformações e enfrentavam alguns conflitos. A França, após a revolução iniciada em 1789 que derrubou a monarquia absolutista, acabou restaurando, em 1804, o sistema monárquico de governo, sob a liderança do imperador Napoleão Bonaparte.

Naquela época, Napoleão retomou as hostilidades contra os ingleses e impôs, em 1806, o chamado **Bloqueio Continental**, cujo objetivo era impedir a Inglaterra de manter relações comerciais com os países dominados pelos franceses.

Em 1807, quem governava Portugal era o príncipe regente dom João, filho da rainha Maria I, a qual havia sido afastada do cargo com o diagnóstico de insanidade mental. Em meio aos conflitos entre ingleses e franceses, dom João estava sob dupla ameaça: ou se aliava aos franceses e cortava as relações com os ingleses, ou se aliava aos ingleses e livrava Lisboa de ser invadida por Napoleão.

Dom João permaneceu do lado dos ingleses, antigos aliados de Portugal. Para fugir das ameaças francesas, ele embarcou com a Corte portuguesa rumo ao Brasil em novembro de 1807. Os navios, transportando entre 10 e 15 mil pessoas, iniciaram a viagem em 29 de novembro e foram escoltados pela marinha inglesa por todo o trajeto. Após um longo e difícil percurso, enfrentando doenças e escassez de alimentos, a Corte e a família real portuguesa chegaram ao Brasil, em janeiro de 1808.

Representação da partida da família real portuguesa para o Brasil. Gravura de artista desconhecido, feita no século XIX.

Retrato de dom João, pintura de Jean-Baptiste Debret, produzida em 1817. Acervo do Museu Nacional de Belas Artes, Rio de Janeiro (RJ).

A abertura dos portos

Uma das primeiras medidas tomadas por dom João ao chegar ao Brasil foi assinar a Carta Régia de 28 de janeiro de 1808, que decretava a abertura dos portos às nações amigas. Na prática, essa medida acabava com o pacto colonial, possibilitando ao Brasil estabelecer comércio com outros países aliados de Portugal. Veja a fonte ao lado.

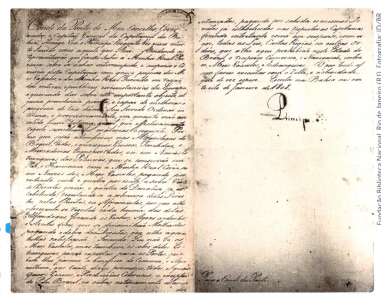

Reprodução da Carta Régia declarando a abertura dos portos às nações amigas, assinada pelo príncipe regente dom João, em 1808. Acervo da Fundação Biblioteca Nacional, Rio de Janeiro (RJ).

O Tratado de Comércio e Navegação

Em fevereiro de 1810, Portugal e Inglaterra assinaram o Tratado de Comércio e Navegação, que estabelecia a cobrança de uma taxa de 15% sobre os produtos ingleses. Essa taxa era menor se comparada às taxas aplicadas à entrada de mercadorias de outros países, até mesmo de Portugal, que era de 16%. Com impostos mais baixos, o preço final dos produtos ingleses era mais barato, o que estimulava o consumo. Desse modo, em pouco tempo, diversos artigos ingleses passaram a ser importados para o Brasil, aumentando o mercado consumidor e fortalecendo o setor industrial inglês, em ascensão desde a Revolução Industrial e seus avanços técnicos, como abordado no capítulo **2**. Leia a fonte a seguir.

> [...]
>
> O resultado imediato da decisão régia foi que o comércio britânico se firmou com o Brasil, intensificando-se ainda mais depois da assinatura do Tratado de Comércio e Navegação, em fevereiro de 1810, que reduziu os tributos sobre produtos ingleses exportados para cá, tornando-os mais competitivos que os dos demais países, inclusive Portugal. Trocando em miúdos, o tratado [...] representava o preço pago pela metrópole à Grã-Bretanha pelo auxílio que dela recebera na fuga da família real. Apesar de as cláusulas mencionarem "reciprocidade", esta não existia, pois sobre as mercadorias nacionais (lusas) recaíam mais impostos que sobre aquelas provenientes da Inglaterra; uma diferença que embora pequena na porcentagem era grande na simbologia. As determinações do tratado comercial de 1810 foram complementadas pelo Tratado de Paz e Amizade, que previa vantagens aos ingleses na hora da compra e do corte de madeira; proibia a introdução da Inquisição na colônia; estipulava a abolição gradual do tráfico.
>
> [...]
>
> Lilia Moritz Schwarcz e Heloisa Murgel Starlmg. *Brasil*: uma biografia. São Paulo: Companhia das Letras, 2015. p. 174-175.

A sede da Coroa portuguesa no Rio de Janeiro

Com o estabelecimento da família real no Brasil, a sede da Coroa portuguesa foi transferida para o Rio de Janeiro. Estima-se que nessa época havia na cidade aproximadamente 60 mil habitantes. Nos primeiros anos da chegada da Corte, com os novos moradores que desembarcaram, esse número alcançou cerca de 90 mil. A maioria da população era constituída por pessoas escravizadas de origem africana. No período em que a Corte permaneceu no Brasil (de 1808 a 1821), desembarcaram no porto do Rio de Janeiro aproximadamente 250 mil africanos escravizados, fazendo aumentar o número de pessoas que já viviam sob essa condição no território colonial.

A presença da corte portuguesa influenciou de forma marcante o cotidiano da população. O fluxo de comerciantes e de pessoas escravizadas nas ruas passou a ser muito maior por causa dos novos serviços e funções que eram requisitados. A introdução de produtos e costumes europeus também foi um aspecto marcante na época. Nas famílias mais ricas, tornou-se um hábito, por exemplo, fazer as refeições com talheres e utilizar móveis e vestimentas que seguiam a moda europeia.

Vista da cidade do Rio de Janeiro em 1820. Litogravura de James Storer, feita no século XIX.

Antilusitanismo: sentimento de oposição aos portugueses. Esse termo é derivado de luso ou lusitano, ou seja, relativo a Portugal ou originário desse país.

A reação à presença dos portugueses

Enquanto muitas pessoas admiravam e procuravam imitar os hábitos europeus, desenvolveu-se também na colônia um sentimento de antilusitanismo, ou seja, de oposição aos portugueses. Ao chegar, muitos deles passaram a ocupar cargos importantes da administração colonial, além de atuar também no comércio e exercer certas funções antes desempenhadas pela população local. Com isso, setores da sociedade brasileira, principalmente das elites, passaram a ser hostis em relação aos portugueses.

Mudanças no Rio de Janeiro

Apesar de ser a capital da colônia desde 1763, o Rio de Janeiro, na época da transferência da Corte, apresentava uma estrutura urbana precária. Assim, para incorporar toda a estrutura administrativa do reino, a cidade teve de passar por algumas mudanças e foram criadas importantes instituições por dom João. Veja a seguir.

- Imprensa Régia: foi a primeira editora do Brasil, fundada em 1808 para publicar livros e documentos oficiais do governo.
- Real Horto: criado em 1808 para o estudo e a adaptação de plantas de diferentes espécies ao clima tropical do Brasil.
- Banco do Brasil: fundado em 1809, foi o primeiro banco a funcionar na colônia.
- Real Biblioteca: trazida de Portugal para o Brasil e, a partir de 1810, foi instituída com um acervo composto de cerca de 60 mil peças, entre livros, mapas, gravuras, manuscritos, entre outros.
- Missão Artística Francesa: em 1816, dom João incentivou a vinda de diversos artistas para impulsionar a cultura da cidade, com a criação da Escola Real de Ciências, Artes e Ofícios.

O primeiro teatro do Rio de Janeiro, Real Theatro de São João (hoje Teatro João Caetano), foi inaugurado no dia 13 de outubro de 1813, por dom João. Gravura de Nicolas Edouard Lerouge, feita em 1825.

Brasil, Reino Unido a Portugal e Algarves

Após o fim das Guerras Napoleônicas na Europa, no chamado **Congresso de Viena**, realizado entre 1814 e 1815, foi decidido que os territórios seriam restituídos às suas monarquias originais. Essa decisão afetava diretamente a família real e a Corte portuguesa. De acordo com a decisão do Congresso, eles deveriam retornar a Portugal e governar o Império a partir de Lisboa e não de uma cidade colonial.

Para solucionar o problema e permanecer no Brasil, dom João elevou o Brasil à condição de Reino Unido a Portugal e Algarves. Dessa forma, a partir de 1815, o Brasil tornou-se um reino e a cidade do Rio de Janeiro passou a ser a sua capital.

Censura e imprensa no Brasil no século XIX

A Coroa portuguesa procurava garantir o controle da colônia de diversas formas, entre elas por meio da administração das instituições educacionais, da limitação sobre a circulação de ideias e da proibição de manufaturas no território. Assim, procurava-se reforçar o vínculo de dependência da América portuguesa com a metrópole. A impressão de jornais, revistas, livros, entre outros veículos, que eram um tipo de manufatura, também foi proibida na época. Havia receio dos portugueses de que o desenvolvimento da imprensa e de publicações pudesse "estimular ideias de autossuficiência entre os colonos", ameaçando o controle metropolitano sobre a colônia.

No entanto, apesar das rígidas normas de censura dos portugueses, muitos livros e outras publicações proibidas, de conteúdo considerado subversivo, circulavam de forma clandestina, exercendo um importante papel na mobilização social durante o período colonial, e na difusão de ideias de emancipação, manifestos e reivindicações, por exemplo.

A situação só mudou com a chegada da Corte portuguesa ao Brasil e a criação de instituições como a Imprensa Régia e a Real Biblioteca. Ao longo das décadas seguintes, aos poucos, o número de publicações no Brasil cresceu, com o surgimento de novas editoras, jornais e revistas. Porém, o acesso a essas publicações ainda era restrito, principalmente porque grande parte da população brasileira não era alfabetizada.

Atualmente, o acervo da Real Biblioteca encontra-se na Biblioteca Nacional, que foi inaugurada em 1910. Ela é considerada pela Unesco uma das dez maiores bibliotecas do mundo. Ao lado, interior da Biblioteca Nacional, no Rio de Janeiro (RJ), em foto de 2018.

O patrimônio cultural brasileiro em perigo

De acordo com a Constituição brasileira, em seu artigo 216, fazem parte do patrimônio cultural brasileiro:

> [...] os bens de natureza material e imaterial, tomados individualmente ou em conjunto, portadores de referência à identidade, à ação, à memória dos diferentes grupos formadores da sociedade brasileira, nos quais se incluem:
> I - as formas de expressão;
> II - os modos de criar, fazer e viver;
> III - as criações científicas, artísticas e tecnológicas;
> IV - as obras, objetos, documentos, edificações e demais espaços destinados às manifestações artístico-culturais;
> V - os conjuntos urbanos e sítios de valor histórico, paisagístico, artístico, arqueológico, paleontológico, ecológico e científico. [...]
>
> Constituição da República Federativa do Brasil de 1988. *Presidência da República - Planalto*. Disponível em: <http://www.planalto.gov.br/ccivil_03/Constituicao/Constituicao.htm>. Acesso em: 19 out. 2018.

Ainda de acordo com nossa Constituição, é dever do Estado garantir a preservação desse patrimônio. Porém, de 2010 a 2018, houve vários cortes nos gastos públicos que prejudicaram a conservação e a manutenção da memória e do patrimônio nacional. Nesses últimos anos, ocorreram diversos incêndios que destruíram parte de nosso patrimônio, como o que destruiu o laboratório de répteis do Instituto Butantan, o auditório Simon Bolívar no Memorial da América Latina, em São Paulo, e o caso mais trágico, a destruição do Museu Nacional, na cidade do Rio de Janeiro.

Entre 1808 e 1889, o Palácio de São Cristóvão foi residência da família real portuguesa e da família imperial brasileira. Tornou-se Museu Nacional em 1892, após a Proclamação da República (1889). Desde 1938, o prédio era tombado pelo Instituto do Patrimônio Histórico e Artístico Nacional (Iphan).

Na noite de 2 de setembro de 2018, o Museu Nacional sofreu um grande incêndio. A causa foi a precariedade do sistema elétrico, motivado pelo longo descaso e pela falta de verbas governamentais para conservar o museu.

O Museu Nacional era a mais antiga instituição científica do país, possuía cerca de 20 milhões de itens históricos e estava entre os maiores museus de história natural e antropologia da América.

Vista do Museu Nacional em chamas com estátua de dom Pedro II (em primeiro plano), em 2018, no Rio de Janeiro (RJ).

- Você costuma frequentar museus e outros locais considerados históricos? Em sua opinião, qual é a importância da preservação do patrimônio cultural brasileiro? O que cada um pode fazer para defender esse patrimônio?

O processo de emancipação do Brasil

Diversos acontecimentos no Brasil e em Portugal no início do século XIX contribuíram para a conquista da independência, em 1822. Entre esses acontecimentos estão dois importantes movimentos como veremos a seguir.

A Revolução Pernambucana

No início do século XIX, várias cidades localizadas no Nordeste, entre elas Olinda e Recife, em Pernambuco, passavam por uma crise econômica causada pela queda das exportações do açúcar, além de um período de seca que, em 1816, prejudicou a agricultura e provocou fome e miséria entre a população. Havia também muita insatisfação por causa dos privilégios que favoreciam os portugueses no comércio e na ocupação de cargos públicos.

Esse cenário de crise e sentimento antilusitano favoreceu a eclosão da **Revolução Pernambucana**, que reuniu pessoas de diversas camadas sociais: militares, religiosos, juízes, artesãos, comerciantes e grandes proprietários rurais. Em março de 1817, os revoltosos tomaram o poder no Recife e estabeleceram um governo provisório republicano em Pernambuco.

Liderados por Domingos José Martins, Antônio Carlos de Andrada e Silva e Frei Caneca, eles defendiam a elaboração de uma Constituição que garantisse, entre outros aspectos, a igualdade de direitos, a liberdade de imprensa e a tolerância religiosa.

O movimento difundiu-se para outras regiões, como Paraíba, Alagoas, Rio Grande do Norte e Ceará. No Ceará, teve destaque a participação de Bárbara Pereira de Alencar e de seus filhos, Tristão Gonçalves de Alencar Araripe e José Martiniano Pereira de Alencar.

No entanto, a falta de coesão entre os envolvidos enfraqueceu o movimento. Em maio de 1817, as tropas do governo colonial reprimiram os revoltosos, aprisionando e punindo diversas pessoas. Frei Caneca, por exemplo, foi preso e levado a Salvador, onde permaneceu encarcerado até 1821. Bárbara Pereira de Alencar, também foi presa, sendo considerada pelos historiadores a primeira mulher prisioneira política do Brasil.

▶ A ilustração ao lado, de autoria desconhecida, representa uma das primeiras versões da atual bandeira de Pernambuco. Ela foi encontrada colada no verso de uma carta de Domingos Teutônio ao Secretário do Interior, em 1817. Nela, a estrela representa Pernambuco, o arco-íris simboliza o início de uma nova era, o Sol representa a iluminação do futuro e a cruz representa a religião cristã. As cores azul e branca simbolizam o céu e a nação, respectivamente. Acervo da Fundação Biblioteca Nacional, Rio de Janeiro (RJ).

A Revolução Liberal

Após a transferência da Corte e da família real para o Brasil, Portugal passou a ser administrado pelos ingleses, fato que gerava muita insatisfação entre a população lusa. Então, em 1820, um movimento conhecido como **Revolução Liberal** ou **Revolução do Porto** eclodiu na cidade do Porto, reivindicando a volta de dom João VI e a elaboração de uma nova Constituição.

Os revolucionários convocaram as Cortes de Lisboa e passaram a aprovar medidas que, na prática, pretendiam recolonizar o Brasil, restabelecer o monopólio comercial português e subordinar os governos provinciais diretamente a Lisboa, tornando-a a capital do reino de Portugal, e não mais o Rio de Janeiro.

Sob forte pressão das Cortes e temendo perder a coroa, em 1821, dom João VI regressou a Portugal, deixando seu filho, dom Pedro, como príncipe regente no Brasil.

As Cortes de Lisboa, óleo sobre tela de Oscar Pereira da Silva, feito em 1922. Acervo do Museu Paulista da Universidade de São Paulo (SP).

Cortes de Lisboa: assembleia onde se reuniam representantes da nobreza, do clero e das camadas populares.

O Dia do Fico

No Brasil, grande parte da elite, formada por latifundiários e ricos comerciantes, defendia a permanência do governo imperial, de modo a manter seus privilégios. No entanto, com a constante pressão das Cortes de Lisboa em submeter o Brasil a Portugal, a ideia de independência tornou-se cada vez mais conveniente.

A partir de 1821, as Cortes passaram a exigir também o retorno do príncipe regente. No entanto, dom Pedro, ao ser notificado sobre isso, optou por permanecer no Brasil, descumprindo as ordens do governo português. Esse ato ficou conhecido como **Dia do Fico**, em 9 de janeiro de 1822.

Após dom Pedro optar pela permanência no Brasil, foram tomadas algumas decisões que favoreceram a ruptura com Portugal: as tropas portuguesas que não juraram fidelidade ao príncipe regente foram expulsas; foi criado um novo ministério, chefiado por José Bonifácio de Andrada e Silva, que era brasileiro; e decidiu-se pela convocação da Assembleia Constituinte.

A independência do Brasil

Independência ou Morte (detalhe), de Pedro Américo, óleo sobre tela feito em 1888. Acervo do Museu Paulista da Universidade de São Paulo (SP).

Diante dessas decisões, as Cortes de Lisboa reagiram, anulando as decisões de dom Pedro e exigindo seu retorno imediato a Portugal.

Dom Pedro estava em viagem na província de São Paulo quando recebeu o mensageiro com os decretos de anulação emitidos pelas Cortes. Após a leitura da correspondência, o príncipe regente anunciou sua decisão, proclamando a independência do Brasil, em 7 de setembro de 1822. Em outubro do mesmo ano, ele foi coroado imperador do Brasil, com o título de dom Pedro I.

As guerras de independência

Entre os anos de 1822 e 1824, ocorreram conflitos entre tropas brasileiras e tropas portuguesas em diferentes regiões do país, como Bahia, Maranhão e Piauí, pois, mesmo após a proclamação da independência, os portugueses não aceitavam a nova situação política do Brasil.

Guerras de independência no Brasil (1822-1824)

- Confrontos até 1823
- Tomada de São Luís (1823)
- Batalha de Jenipapo (1823)
- Vitória em 2 de julho de 1823
- Expulsão das tropas portuguesas (1824)
- Cisplatina 1817-1828
- Províncias em que houve maior resistência à independência
- Batalhas/conflitos

Fonte: Cláudio Vicentino. *Atlas histórico*: geral e Brasil. São Paulo: Scipione, 2011. p. 126.

O reconhecimento da independência brasileira pelos portugueses só ocorreu após diversas lutas e grande número de mortos. Assim, ela só foi reconhecida oficialmente em 1825, com a assinatura do Tratado Luso-Brasileiro, que colocava fim aos conflitos.

As guerras de independência tiveram ampla participação da população brasileira. Milhares de pessoas foram convocadas para lutar e muitas outras se alistaram como voluntárias. Em meados de 1823, as forças que defendiam a independência dispunham de aproximadamente 15 mil pessoas. Entre elas, havia afrodescendentes e mulheres, mesmo ainda não sendo permitida a participação feminina no Exército.

A sociedade brasileira no início do século XIX

No início do século XIX, a ocupação do território brasileiro ainda era bastante dispersa. As terras eram ocupadas principalmente de acordo com necessidades, como a instalação de engenhos, as pastagens para o gado, o controle da mineração de metais e pedras preciosas e a construção de fortes para garantir a defesa do território contra ameaças externas. Assim, surgiam povoações em diversos pontos, formando vilas e cidades.

Em 1805, estima-se que havia cerca de 3,1 milhões de habitantes no Brasil, entre eles brancos, mestiços e afrodescendentes libertos ou nascidos livres, indígenas inseridos na sociedade (chamados aldeados) e africanos e afrodescendentes escravizados (sendo a maior parte da população registrada).

Na época, não havia recenseamento nacional como conhecemos hoje; era principalmente a Igreja católica que fazia a contagem, de acordo com registros como batismos, casamentos e óbitos. Como não existia esse controle, muitos estudiosos acreditam que havia um número maior de habitantes, inclusive porque não eram contados, por exemplo, as crianças com menos de dez anos, as filhas de pais escravizados e os indígenas que resistiam à ocupação portuguesa, chamados pelos colonizadores como "bravos" (contra os quais foi declarada "guerra justa").

Leia o texto a seguir que aborda a política indigenista durante o século XIX.

> [...] Nas primeiras décadas do oitocentos, as populações indígenas da América portuguesa eram inúmeras e extremamente diversas, porém de acordo com a legislação portuguesa, dividiam-se, desde o século XVI, em dois grandes grupos: os aliados dos portugueses e os inimigos que, grosso modo, classificavam-se em dualismos simplistas como mansos/bravos, tupis/tapuias, índios aldeados/índios do sertão. Essas classificações bipolares teriam continuidade no oitocentos e até se acentuariam pela declaração de guerra justa aos botocudos e kaingangs [...].
>
> Em maio de 1808, o Príncipe Regente de Portugal, D. João, assinou a Carta Régia que decretava guerra justa contra os botocudos. Essa medida que, em novembro seria estendida aos kaingangs, assinalou a retomada oficial da antiga prática de combater os índios que resistiam ao domínio português e à invasão de suas terras, reduzindo os vencidos à condição de escravos legítimos, contribuindo, sem dúvida, para reforçar a ideologia que dividia as populações indígenas entre selvagens e civilizados. [...]

Maria Regina Celestino de Almeida. Índios mestiços e selvagens civilizados de Debret: reflexões sobre relações interétnicas e mestiçagens. *Varia História*, Belo Horizonte, v. 25, n. 41, p. 99-100, jan./jun. 2009. Disponível em: <http://www.scielo.br/scielo.php?script=sci_arttext&pid=S0104-87752009000100005&lng=en&nrm=iso>. Acesso em: 11 out. 2018.

Botocudos, Puris, Pataxós e Machacalis, gravura de Jean-Baptiste Debret, 1834. Acervo da Coleção Brasiliana, Pinacoteca do Estado de São Paulo.

A História do Brasil nas histórias em quadrinhos (HQ)

Você costuma ler histórias em quadrinhos, conhecidas como HQs? Um dos grupos de personagens de HQ mais conhecido atualmente no Brasil é a *Turma da Mônica*, do artista Mauricio de Sousa. Suas personagens atuam em tramas variadas, na maioria das vezes em contextos cômicos e educativos.

Em 2003, foi publicada uma história em quadrinhos que aborda um importante evento histórico, a independência do Brasil. Nessa narrativa, as personagens da *Turma da Mônica* representam figuras históricas que participaram desse processo. Leia um trecho dessa história.

110

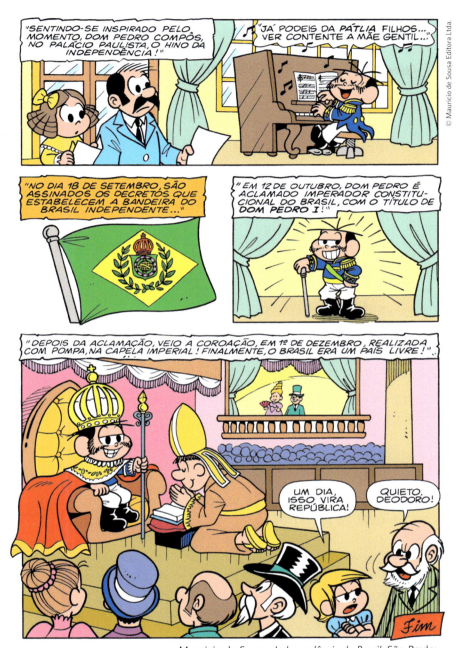

Mauricio de Sousa. *Independência do Brasil*. São Paulo: Globo/Mauricio de Sousa, 2003. p. 32-33. (Coleção Você Sabia?).

Agora, após a leitura, responda às seguintes questões no caderno.

a) Identifique qual personagem da *Turma da Mônica* é a protagonista dessa narrativa. Identifique também qual personagem histórica ela está representando.

b) Verifique a ordem dos acontecimentos nos quadrinhos, relacionando-os com fatos importantes da história do Brasil.

c) Você consegue ver semelhanças entre as cenas dos quadrinhos acima que tratam da independência com alguma outra representação desse evento da história brasileira? Quais?

Atividades

▶ Organizando o conhecimento

1. Copie o quadro a seguir em seu caderno, completando-o com as informações sobre a Conjuração Mineira e a Conjuração Baiana.

	Conjuração Mineira	Conjuração Baiana
Quando ocorreu?		
Quem eram os envolvidos?		
Quais eram os objetivos?		
Como terminou?		

2. De que forma a presença da família real portuguesa influenciou o cotidiano das pessoas na cidade do Rio de Janeiro a partir de 1808? Cite exemplos.

3. Quais foram os fatores internos e externos estudados neste capítulo que favoreceram o processo de independência política do Brasil?

▶ Conectando ideias

4. Leia o texto a seguir, que aborda a importância da imprensa no processo de emancipação política do Brasil.

▶ Adágio: provérbio, ditado popular.

> [...] a imprensa propiciou [...] a organização das diversas tendências que emergiram com a liberação política [do Brasil] que se seguiu à Revolução do Porto. "Da discussão nasce a luz", é adágio dos mais populares. O debate travado através das páginas dos jornais e dos tantos panfletos publicados no Brasil durante os anos de 1821 a 1823 possibilitou o conhecimento da maneira como pensavam os diversos grupos que atuaram na cena política. Pode-se mesmo dizer que, ao lado da discussão, as situações provocadas por polêmicas jornalísticas influíram na mudança de pensamento e de atitude política [...].
>
> Isabel Lustosa. *O nascimento da imprensa brasileira*. Rio de Janeiro: Jorge Zahar, 2004. p. 53. (Coleção Descobrindo o Brasil).

a) De acordo com o texto, como a imprensa contribuiu para o processo de independência do Brasil?

b) Na atualidade, a imprensa ainda possui essa importância e exerce influência sobre a nossa sociedade? Explique.

c) O que o autor quis dizer com a frase "Da discussão nasce a luz"? Você concorda com esse provérbio? Por quê?

5. Leia a manchete de uma publicação *on-line* sobre a Batalha do Jenipapo, que ocorreu no contexto das guerras de independência no Brasil, entre os anos de 1822 e 1824. Depois, responda às questões.

Piauí relembra os 195 anos da Batalha do Jenipapo com homenagens e encenação

Portal CG Notícias, 14 mar. 2018. Disponível em: <https://cgnoticias.com.br/piaui-relembra-os-195-anos-da-batalha-do-jenipapo-com-homenagens-e-encenacao/>. Acesso em: 11 out. 2018.

a) Em que local ocorreu a Batalha do Jenipapo?

b) Qual foi o ano dessa batalha?

c) Explique a importância dessa e de outras batalhas durante as guerras de independência.

d) Qual é o tema da notícia cuja manchete foi reproduzida acima?

e) Em sua opinião, esse tipo de encenação é importante? Justifique.

6. Observe as fontes abaixo. Depois, responda às questões a seguir.

Reprodução de moeda de R$ 0,05 emitida pelo Banco Central do Brasil na atualidade.

Placa da rua Tiradentes na cidade de Muzambinho (MG). Foto de 2018.

a) Descreva as fontes acima.

b) Qual é a relação entre as duas fontes?

c) Em seu bairro ou na sua cidade, há estátuas ou alguma nomeação de praça ou rua que homageia Tiradentes? Você considera esse tipo de homenagem importante? Converse com os colegas.

113

CAPÍTULO 8

O Primeiro Reinado

Após a independência, um dos principais desafios da monarquia brasileira foi organizar o novo Estado. Para isso, precisou criar uma série de instituições que ordenaram o sistema tributário e o sistema administrativo. Além disso, era de extrema importância a elaboração de um conjunto de leis para o país. Assim, uma Constituição começou a ser feita em 1823.

O reconhecimento internacional da emancipação política brasileira também era uma questão de grande relevância para o novo Estado. O primeiro país a fazer isso foram os Estados Unidos, em maio de 1824. Portugal, como vimos, só reconheceu a independência do Brasil em 1825, após um tratado no qual o governo brasileiro se comprometeu a indenizar a Coroa portuguesa. Para isso, o Brasil contraiu seu primeiro empréstimo, obtido em um banco inglês.

A Inglaterra, por sua vez, reconheceu a emancipação brasileira em 1827, após fazer algumas exigências ao governo de dom Pedro I, como a renovação do Tratado de Comércio e Navegação por mais quinze anos e a extinção do tráfico de escravos no prazo de três anos.

Bandeira do Império do Brasil, do século XIX. Acervo do Museu Imperial, Petrópolis (RJ).

> Existem semelhanças entre a atual bandeira nacional e a bandeira do Império do Brasil, apresentada acima? Quais? Comente.

Diferenças entre a independência do Brasil e a de outros países da América Latina

Ao contrário do que ocorreu em muitas regiões da América espanhola, não houve fragmentação do território brasileiro após a independência. Além disso, o Brasil não seguiu a tendência de adotar um sistema republicano de governo como muitos outros da América Latina, tornando-se uma monarquia regida por dom Pedro I, um membro da família real portuguesa.

Outro aspecto que marca a diferença entre a independência do Brasil e a de outros países americanos é a questão da escravidão. Diferentemente do Chile, da Colômbia e do México, que aboliram a escravidão pouco depois da declaração de independência, o Brasil foi o último país a abolir essa prática, mantendo-a até 1888. Assim, é possível afirmar que a emancipação política brasileira não significou um processo de ruptura, mas que se desenvolveu lentamente, sem alterar diversas estruturas vigentes, como o sistema escravista e a monarquia.

A primeira Constituição do Brasil

Em 1823, foi reunida uma Assembleia para a elaboração da primeira Constituição do Brasil. Contudo, por causa das divergências entre os deputados e dom Pedro I, de forma autoritária, ele dissolveu a Assembleia e mandou prender os deputados, instituindo um grupo sob seu comando para elaborar a Constituição.

Assim, em 25 de março de 1824, dom Pedro I outorgou a primeira Constituição do Brasil, sem a aprovação dos deputados ou da sociedade. Leia a seguir as principais características e medidas instituídas por esse documento.

> **Outorgar:** instituir; conceder.

- Instauração de quatro poderes: Judiciário, Legislativo, Executivo e Moderador. O poder Moderador exclusivo de dom Pedro I, que ganhou autoridade sobre os outros poderes, podendo vetar decisões, nomear políticos a seu critério e impor medidas conforme seus interesses.
- Eleições censitárias, baseadas na renda anual de cada cidadão. As mulheres, por sua vez, não foram citadas, não tendo o direito de votar.
- Adoção do catolicismo como religião oficial do Estado, permitindo apenas cultos domésticos a outras crenças.

Dom Pedro I apoia sua espada sobre a Constituição outorgada em 1824 e assume simbolicamente o papel de Defensor Perpétuo do Brasil. Ao lado dele, a princesa Maria da Glória, sua filha, aparece segurando a Constituição portuguesa. Gravura de Domingos Antônio de Sequeira, produzida em 1826.

A sociedade no Primeiro Reinado

Após a independência, a estrutura socioeconômica do Brasil praticamente não sofreu alterações. Leia o texto a seguir sobre a Constituição de 1824 e seus efeitos na sociedade da época.

> [...] Estabelecia a divisão de poderes, repartia atribuições, em oposição à desordem administrativa anterior, e garantia direitos individuais para o cidadão. Contudo, ao definir o censo para os votantes, afastava da vida política inúmeros indivíduos situados nas camadas mais pobres da sociedade [...]. Mais importante, reconhecia implicitamente a manutenção da ordem escravista – pois nem chegava a mencionar os cativos – e nada propunha para alterá-la. Se todos os poderes constituíam delegações da nação, na prática, era o imperador quem detinha a autoridade última, em virtude do uso do poder moderador, *chave de toda a organização política*. [...]
>
> Lúcia Bastos Pereira das Neves. A vida política. Em: Alberto da Costa e Silva (Coord.). *Crise colonial e independência*: 1808-1830. Rio de Janeiro: Objetiva, 2011. v. 1. p. 105. (História do Brasil Nação: 1808-2010).

A Confederação do Equador

Muitas pessoas estavam insatisfeitas com as ações autoritárias de dom Pedro I. Algumas províncias do Nordeste rebelaram-se após a imposição da Constituição de 1824.

Foi nesse contexto que ocorreu em Pernambuco a **Confederação do Equador**, que instituiu temporariamente uma república na região.

Bandeira da Confederação do Equador, 1824.

Os revoltosos tinham como objetivos diminuir o repasse dos impostos para o governo central, aumentar a autonomia das províncias e ampliar o poder dos chefes regionais. Entre os ideais defendidos estavam independência, união, liberdade e religião, como é possível observar na bandeira da Confederação do Equador. Nessa bandeira também aparece uma mão apontando para o alto, simbolizando a justiça, além das riquezas do Nordeste, representadas pelos ramos de cana-de-açúcar e de algodão.

Frei Caneca, que já havia participado da Revolução Pernambucana em 1817 (como estudamos no capítulo anterior), foi um dos líderes do movimento. Após intensa repressão, a revolta foi derrotada e Frei Caneca, executado.

Bárbara Pereira de Alencar, que atuou no Ceará, como vimos também, foi anistiada após sua prisão em 1817 e envolveu-se novamente na Confederação do Equador com seus filhos. Por sua atuação em 1817 e 1824, ela foi considerada uma heroína local e teve seu nome inscrito em 2014 no *Livro dos Heróis e Heroínas da Pátria*, que homenageia grandes personalidades da história brasileira.

A crise do Primeiro Reinado

Os desdobramentos da violenta repressão à Confederação do Equador, em 1824, intensificaram a crise pela qual o país passava nos primeiros anos após a independência. Neste período, por causa da concorrência com outros países, houve a desvalorização dos principais produtos de exportação do Brasil, entre eles o açúcar, o tabaco e o cacau.

Além disso, quando dom João VI retornou a Portugal, em 1821, levou com ele todo o ouro que estava depositado no Banco do Brasil.

Essa grave crise econômica, aliada ao envolvimento do país na Guerra da Cisplatina (veja o boxe da página seguinte), gerou tensões sociais que desgastaram a imagem de dom Pedro I, que já era bastante criticado pelo autoritarismo em sua forma de governar.

A Guerra da Cisplatina

A Província Cisplatina, localizada no território do atual Uruguai, havia sido anexada pelo Brasil em 1821. Em 1825, surgiu um movimento de independência na região, que declarou a separação desse território em relação ao Brasil e sua incorporação às Províncias Unidas do Rio da Prata (atual Argentina).

Nos três anos seguintes, o Brasil travou uma guerra contra a Cisplatina na tentativa de recuperar o território. Após muitas perdas humanas e prejuízos econômicos para ambos os lados, a guerra chegou ao fim com a derrota brasileira.

No final do conflito, a Província Cisplatina consolidou sua independência e adotou o nome de República Oriental do Uruguai, em 1828.

Fonte: Cláudio Vicentino. *Atlas histórico*: geral e Brasil. São Paulo: Scipione, 2011. p. 126.

A abdicação de dom Pedro I

A partir de 1830, surgiram diversas revoltas populares contra o governo em regiões como Bahia, Pernambuco e Rio de Janeiro.

Na tentativa de reduzir a oposição e melhorar sua imagem, dom Pedro I realizou uma série de viagens pelas províncias do Império, mas em muitos locais foi recebido pela população com portas e janelas fechadas, como forma de protesto. No Rio de Janeiro, em 1831, a comunidade portuguesa decidiu realizar festejos para recepcionar o imperador, mas os brasileiros saíram às ruas para confrontá-las com pedras e garrafas. Esse conflito ficou conhecido como a **Noite das Garrafadas**. Depois disso, houve outras manifestações da população contra o governo.

Isolado, sem apoio popular e das elites brasileiras, dom Pedro I abdicou do trono em nome de seu filho, em 7 de abril de 1831.

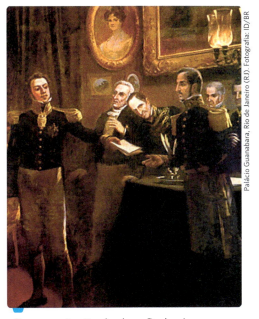

Representação de dom Pedro I entregando a políticos do Rio de Janeiro a carta de abdicação. Detalhe de óleo sobre tela de Aurélio de Figueiredo, feito em 1911. Acervo do palácio Guanabara, Rio de Janeiro (RJ).

Atividades

▌ Organizando o conhecimento

1. Com base no que você estudou neste capítulo, é possível afirmar que a independência do Brasil alterou profundamente a estrutura econômica e social do país? Justifique sua resposta e procure citar alguns exemplos para defender o seu argumento.

2. Quais foram as principais diferenças entre a independência do Brasil e de outros países da América Latina?

3. A Constituição de 1824 apresentou alguma mudança em relação ao sistema escravista? Explique.

4. O que foi a Confederação do Equador? De que maneira o governo imperial reagiu a ela?

▌ Conectando ideias

5. O texto a seguir, da historiadora Isabel Lustosa, apresenta um panorama sobre o Primeiro Reinado. Interprete e analise a opinião da autora e responda às questões.

> [...]
>
> Os nove anos de reinado de dom Pedro I foram anos de divisão do país, entre os portugueses aqui estabelecidos e os naturais; divisão de ideais, entre os que apostavam num modelo mais liberal (com suas numerosas variações) e os que preferiam a forma absolutista. Dom Pedro viveu aqueles anos também dividido. Ora sua pouca cultura, que era basicamente liberal, o atraía para o lado daqueles, ora o seu temperamento autoritário e a tradição de sua dinastia o impulsionavam no sentido do absolutismo. Ora o seu amor à terra natal em que crescera e que o adotara o fazia brasileiro, ora a sua fidelidade à pátria onde nascera e à história à qual estava relacionada a da sua dinastia o fazia português. [...]
>
> Isabel Lustosa. *D. Pedro I*: um herói sem caráter. São Paulo: Companhia das Letras, 2006. p. 172-173. (Coleção Perfis Brasileiros).

   a) Segundo a autora, como foi caracterizado o Primeiro Reinado?
   b) Como era a postura do imperador diante desse contexto histórico?
   c) Cite uma medida tomada por dom Pedro I que representa sua tendência autoritária.

6. No *Livro dos Heróis e Heroínas da Pátria*, como estudamos na página **116**, além do nome de Bárbara Pereira de Alencar, há a inscrição de diversas outras personalidades, como Tiradentes, Frei Caneca, Zumbi dos Palmares, Sepé Tiaraju, Ana Néri, etc. Faça uma pesquisa sobre esse monumento e escolha dois outros nomes inscritos: uma personalidade feminina e outra masculina. Depois, escreva um texto em seu caderno utilizando as informações encontradas sobre elas, incluindo dados como data e local de nascimento e morte, atuação, data da inscrição, entre outras.

7. A litogravura reproduzida abaixo foi feita por Debret e constitui uma representação do Império brasileiro. Observe a imagem e identifique os elementos indicados. Depois, realize as atividades.

> **Pano de boca:** refere-se à cortina que cobre a frente do palco no teatro.

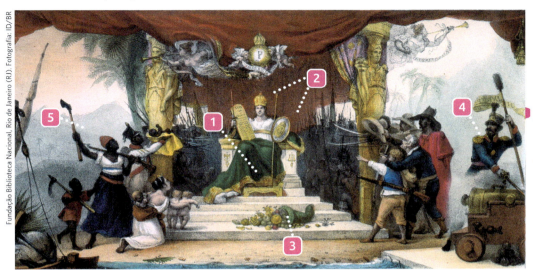

Pano de boca do Teatro da Corte por ocasião da Coroação de D. Pedro I. Litogravura colorida de Debret, produzida em 1834.

a) Copie a tabela a seguir em seu caderno e preencha-a com os números correspondentes, indicados na pintura acima.

	Foram representados elementos característicos da brasilidade, como frutas tropicais.
	A exaltação do patriotismo e da nacionalidade pode ser percebida nos elementos em verde e amarelo, em destaque na imagem.
	A população foi representada ao redor do Império, portando seus instrumentos de trabalho.
	Representação personificada do Império, que aparece como figura central da imagem portando um escudo e uma espada (poder militar), uma coroa (poder político) e a Constituição (lei).
	Setores militares foram representados na imagem, buscando evidenciar seu apoio ao Império.

b) A imagem acima é uma representação de caráter apologético, ou seja, que apresenta conceitos, ideias ou símbolos com a finalidade de exaltar algo ou alguém. Você conhece outros tipos de obras apologéticas? Como elas são? O que pretendem exaltar? Converse com os colegas.

Converse com seus familiares ou responsáveis sobre os conteúdos estudados nesta unidade. Explique-lhes os conceitos e os principais temas analisados. Depois, conte para a turma como foi a sua conversa e responda às questões que seguem.

- Você teve dificuldade em explicar algum dos temas aos seus familiares ou responsáveis? E sobre quais assuntos você sentiu maior facilidade?
- O estudo desta unidade possibilitou que você repensasse alguns conceitos e ideias que já possuía sobre a história do Brasil? Em que aspectos?
- Por que é importante conhecermos a história do país onde vivemos?

Ampliando fronteiras

Higiene e saúde no Brasil Império

Estudar a história do cotidiano no Brasil é uma boa maneira de entendermos como adquirimos ou desenvolvemos certos hábitos e costumes em nosso dia a dia. Por exemplo, você sabia que no século XIX as pessoas que viviam no país não tinham o hábito de tomar banho diariamente? Que nas ruas não havia sistema de esgoto e nas moradias não havia água encanada? A situação do saneamento e da higiene no Brasil era muito diferente. Para se ter uma ideia, os vasos sanitários com descarga foram inventados em 1884, mas só chegaram ao Brasil em 1910.

O relato a seguir, do viajante europeu Charles Expilly, que veio ao Brasil no século XIX, descreve um pouco essa situação.

[...] As casas do Rio [de Janeiro], construídas em terreno úmido, não têm fossas. Todos os detritos domésticos são atirados de qualquer maneira em barris que à noite os escravos despejam no mar. Dá para adivinhar a natureza das emanações que exalam esses barris durante o dia, em meio aos terríveis calores que reinam no lugar. Por volta das seis da tarde, uma interminável procissão desemboca de todas as ruas e dirige-se para a praia de D. Manoel. É o Rio de Janeiro começando o seu tratamento de limpeza. Os negros carregando o barril são como o símbolo da cidade.

Eduardo Bueno. *Passado a limpo*: história da higiene pessoal no Brasil. São Paulo: Gabarito de Marketing Editorial, 2007. p. 38.

Emanação: neste caso, odor, cheiro proveniente de certas substâncias, coisas ou objetos.

Os moradores das casas costumavam jogar o conteúdo dos penicos pela janela. Para a sujeira não atingir as pessoas na rua, antes de despejar o conteúdo pela janela, deveria se anunciar "Água vai!" três vezes.

Waldomiro Neto/Rafael Hatadani

120

A importância dos hábitos de higiene

O pouco cuidado com a higiene na época do Brasil Império causou vários problemas de saúde, principalmente aos moradores das cidades onde havia grande concentração de pessoas. Muitos desses hábitos provocaram epidemias de doenças, como a peste bubônica, a cólera e a febre amarela. Por isso, o Rio de Janeiro, capital do Império na época, ficou conhecido pelos estrangeiros como o "túmulo dos viajantes".

Com o passar dos séculos, a população pôde ter acesso a saneamento básico, com água encanada e sistema de esgoto, e a conhecimentos sobre hábitos de higiene e saúde.

Atualmente, sabemos da importância da higiene pessoal, como os banhos diários, a escovação dos dentes, o hábito de lavar as mãos e de cortar as unhas. Os hábitos de higiene como esses preservam a saúde do corpo e proporcionam melhorias na qualidade de vida das pessoas.

1. Por que a cidade do Rio de Janeiro era conhecida pelos estrangeiros como o "túmulo dos viajantes"?

2. Dos antigos exemplos de falta de higiene citados, existe algum que ainda é um problema na atualidade? O que poderia ser feito para combatê-lo?

3. Além da higiene, que outros fatores são importantes para preservar a saúde e manter a qualidade de vida das pessoas? Converse com os colegas e produza um texto coletivo sobre as principais ideias discutidas.

4. Com base no texto produzido, responda: como posso incluir no meu cotidiano novos hábitos para melhorar minha saúde e qualidade de vida?

No centro das cidades, a água podia ser obtida nas fontes e nos chafarizes públicos localizados em praças e jardins. Essa água era muito disputada pelos trabalhadores e pelos aguadeiros, que vendiam a água pelas ruas.

Esta ilustração é uma representação artística contemporânea produzida com base em estudos históricos.
Fonte de pesquisa: Luiz Felipe de Alencastro. Vida privada e ordem privada no Império. Em: Luiz Felipe de Alencastro (Org.). *História da vida privada no Brasil*: Império. São Paulo: Companhia das Letras, 1997. p. 70. (História da vida privada no Brasil; 2).

Os "negros carregando o barril", citados por Expilly, eram escravizados encarregados de transportar os barris com excrementos e detritos para jogar no mar.

121

UNIDADE

5
O período Regencial e o Segundo Reinado

Capítulos desta unidade
- **Capítulo 9** - O período Regencial
- **Capítulo 10** - O Segundo Reinado

Detalhe do painel *Memorial da Epopeia Rio-grandense, Missioneira e Farroupilha*, produzido por Danúbio Vilamil Gonçalves em 2007 e localizado na praça da Revolução Farroupilha, Porto Alegre (RS). O painel apresenta personagens e frases que ilustram as diferentes fases da Revolução Farroupilha ocorrida na segunda metade do século XIX. Foto de 2012.

Iniciando rota

1. Descreva o mural retratado por meio da foto apresentada nestas páginas.

2. Identifique o autor do mural. Quando essa representação artística foi produzida? Com qual objetivo?

3. Em sua cidade há representações artísticas semelhantes a esta? Se houver, converse com os colegas, descrevendo-as e comentando suas características e importância.

123

CAPÍTULO 9
O período Regencial

Em 1831, com a abdicação de dom Pedro I, o governo do Brasil foi assumido por regentes, já que o sucessor da família real tinha apenas 5 anos. Os regentes eram governantes eleitos pelos deputados e senadores para administrar o país temporariamente.

Dessa forma, entre os anos de 1831 e 1840, formaram-se Regências Trinas (1831-1834), compostas por três líderes, e Regências Unas (1834-1840), compostas por apenas uma liderança. Os regentes unos desse período foram Diogo Antônio Feijó (1784-1843) e Araújo Lima (1793-1870).

O período Regencial foi marcado pela instabilidade política e pelos conflitos entre o governo central e os governos das províncias. Os principais grupos políticos que atuavam nesse período eram os chamados restauradores, os liberais moderados e os liberais exaltados. Os restauradores defendiam o retorno de dom Pedro I e de sua monarquia, porém, após a morte dele, em 1834, o grupo se dissolveu. Os liberais moderados representavam os interesses das elites agrárias que defendiam a monarquia constitucional e a manutenção dos poderes políticos vigentes. Já os liberais exaltados representavam fundamentalmente os interesses das classes médias urbanas e de parte dos proprietários de terras, e pretendiam dar maior autonomia para as províncias por meio de uma monarquia federativa; entre os liberais exaltados havia ainda, em menor número, os que eram republicanos.

Para lidar com essas disputas regionais e manter a ordem interna do país, foi criada, em 1831, a **Guarda Nacional**. Diferentemente do Exército, que tinha a responsabilidade de manter afastados principalmente os inimigos externos, essa milícia atuava nos conflitos internos.

Representação de oficiais da Guarda Nacional. Litogravura de Brito e Braga, feita no século XIX.

Leia o trecho a seguir sobre a Guarda Nacional.

> [...] Chamada de Milícia Cidadã, ela copiou o espírito da instituição francesa do mesmo nome, qual seja, colocar a manutenção da ordem nas mãos de quem tinha algo a defender, isto é, dos proprietários. Para pertencer à Guarda era exigida renda de 200 mil-réis nas quatro maiores cidades e de 100 mil-réis no resto do país. [...]
>
> José Murilo de Carvalho. A vida política. Em: José Murilo de Carvalho (Coord.). *A construção nacional*: 1830-1889. Rio de Janeiro: Objetiva, 2012. v. 2. p. 89. (História do Brasil Nação: 1808-2010).

Além disso, em 1834, foi aprovada uma emenda à Constituição, que concedia às províncias maior autonomia em relação ao governo federal. Essa medida ficou conhecida como **Ato Adicional**.

A instabilidade política

Mesmo com a tentativa de equilibrar as tensões entre os grupos de tendências mais liberais e os de tendências mais conservadoras que atuavam nas províncias, a instabilidade política manteve-se ao longo do período Regencial. Em diversas regiões do país, eclodiram movimentos, como estudaremos nas próximas páginas.

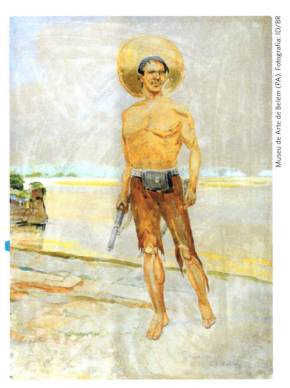

Cabano paraense, aquarela de Alfredo Norfini produzida em 1940, que representa um participante da Cabanagem, revolta que teve início em 1835, na província do Grão-Pará. Acervo do Museu de Arte de Belém (PA).

Observe a linha do tempo sobre o período Regencial e as rebeliões ocorridas.

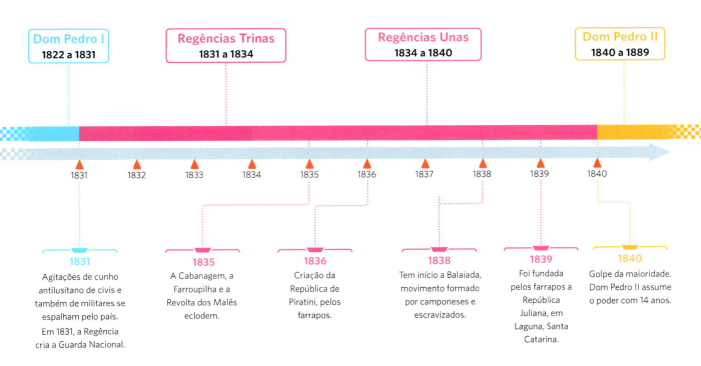

Dom Pedro I 1822 a 1831

Regências Trinas 1831 a 1834

Regências Unas 1834 a 1840

Dom Pedro II 1840 a 1889

1831 — Agitações de cunho antilusitano de civis e também de militares se espalham pelo país. Em 1831, a Regência cria a Guarda Nacional.

1835 — A Cabanagem, a Farroupilha e a Revolta dos Malês eclodem.

1836 — Criação da República de Piratini, pelos farrapos.

1838 — Tem início a Balaiada, movimento formado por camponeses e escravizados.

1839 — Foi fundada pelos farrapos a República Juliana, em Laguna, Santa Catarina.

1840 — Golpe da maioridade. Dom Pedro II assume o poder com 14 anos.

O golpe da maioridade

Para encerrar o clima de instabilidade do período Regencial e as disputas políticas nas províncias, um grupo de políticos liberais realizou uma manobra e decretou (antecipadamente) a maioridade de dom Pedro II. Assim, em julho de 1840, com apenas 14 anos, o príncipe assumiu o trono do Brasil e teve início o período conhecido como Segundo Reinado, que estudaremos adiante.

As revoltas regenciais

Durante o período Regencial, como vimos, ocorreram muitas revoltas em diferentes regiões do Brasil. No entanto, elas não tiveram as mesmas motivações nem pretendiam alcançar os mesmos objetivos, pois buscavam intervir na realidade e nas condições de vida de cada localidade. Veja no mapa a seguir as principais revoltas regenciais e suas localizações no território.

Fonte: Claudio Vicentino. *Atlas histórico*: geral e Brasil. São Paulo: Scipione, 2011. p. 128.

De modo geral, as rebeliões ocorreram de maneira isolada e foram fortemente repreendidas pelas forças do exército do governo.

Nas páginas a seguir, vamos estudar algumas das revoltas regenciais e seus desdobramentos.

A Farroupilha

Em 1835, teve início no Rio Grande do Sul a mais longa revolta do período Regencial, a Farroupilha, também conhecida como **Guerra dos Farrapos**.

Havia uma antiga e forte insatisfação entre parte da população gaúcha em relação ao governo central. Suas queixas estavam relacionadas principalmente à centralização do poder e às taxas de importação reduzidas dos produtos da região do Prata, que desfavoreciam os artigos locais, como o charque. Além disso, consideravam que o governo central privilegiava as províncias do Rio de Janeiro, de Minas Gerais e de São Paulo. Assim, eles reivindicavam maior autonomia para a província, buscando atender aos interesses das elites locais.

O início da revolta ocorreu com a tomada da cidade de Porto Alegre por rebeldes liderados, principalmente, pelos produtores de gado da região da fronteira com o Uruguai. No início de 1836, os revoltosos chegaram a proclamar a independência em relação ao Império, formando a República Rio-Grandense (República de Piratini). Em 1839, depois de conquistarem a cidade de Laguna, em Santa Catarina, eles proclamaram a República Juliana. No mesmo ano, após intensos combates com as tropas imperiais, os rebeldes começaram a recuar.

A partir de 1840, teve início um processo de negociação entre o movimento e o governo de dom Pedro II. Os rebeldes resistiram até 1845, quando assinaram um acordo que, entre outras medidas, anistiou os revoltosos, incorporou os oficiais da Farroupilha ao Exército imperial, transferiu as dívidas da guerra para o Império e permitiu que a província pudesse escolher seu próprio governante.

Estudo para Proclamação da República de Piratini, óleo sobre madeira de Antônio Parreiras, de cerca de 1915. Acervo do Museu Antônio Parreiras, Niterói (RJ).

A Cabanagem

A Cabanagem foi uma revolta ocorrida na província do Grão-Pará, entre 1835 e 1840. No início do século XIX, a maioria da população dessa província era formada por pessoas pobres, afrodescendentes, indígenas, mestiços, escravizados e livres, que viviam em péssimas condições. Grande parte dos participantes dessa revolta morava em cabanas, muitas delas em áreas ribeirinhas, por isso ficaram conhecidos como cabanos.

Havia pouco vínculo entre a província e o governo central, o que fez com que alguns grupos questionassem a sua legitimidade e reivindicassem maior participação política da população nas decisões que interferiam na vida local.

As divergências entre as elites locais, que reivindicavam o direito de escolher quem governaria a província, levaram ao início da revolta. Após um dos líderes da oposição ao governo ter sido assassinado no final de 1834, os rebeldes se organizaram e, em 1835, mataram o presidente da província, estabelecendo um novo governo.

O governo cabano durou cerca de dez meses. Após diversos confrontos, as tropas imperiais recuperaram o controle da província, porém as batalhas contra os cabanos continuaram no interior, até 1840. No final do conflito, estima-se que cerca de 30 mil pessoas, entre rebeldes e soldados das tropas imperiais, tenham morrido.

Extensão do movimento da Cabanagem (1835-1840)

Fonte: Geopolítica das rebeliões de 1831-1848. *Atlas histórico do Brasil*: FGV/CPDOC. Disponível em: <https://atlas.fgv.br/marcos/o-imperador-menino-e-os-regentes/mapas/geopolitica-das-rebelioes-de-1831-1848>. Acesso em: 24 out. 2018.

- Expansão da rebelião cabana
- Indígenas rebelados em apoio à Cabanagem
- Áreas de quilombos, aliados dos cabanos
- Província do Grão-Pará

• Observe o mapa acima. Quais foram os povos indígenas que apoiaram a Cabanagem? Em sua opinião, qual a importância do envolvimento de povos indígenas e quilombolas para a extensão do movimento?

A Revolta dos Malês

A Revolta dos Malês ocorreu na cidade de Salvador, na província da Bahia, em 1835, e é considerada por muitos historiadores como uma das poucas rebeliões liderada exclusivamente por escravizados na história do Brasil.

Ela foi organizada por africanos escravizados e libertos que tinham o islamismo como religião e, por isso, eram chamados malês (que significa muçulmanos). A revolta tinha como objetivo principal a libertação dos escravizados de origem muçulmana, além de garantir melhores condições de vida a eles e a liberdade religiosa aos africanos. O movimento também teve a participação de alguns afrodescendentes que não eram muçulmanos.

Esse levante, que pretendia tomar o governo da Bahia, foi denunciado à polícia. Houve, então, uma repressão que fez a revolta eclodir antes do previsto, com a ocorrência de diversos conflitos em diferentes lugares da cidade, resultando na morte de dezenas de rebeldes.

Representação de um malê. Aquarela feita por Jean-Baptiste Debret, no século XIX.

A repressão após o movimento

Após a rebelião, teve início uma grande perseguição e violenta repressão policial contra a população negra da Bahia. O levante havia despertado forte sentimento de medo e insegurança na população branca, que temia um novo levante. Assim, aumentou-se a patrulha nas ruas e diversos afrodescendentes foram presos ou vítimas de violências.

Também foram realizadas, por determinações de juízes na época, rondas formadas por inspetores e membros da Guarda Nacional, além de cidadãos, que ocuparam as ruas e invadiram moradias e estabelecimentos de afrodescendentes, principalmente libertos, vistos como suspeitos de serem rebeldes muçulmanos.

Entre os itens que podiam motivar a prisão estavam armas e qualquer objeto que fosse considerado ligado a práticas muçulmanas, como amuletos (usados como símbolo de proteção) e papéis escritos em árabe.

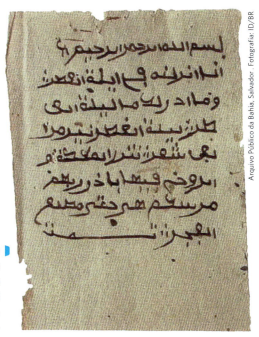

Diversos amuletos malês foram encontrados junto a rebeldes mortos no conflito e também após a rebelião, durante a perseguição aos suspeitos. Ao lado, pequena página de um amuleto da primeira metade do século XIX com escrita árabe, contendo a sura *Qadr* (noite de Glória, em português). Acervo do Arquivo Público da Bahia, Salvador.

Para investigar

Imagens do cotidiano brasileiro

O dia a dia dos habitantes das áreas rurais e das áreas urbanas no Brasil, no século XIX, foi representado por diversos artistas em pinturas e gravuras. As imagens feitas no período costumam mostrar detalhes do trabalho e das atividades que eram realizados nas ruas das vilas e cidades. Essas representações revelam também costumes, aspectos do cotidiano e as diferenças sociais existentes na época, como as relações entre senhores e escravizados.

Em visita ao Brasil, o artista francês Jean-Baptiste Debret representou o porto do Rio de Janeiro, no largo do Paço, localizado na atual praça 15 de Novembro. Por meio da imagem, é possível analisar uma cena cotidiana do século XIX. Veja a seguir.

Ao fundo, escravizados carregam potes com mercadorias e produtos.

Essa edificação é um chafariz, construído em 1789 pelo arquiteto e escultor Mestre Valentim. Sua função era disponibilizar água para a população da região do porto e para os tripulantes que desembarcavam no local.

É possível identificar o porto representado na imagem pela presença de muitas embarcações ancoradas. Como se trata de uma localidade pública, o artista representou a grande circulação de pessoas na cena.

A *Os refrescos no largo do Paço, depois do jantar.* Litogravura produzida por Jean-Baptiste Debret, em 1835.

Biblioteca Pública de Nova York (EUA). Fotografia: ID/BR

A imagem é bastante detalhada, mostrando inclusive os animais que costumavam circular pelos locais públicos naquela época.

As mulheres são escravas de ganho e foram representadas vendendo doces e refrescos aos frequentadores do porto.

As pessoas que compram os produtos são de um grupo social elevado, pois estão vestindo acessórios e roupas considerados elegantes para a época.

Esse homem está usando uniforme militar, indicando que a região requeria segurança.

130

Agora, observe outras cenas cotidianas do século XIX e responda às questões.

Um jantar brasileiro. Litogravura de 1839, feita por Debret, representando uma família brasileira durante uma refeição.

Lavadeiras do rio das Laranjeiras. Litogravura de 1839, feita por Debret, mostrando pessoas escravizadas trabalhando nas margens de um riacho.

1. Compare as imagens **A**, **B** e **C**. Quais delas representam locais públicos? E quais representam ambientes privados? Explique como você chegou a essa conclusão.

2. Explique as diferenças entre as imagens **B** e **C** em relação aos trabalhadores representados na cena.

3. Você consegue identificar diferentes condições sociais nas imagens **B** e **C**? Comente sobre o tema.

4. Em sua opinião, as obras de Debret podem auxiliar na compreensão de aspectos do cotidiano brasileiro do século XIX? Produza um texto com as informações que você descobriu acerca do dia a dia da população, com base nas imagens apresentadas nesta seção e nos conteúdos estudados.

Atividades

Organizando o conhecimento

1. Explique as duas medidas adotadas no período Regencial que pretendiam acabar com os conflitos regionais.

2. Qual foi o principal objetivo do golpe da maioridade?

3. A partir dos conteúdos estudados sobre os conflitos no período Regencial no Brasil, reproduza a tabela abaixo em seu caderno e, em seguida, complete-a com as informações solicitadas.

	Farroupilha	Cabanagem	Revolta dos Malês
Período			
Local			
Grupos participantes			
Motivações			
Consequências			

Conectando ideias

4. No atual estado do Pará, há diversos registros históricos referentes à Cabanagem, como o monumento retratado na foto abaixo. Observe-o.

Monumento a Resistência à Cabanagem, obra de Fleurides Farias Bongoin, localizado na praça da Cultura da cidade de Cametá (PA). Foto de 2017.

a) Descreva o monumento retratado na foto.
b) Onde ele está localizado?
c) Esse monumento foi construído com qual intenção?
d) Comente a importância desse e de outros tipos de representações e registros da história do nosso país.

5. Sobre a Guarda Nacional, criada pelo governo regencial em 1831, responda às seguintes questões.

a) Qual foi o principal objetivo da criação dessa milícia?

b) Quem fazia parte da Guarda quando ela foi criada?

c) Quais as principais diferenças entre a Guarda Nacional e o Exército na época?

d) Agora, faça uma pesquisa em livros e na internet sobre os órgãos ligados à segurança do Brasil na atualidade. Busque informações como: organização e estrutura, funções principais, áreas de atuação, uniformes utilizados, entre outros. Depois, monte um cartaz utilizando esquemas, imagens e textos encontrados em sua pesquisa.

6. Leia o texto a seguir sobre a Revolta dos Malês. Depois, responda às questões propostas.

> [...]
>
> A data escolhida para a rebelião foi o domingo da Festa de Nossa Senhora da Guia. A escolha tinha razões estratégicas [...]. A festa levaria para a distante localidade do Bonfim um grande número de pessoas, especialmente homens livres. Boa parte do corpo policial também iria para lá, com o objetivo de controlar a multidão.
>
> Como conheciam bem o cotidiano da cidade e de sua festa, os Malês devem ter calculado que, dada a distância e a precariedade dos transportes e vias de acesso da época, ia-se ao Bonfim, para ficar pelo menos todo o fim de semana na festa. A cidade ficaria vazia de homens livres e policiais e seria mais fácil dominá-la.
>
> Mas a eleição do dia 25 de janeiro como data da rebelião possuía um significado ainda mais importante para os Malês. A revolta foi planejada para acontecer num momento especial do calendário muçulmano: o Ramadã. Era o final do jejum, data muito próxima da festa do *Lailat Qadr*, expressão que traduzida para os idiomas ocidentais quer dizer "Noite de Glória", ou "Noite do Poder". O *Qadr* é celebrado em toda a África Ocidental e encerra o Ramadã. Acredita-se que nessa noite Alah aprisiona os *dijins* (espíritos) para livremente reordenar os negócios do mundo.
>
> [...]
>
> Kabengele Munanga e Nilma Lino Gomes. *O negro no Brasil de hoje*. São Paulo: Global, 2006. p. 94-95. (Coleção Para Entender).

a) De acordo com o texto, quais são as possíveis justificativas para a escolha da data da rebelião?

b) Segundo o texto, os malês conheciam o cotidiano da população na época. Transcreva no caderno o trecho que justifica essa hipótese.

c) Considerando o que você estudou no capítulo e o texto acima, o plano dos revoltosos saiu como esperado? Explique.

d) Observe novamente a fonte apresentada no final da página **129**. Quais as relações entre o documento escrito em árabe e as informações do texto acima?

e) Explique a repressão aos africanos e seus descendentes no Brasil após o movimento. Qual foi a principal motivação na época?

CAPÍTULO

10 O Segundo Reinado

Após o golpe da maioridade, promovido por políticos liberais, em 1840, chegou ao fim o período Regencial e teve início o Segundo Reinado, um período que durou quase 50 anos e que teve como governante dom Pedro II.

O governo de dom Pedro II

Durante os anos iniciais do Segundo Reinado, o principal esforço do governo central foi colocar fim ao clima de instabilidade política e conter as revoltas que ocorriam nas províncias (como vimos no capítulo anterior).

Nesse sentido, dom Pedro II fez uso constante do Poder Moderador para governar e manter a centralização do poder, conseguindo, aos poucos, controlar as revoltas, manter a unidade territorial do Brasil e consolidar sua autoridade.

Na primeira década, o Segundo Reinado caracterizou-se como um período de relativa estabilidade política e econômica. Houve estímulo à modernização, à urbanização e à industrialização do país. Nessa época, o café consolidou-se como o principal produto da economia brasileira.

Em 1850, o tráfico de pessoas escravizadas para o Brasil foi proibido pela **Lei Eusébio de Queiroz**, principalmente em razão das pressões inglesas. Isso contribuiu para o enfraquecimento do sistema escravista e para a transformação das relações de trabalho. Mas, apesar dessas mudanças, além do crescimento urbano, industrial e populacional, as desigualdades e as contradições sociais permaneceram no país.

Dom Pedro II. Óleo sobre tela de Luís de Miranda Pereira de Meneses, feito no século XIX. Acervo do Museu Histórico Nacional, Rio de Janeiro (RJ).

Os ingleses e a pressão abolicionista

Ao longo do século XIX, a Inglaterra passou pela Revolução Industrial, que impulsionou seu desenvolvimento econômico e tecnológico (conforme abordado no capítulo **2**). Desde então, os ingleses procuraram ampliar o mercado consumidor de seus produtos industrializados como forma de obter maiores lucros com a exportação, principalmente para as antigas colônias da América.

Uma das formas de aumentar o consumo de seus produtos era por meio da abolição do sistema escravista, substituindo trabalhadores escravizados por assalariados, que, em troca de sua força de trabalho, recebem uma renda, obtendo poder de compra e de consumo.

Assim, por razões econômicas e, ainda, por causa de pressões de grupos abolicionistas em seu próprio país, os ingleses passaram a cobrar medidas contra o sistema escravista em diversas nações da América Latina.

Liberais e conservadores

Durante o Segundo Reinado, havia dois influentes partidos políticos no país: o Partido Liberal e o Partido Conservador. O Partido Liberal defendia a extinção do Poder Moderador, maior participação do Legislativo e maior autonomia para as províncias, ou seja, era favorável a uma descentralização do poder. O Partido Conservador, por sua vez, defendia um Executivo forte e era favorável à centralização do poder nas mãos de dom Pedro II.

Mesmo havendo diferenças entre os dois partidos, ambos tinham interesses em comum e defendiam a manutenção dos privilégios da elite econômica, dos proprietários de terras e dos grandes comerciantes, assim como a permanência do sistema escravista. Os dois grupos políticos costumavam se alternar no poder. Nesse contexto, a participação popular na vida política do país era extremamente restrita e quase não havia representação dos grupos populares.

O Brasil rural

Mesmo ocorrendo a ampliação da industrialização e da urbanização durante o Segundo Reinado, a economia brasileira permaneceu essencialmente agrária e com grande parte de sua produção voltada para o mercado externo. No entanto, os senhores de engenho tiveram dificuldade em competir com a concorrência internacional, principalmente em relação ao açúcar, que era o principal produto da economia brasileira e o que tinha maior destaque nas exportações até então. Assim, o açúcar perdeu gradativamente sua importância no Segundo Reinado.

Outros produtos, como o látex e o algodão, tiveram algum destaque nas exportações brasileiras. O látex, produzido no norte do país, atraiu milhares de trabalhadores migrantes principalmente do Nordeste brasileiro durante as décadas de 1870 e 1880, além de ser o responsável pelo desenvolvimento da região amazônica, especialmente das cidades de Belém e de Manaus.

Já o algodão, cultivado principalmente nas províncias de Pernambuco e do Maranhão, chegou a ser responsável por 18% das exportações brasileiras durante a década de 1860. Mas a forte concorrência com a produção estadunidense logo fez com que esse índice fosse drasticamente reduzido nas décadas seguintes.

Escravizados trabalhando na colheita de algodão no Brasil. Xilogravura de artista desconhecido, feita no século XIX.

O café

O cultivo do café no Brasil teve início na primeira metade do século XVIII. Décadas depois, por volta de 1760, já havia diversos pequenos cafezais próximos à cidade do Rio de Janeiro. O aumento do consumo de café nas décadas seguintes, principalmente na Europa e nos Estados Unidos, impulsionou o crescimento da produção, tornando-o um produto extremamente lucrativo.

A primeira área agroexportadora brasileira de café foi desenvolvida na província do Rio de Janeiro, na região do vale do Paraíba. Aos poucos, as plantações do produto expandiram-se, chegando à região paulista do vale do Paraíba. No final da década de 1830, o café superou o açúcar e tornou-se o produto de maior lucratividade da economia brasileira, sendo responsável por mais de 40% das exportações do país.

A produção no vale do Paraíba

O vale do Paraíba reunia condições climáticas favoráveis à produção de café, além de sua localização ser privilegiada, por estar próximo ao porto do Rio de Janeiro, o que facilitava o escoamento do produto. Em geral, a produção no vale do Paraíba era realizada em grandes propriedades, voltada para a exportação, e fazia uso extensivo da mão de obra de pessoas escravizadas.

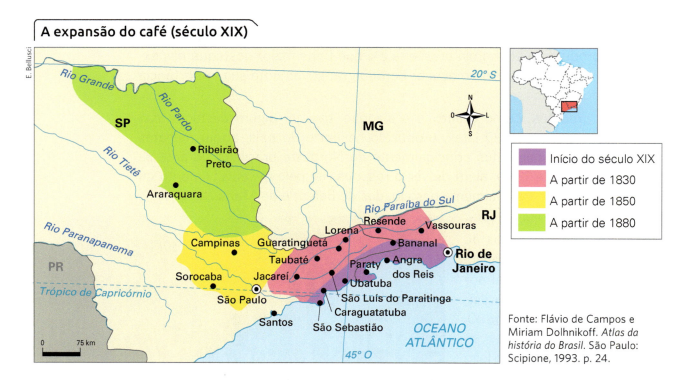

Fonte: Flávio de Campos e Miriam Dolhnikoff. *Atlas da história do Brasil*. São Paulo: Scipione, 1993. p. 24.

A grande importância que o café adquiriu na economia brasileira fez com que uma nova aristocracia rural se formasse em torno de sua produção. Nessa época, surgiram os chamados **barões do café**, que passaram a ter grande poder e prestígio no Segundo Reinado. A produção no vale do Paraíba chegou ao auge durante as décadas de 1850 e 1860, passando, posteriormente, para um gradual processo de decadência.

A expansão da produção de café e as ferrovias no Brasil

Na segunda metade do século XIX, as plantações de café expandiram-se, principalmente em direção ao oeste da província de São Paulo. O solo nessa região era mais fértil que o do vale do Paraíba, o que representou uma grande vantagem para os fazendeiros paulistas.

Para solucionar o problema da distância entre as plantações e o litoral, onde estavam localizados os portos para exportação do café, foram construídas várias ferrovias. Assim, a produção de café foi de grande importância para o desenvolvimento das ferrovias no Brasil.

Além disso, a elevação do café como principal produto da economia brasileira impulsionou outras transformações durante o Segundo Reinado. Parte do capital acumulado na cafeicultura passou a ser investido em outras atividades, como na criação de indústrias, estabelecimentos comerciais, bancos e empresas de transporte, contribuindo também para a urbanização do país.

Trecho de estrada de ferro da São Paulo Railway Company. Gravura de artista desconhecido, publicada na revista *The Illustrated London News*, em 1868.

O problema da mão de obra

Com a Lei Eusébio de Queiroz, de 1850, que proibiu o tráfico de escravizados para o Brasil, a mão de obra escravizada tornou-se cada vez mais escassa e, consequentemente, mais cara. Desde então, muitos cafeicultores do oeste paulista passaram a exigir que o governo imperial incentivasse uma política de imigração de trabalhadores livres.

Com a ausência de medidas do imperador, a própria província organizou as primeiras iniciativas para a imigração de trabalhadores, principalmente italianos, substituindo gradativamente a mão de obra escravizada. No entanto, a resistência de dom Pedro II em apoiar políticas de imigração fez com que ideias republicanas se difundissem entre os fazendeiros paulistas. Assim, o imperador passou a ter cada vez menos apoio desse poderoso grupo em ascensão.

Urbanização e crescimento das cidades

A partir da segunda metade do século XIX, iniciou-se em algumas regiões do Brasil um processo de modernização e industrialização. Esse processo foi impulsionado principalmente pela riqueza gerada a partir da produção de café no vale do Paraíba e no oeste paulista.

Nesse contexto, além da construção de ferrovias para o escoamento da produção do café, houve também o aumento da urbanização e a instalação de diversas inovações tecnológicas nos centros urbanos. Por exemplo, na cidade do Rio de Janeiro, capital do Reino, foi inaugurado o serviço de iluminação pública a gás, em 1854, e em São Paulo, em 1872. Esse serviço permitiu que as ruas se tornassem mais iluminadas e seguras durante a noite, favorecendo o desenvolvimento da vida noturna e outras mudanças no cotidiano urbano.

Serviços como o de transporte público também se desenvolveram, substituindo, inicialmente, as carruagens por bondes puxados a tração animal, o que permitiu a locomoção de um maior número de pessoas nos centros urbanos.

Os bondes com tração animal eram utilizados nos grandes centros urbanos até o início do século XX, mas, aos poucos, foram substituídos pelos bondes elétricos. Acima, foto de bonde de tração animal na cidade de São Paulo (SP), em 1905.

Mudanças sociais

Com o desenvolvimento da vida urbana, aos poucos a estrutura social também sofreu alterações. Profissionais como artesãos, carregadores, comerciantes ambulantes surgiram no cenário urbano, diversificando as atividades econômicas. Muitos escravos também passaram a exercer diferentes atividades como escravos de ganho, por exemplo, trabalhando como carregadores, vendedores de doce, lavadeiras, aguadeiros, entre outros.

A urbanização na Região Norte

Muitas cidades surgiram e se desenvolveram devido a outras atividades econômicas além da cafeicultura. Na Região Norte do Império, as atividades de exploração das chamadas drogas do sertão, como cacau, castanha-do--pará, pimenta e canela, além da exploração do látex para a produção da borracha, favoreceram o desenvolvimento urbano de diversas vilas e cidades da região.

A principal delas, a cidade de Manaus, por exemplo, iniciou seu processo de desenvolvimento e expansão nas últimas décadas do século XIX. As principais mudanças na estrutura urbana da cidade foram a criação de linhas de transporte fluviais com a inserção de embarcações à vapor.

Foto de seringueiro extraindo látex na região amazônica, por volta de 1910.

O Guarajá, gravura de Charles Barrington Brown e Willian Lindstone, publicada em 1878, representando embarcação a vapor no rio Amazonas.

Nos centros urbanos da Região Norte, também foram inaugurados serviços de comunicação, como a telegrafia. Além disso, vários periódicos foram criados, como *O Itacoatiara* (1874), *Foz do Madeira* (1876), ambos na cidade de Itacoatiara, e *O Rio Madeira* (1881), *Commercio do Madeira* (1884), *Correio do Madeira*, 1885, todos na cidade de Manicoré. Assim, a circulação de notícias e outras informações passou a correr de maneira mais rápida nessa região.

A questão indígena no Brasil Império

Como vimos na unidade **4**, durante o período colonial, o debate sobre os indígenas estava dirigido à sua integração ou não integração ao restante da sociedade brasileira, uma vez que eles poderiam ser considerados "mansos", ou seja, catequizados, pacificados e adaptados à lógica do trabalho e integrados à vida econômica da colônia, ou "bravos", considerados pelos europeus como selvagens, inimigos da civilização, e que impunham barreiras à expansão colonial.

Guerrilha, litogravura do século XIX, de Johann Moritz Rugendas.

Naquela época, sobre os indígenas "bravos", se promovia o que os colonizadores chamaram de "guerra justa", uma doutrina (forma de pensamento) que defendia a ideia de que a guerra contra determinados inimigos, em determinadas situações, seria moralmente aceitável. Desse modo, promovia-se a "guerra justa" contra os indígenas que resistiam ao domínio colonial, especialmente, à catequização. Esses indígenas "bravos" eram combatidos por serem considerados "hereges" pelos representantes da Igreja católica.

O nativismo no Segundo Reinado

A partir do Segundo Reinado, a questão relacionada às sociedades indígenas começou a sofrer algumas mudanças. Após o processo de independência, iniciado em 1822, a figura dos indígenas passou a ser valorizada como símbolo da jovem nação. No imaginário da população, aos poucos, os indígenas passaram de pagãos convertidos ao cristianismo para nativos, povos originários do Brasil.

O sentimento de patriotismo e autoafirmação dominou diversos aspectos da cultura daquele momento, dando origem a movimentos nativistas, ou seja, que valorizavam os povos e a cultura primitiva em detrimento das influências estrangeiras. Essa valorização da cultura indígena foi um importante elemento para a formação da ideia de uma identidade nacional para o Brasil.

O nativismo na literatura

Na literatura e na arte, o nativismo foi representado pelo chamado indianismo, que influenciou produções como o poema *I-Juca-Pirama*, do poeta maranhense Antônio Gonçalves Dias, publicado em 1851, e *O Guarani*, do escritor cearense José de Alencar, publicado em 1857.

Nessas produções literárias indianistas, há a valorização e tentativa de resgate de toda nobreza indígena anterior à chegada dos europeus ao território. Seus costumes e modo de vida são retratados de uma forma romântica e idealizada, que reflete muito mais a imaginação dos autores sobre um passado glorioso e heroico do que a realidade vivida pelas sociedades indígenas, contribuindo, assim, para criar a imagem ocidentalizada do indígena "bom selvagem".

As políticas oficiais no Império

Mas se a literatura indianista serviu para resgatar uma nobreza indígena no passado, também serviu para justificar determinadas políticas que afetaram diretamente os indígenas na época imperial. O antropólogo João Pacheco de Oliveira afirmou:

> [...]
> É importante destacar desde já que tal modo de pensar terá consequências sociais muito negativas para os índios reais, funcionando como uma espécie de atestado poético da inexistência ou irrelevância dos indígenas [da época do Brasil Império], permitindo justificar políticas que implicaram em grandes prejuízos para esta população. Na sequência da Lei de Terras de 1850, as posses indígenas em áreas de antigos aldeamentos foram questionadas pelas autoridades das provinciais do norte. No Ceará em 1863 foi decretada a inexistência de índios e suas terras destinadas à colonização. Em Pernambuco e na Paraíba na década de 1870 comissões de engenheiros fizeram demarcação de lotes destinados a particulares em aldeamentos então considerados extintos. [...]
>
> João Pacheco de Oliveira. *As mortes do indígena no Império do Brasil*: O indianismo, a formação da nacionalidade e seus esquecimentos. p. 9. Disponível em: <http://jpoantropologia.com.br/pdfs/CL_PT_2009_01.pdf>. Acesso em: 20 out. 2018.

A Lei n. 601, de 18 de setembro de 1850, também conhecida como Lei de Terras, regulamentava a posse de terras no Brasil. A partir de sua promulgação, o regime de doação ou posse da terra pelo tempo de uso foi abolido. Antes dessa lei, com o intuito de garantir a ocupação e a colonização do território, o governo doava terras às pessoas interessadas. O Estado considerava que as terras eram públicas, portanto podiam ser doadas, ignorando, porém, que em muitos casos elas eram ocupadas originalmente por diversos povos indígenas.

A partir da Lei de Terras, a única forma de aquisição de terras seria por meio da compra. Na prática, essa lei prejudicou o acesso à terra pelos indígenas e também pelos ex-escravizados e pelos camponeses pobres, que não possuíam renda suficiente para sua aquisição. Além disso, muitas terras anteriormente ocupadas pelos indígenas foram perdidas pelas novas demarcações de terras ocorridas a partir de 1850.

Após a promulgação da Lei de Terras, muitos povos indígenas foram obrigados a se deslocar das terras onde viviam tradicionalmente. Família de um chefe Camacã preparando-se para uma festa, de Jean-Baptiste Debret. Gravura de 1834.

Atividades

Organizando o conhecimento

1. Durante o Segundo Reinado, o Brasil era um país predominantemente urbano ou rural? Explique.

2. Como era a situação dos povos indígenas durante o período imperial?

3. Quem eram os "barões do café"?

4. Quais foram as principais consequências do desenvolvimento da economia cafeeira no Brasil?

5. O que foi a Lei Eusébio de Queiroz? Quais foram as consequências dessa lei para a economia do país?

Conectando ideias

6. A produção e a exportação de café aumentaram durante o século XIX no Brasil. Interprete os dados.

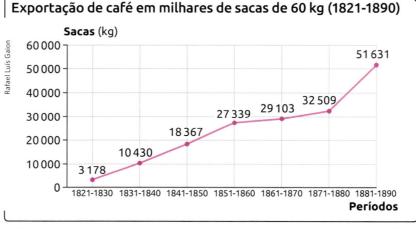

Fonte: Ana Luiza Martins. *Império do café*: a grande lavoura no Brasil, 1850 a 1890. São Paulo: Atual, 1990. p. 38. (Coleção História em Documentos).

a) No período entre 1821 e 1830, quantas sacas de café foram exportadas do Brasil?

b) E entre os anos de 1881 e 1890, quantas sacas foram exportadas?

c) A quantidade de café exportada entre o primeiro período e o segundo, dos itens acima, aumentou ou diminuiu?

d) Agora, analise a tabela ao lado. Como podemos relacioná-la com o aumento na exportação do café? Justifique sua resposta.

Expansão da rede ferroviária (1854-1914)	
Ano	Extensão da rede ferroviária (km)
1854	0
1872	932,2
1888	9 320,9
1907	17 605,2
1914	26 062,3

Fonte: Ladislau Dowbor. *A formação do capitalismo dependente no Brasil*. São Paulo: Brasiliense, 1982. p. 114.

7. Leia o texto a seguir e, depois, responda às questões.

> [...]
>
> Em 1922, o Brasil comemorou o centenário da independência celebrando a sua malha ferroviária, responsável pela "integração do imenso território brasileiro". Eram então 29 mil quilômetros. Depois de 96 anos, a malha se expandiu de forma insignificante – são 30.576 quilômetros, segundo a Confederação Nacional de Transportes, menos até do que a dos "hermanos" argentinos, que contam com 37 mil quilômetros de trilhos para um território que é menos de um terço do brasileiro.
>
> Carlos Campos Neto, especialista em Transporte do Ipea [Instituto de Pesquisa Econômica Aplicada], faz a ressalva de que atualmente o país não dispõe mesmo do montante de recursos necessários para investir nos trilhos. No entanto, ele questiona: "Se entre 2007 e 2014 o problema não era falta de recursos, por que essas obras não saíam? Temos problemas administrativos. O governo lança um programa de obras, passa os quatro anos daquele governo e as obras não vêm, porque são editais mal elaborados, contratos mal feitos, as licenças ambientais demoram anos, as desapropriações viram pendências judiciais...", lista.
>
> [...]
>
> Dirley Fernandes. Os problemas da malha ferroviária brasileira. *O Dia*, 4 jun. 2018. Disponível em: <https://odia.ig.com.br/brasil/2018/06/5545588-como-o-brasil-perdeu-o-trem-da-historia.html>. Disponível em: 20 out. 2018.

a) De acordo com o texto, na ocasião do centenário da independência do Brasil, por que foi celebrada sua malha ferroviária?

b) Por que, na opinião do especialista Carlos Campos Neto, a malha ferroviária do Brasil quase não se desenvolveu ao longo dos séculos XX e XXI?

Quais conceitos você aprendeu ao estudar esta unidade? Em grupo, façam uma lista com alguns desses conceitos, seguidos por suas definições. Depois, leiam para os outros grupos os itens que vocês selecionaram e o que compreenderam sobre eles. Ouça também as listas dos outros grupos. Por fim, conversem sobre os tópicos a seguir.

- Vocês selecionaram os mesmos conceitos que os outros grupos? Quais foram diferentes e quais foram semelhantes?
- As definições que vocês produziram ficaram parecidas com as de seus colegas?
- Como esses tópicos se relacionam com sua realidade atual?
- Quais dos temas da unidade você gostaria de aprofundar o estudo? Por quê?

Ampliando fronteiras

Educação e ensino no Império

Em 1872, foi realizado no Brasil o primeiro recenseamento geral. De acordo com esse censo, a população brasileira somava 9.930.478 habitantes, destes, 84,7% eram livres e 15,2%, escravizados. Indígenas somavam 3,9% da população.

Sem considerar as crianças menores de cinco anos, que não estavam em idade escolar, 77,4% da população era analfabeta (70,5% dos homens e 84,3% das mulheres). Entre a população de escravizados, de acordo com esse censo, em mais de 1,5 milhão de pessoas, apenas cerca de 1.400 sabiam ler e escrever (0,08%).

Veja no mapa a seguir alguns dados sobre o ensino no Império (1822-1889).

Fonte de pesquisa: Cultura e educação: o ensino no império. *Atlas histórico do Brasil*: FGV/CPDOC. Disponível em: <https://atlas.fgv.br/marcos/educacao-e-ciencia/mapas/o-ensino-no-imperio>. Acesso em: 23 out. 2018.

O Colégio Pedro II

Durante o período Regencial, em 1837, foi criado o Colégio Pedro II, no Rio de janeiro, então capital do Império. O objetivo do imperador era que essa instituição servisse de modelo para as outras províncias.

Com significativa influência de um modelo educacional francês, essa instituição preparava bacharéis para o ensino secundário. Eram ensinadas as línguas latina, grega, francesa, inglesa, retórica, além de princípios elementares de geografia, história, filosofia, álgebra, geometria, astronomia, entre outras disciplinas.

Em 1838, foi criado, também no Rio de Janeiro, o Instituto Histórico e Geográfico Brasileiro, responsável por estudos históricos, geográficos e antropológicos, que continua ativo até a atualidade. Antes da criação do Colégio Pedro II, não se tem registro da disciplina de História no sistema educacional vigente até então no Brasil.

A educação hoje no Brasil

Em 2017, de acordo com o Censo Escolar, pesquisa realizada anualmente pelo Instituto Nacional de Estudos e Pesquisas Educacionais Anísio Teixeira (Inep), havia 184,1 mil escolas de educação básica, 67% delas localizadas em áreas urbanas.

1. Analise o mapa apresentado e procure identificar em qual província se encontravam o maior e o menor número de estudantes durante o Império.

2. Você conhece alguém que não sabe ler e escrever? Qual é a importância do ensino gratuito para a população? Converse com os colegas.

3. Em sua opinião, a disciplina de História é importante para o currículo escolar? Escreva um texto de 5 a 10 linhas em seu caderno justificando sua resposta.

Por muitos anos, alguns colégios brasileiros não permitiam o ingresso de estudantes do sexo feminino. O Colégio Pedro II, por exemplo, só permitiu a matrícula da primeira estudante, Yvone Monteiro da Silva, em 1927. Ao longo dos anos, porém, o número de garotas nessa e em outras instituições de ensino cresceu, tornando mais equilibrado o número de indivíduos de ambos os sexos que frequentavam escolas.

Esta ilustração é uma representação artística contemporânea produzida com base em estudos históricos. Fonte de pesquisa: História do CPII. *Portal Colégio Pedro II*. Disponível em: <http://www.cp2.g12.br/historia_cp2.html>. Acesso em: 23 out. 2018.

Rodrigo Gafa

UNIDADE 6

A transição do Império para a República

Capítulos desta unidade
- **Capítulo 11** - Trabalho e sociedade no Império
- **Capítulo 12** - Do Império à República

Escravizados trabalhando em fazenda de café na região do vale do Paraíba (RJ). Foto de Marc Ferrez, tirada em 1882.

Marc Ferrez/Coleção Gilberto Ferrez/Instituto Moreira Salles, São Paulo (SP)

Iniciando rota

1. Além do trabalho nas fazendas de café, como o retratado nesta foto, quais outros trabalhos eram realizados por pessoas escravizadas no Brasil, no século XIX?

2. Conte aos colegas o que você já sabe sobre o Segundo Reinado no Brasil.

3. A abolição da escravidão, em 1888, e a Proclamação da República, em 1889, são eventos marcantes na história do Brasil. Explique por quê.

CAPÍTULO 11

Trabalho e sociedade no Império

A sociedade brasileira durante o período colonial e o período imperial era essencialmente escravista. A mão de obra escravizada, de origem africana, esteve presente no meio rural e no meio urbano, em diferentes tipos de trabalho. Por isso, podemos dizer que as condições de vida dos escravizados variou dependendo da região em que estavam inseridos ou do tipo de trabalho realizado.

O texto a seguir trata de aspectos dessa mentalidade escravista na sociedade imperial.

> [...]
>
> A grande presença do escravo na sociedade brasileira marcou, fortemente, as atitudes com relação ao trabalho, especialmente o manual, tornando-o algo vil e indigno no entender das pessoas livres. Assim, considerava-se que a liberdade de cada um era medida pelo número de escravos possuídos e, portanto, pela ausência da necessidade de trabalhar. Essas atitudes de desdém com relação ao trabalho não se limitavam às camadas de proprietários de escravos; eram compartilhadas por não proprietários também. Para estes últimos, empregar-se por um salário equivalia a tornar-se uma espécie de escravo, pois, para eles, cabia apenas aos cativos trabalhar para os outros.
>
> [...]
>
> Douglas Cole Libby; Eduardo França Paiva. *A escravidão no Brasil*: relações sociais, acordos e conflitos. São Paulo: Moderna, 2000. p. 38. (Coleção Polêmica).

> De acordo com o texto, qual era a visão que as pessoas livres tinham sobre o trabalho na época imperial?

O trabalho escravo no campo

No século XIX, grande parte do trabalho de pessoas escravizadas era utilizada nas lavouras de café. Nas fazendas, os escravizados estavam sujeitos a longas e extenuantes jornadas de trabalho e também à violência física e psicológica.

Carregadores de café a caminho da cidade. Aquarela de Jean-Baptiste Debret, produzida no século XIX. Acervo da Biblioteca Nacional da França, Paris.

Além de trabalhar na lavoura, algumas pessoas escravizadas executavam serviços domésticos como cozinheiras, lavadeiras, costureiras, amas de leite, entre outros relacionados à manutenção dos casarões e dos sobrados. Dessa forma, elas conviviam mais diretamente com as famílias dos proprietários rurais.

O trabalho escravo nas cidades

Na época do Império, além das atividades agrícolas e rurais, as pessoas escravizadas exerciam diversas atividades nas cidades, relacionadas ao artesanato, ao comércio ambulante, aos serviços de infraestrutura urbana e ao ambiente doméstico. Conheça alguns detalhes a seguir.

Os artesãos

Nas cidades, havia muitos escravizados que trabalhavam como artesãos, em profissões de carpinteiros, joalheiros, alfaiates, sapateiros, ferreiros, oleiros (que fabricam tijolos), entre outras. Naquela época, alguns escravizados que realizavam atividades artesanais conseguiam abrir sua própria oficina, após a conquista da alforria, e transmitiam o conhecimento e as técnicas de sua profissão aos seus filhos ou pupilos.

Os escravos de ganho

Havia também pessoas escravizadas, principalmente nas cidades, que ficaram conhecidas como escravos de ganho e que prestavam serviços temporários em troca de pagamento. Geralmente, a maior parte da quantia recebida era entregue ao senhor, mas em muitos casos o escravizado conseguia reservar uma parte do dinheiro para si. Por essa razão, nas cidades, a situação dos escravizados era relativamente mais flexível do que nas áreas rurais.

Esses trabalhadores costumavam atuar como vendedores ambulantes, carregadores, pedreiros, calceteiros, entre outros. Os escravos de ganho também prestavam serviços ao governo, quando eram convocados para trabalhar em obras públicas.

Era comum que os escravos de ganho, com o tempo, conseguissem acumular certa quantia em dinheiro e comprar a própria alforria. Havia ainda casos em que os libertos juntavam dinheiro para comprar pessoas escravizadas, aumentando, assim, a sua possibilidade de ganho com o trabalho delas.

Pupilo: aquele que é educado por alguém e recebe proteção dessa pessoa. Discípulo, protegido.

Calceteiro: trabalhador que pavimenta ruas e caminhos com pedras ou paralelepípedos.

Representação de escravas de ganho vendendo doces. Aquarela de Jean-Baptiste Debret, feita no século XIX. Acervo da Biblioteca Nacional da França, Paris.

Representação de escravizados pavimentando uma rua. Litogravura de Jean-Baptiste Debret, feita no século XIX. Acervo da Biblioteca Nacional da França, Paris.

O café e a imigração no Brasil

No século XIX, alguns países da Europa passaram por uma crise econômica em decorrência de diversos conflitos e guerras civis. Nesse contexto, pequenos produtores rurais estavam sujeitos à cobrança de altos impostos sobre suas terras. Sem ter como concorrer com os grandes produtores e garantir, assim, seu sustento e o de sua família, e manter suas propriedades, eles passaram a procurar emprego e melhores condições de vida nas cidades.

Na segunda metade do século XIX, a população europeia alcançou uma alta taxa de crescimento, que foi acompanhada, porém, de altos índices de desemprego em muitos países.

Na Itália, por exemplo, desde o começo do século, ocorreram diversos conflitos políticos que provocaram guerras internas e levaram, posteriormente, à unificação das províncias independentes da península Itálica. Dessa maneira, grande parte da população italiana, além de conviver com as dificuldades da crise econômica que afetava muitas regiões da Europa, passou a sofrer também com os problemas decorrentes desses conflitos.

Os imigrantes no século XIX

Os primeiros imigrantes europeus vieram para o Brasil em busca de terras para cultivar e de melhores condições de vida, ainda no Primeiro Reinado, isto é, no início do século XIX. Entre eles estavam alemães, suíços e italianos, que se fixaram principalmente nas atuais regiões Sul e Sudeste do país, formando núcleos baseados na pequena propriedade. As terras foram doadas aos colonos pelo Estado, com o intuito de explorar áreas consideradas improdutivas.

Com o aumento das pressões inglesas para abolir o tráfico de pessoas escravizadas a partir de 1830, passou a haver uma preocupação dos cafeicultores com a mão de obra que seria utilizada em suas lavouras.

Dessa forma, foram feitas as primeiras experiências de substituição da mão de obra escravizada pela mão de obra assalariada de imigrantes nos cafezais na década de 1840. Trabalhadores de diferentes nacionalidades, como suíça, alemã, italiana, espanhola e portuguesa, foram levados para fazendas do oeste paulista, onde passaram a trabalhar seguindo o **sistema de parceria**.

Italianos embarcam em um navio rumo ao Brasil, no final do século XIX. Foto tirada no porto de Gênova, na Itália.

O sistema de parceria

Nesse sistema, o fazendeiro ficava responsável pelos custos da viagem dos colonos da Europa à América, pelo transporte deles até sua fazenda e pelo fornecimento de produtos de primeira necessidade, como alimentos e roupas.

Em troca, cada família de colonos ficava responsável por cultivar um grande número de pés de café. No final da colheita, cada família devia entregar metade da produção ao proprietário das terras. A outra metade ficava com os colonos, que a utilizavam para as despesas cotidianas e para pagar, ao fazendeiro, os custos de viagem, transporte e produtos fornecidos a eles.

A introdução do trabalho assalariado

O sistema de parceria não teve êxito e, gradualmente, as colônias formadas com esse tipo de acordo chegaram ao fim entre as décadas de 1860 e 1870.

Diversos motivos contribuíram para que isso ocorresse, como os maus-tratos dispensados aos colonos pelos fazendeiros. Além disso, não conseguiam pagar suas dívidas com os fazendeiros, que cobravam altos juros pelos custos com a viagem, a alimentação, as vestimentas, entre outras despesas.

Com a progressiva escassez de mão de obra escravizada, na década de 1880, os cafeicultores paulistas se organizaram para atrair novos imigrantes europeus, a maioria italianos, para as lavouras do oeste paulista. Porém, nesse período, os imigrantes passaram a ser contratados mediante o pagamento de salários e não mais pelo sistema de parceria.

Leia a seguir um texto que aborda a imigração italiana para o Brasil.

Foto de imigrantes trabalhando em uma lavoura de café no oeste paulista, no final do século XIX.

[...] Em 1885 e 1886, o Brasil recebeu cerca de 35 mil imigrantes, sendo 20 mil italianos; em 1887, 55 mil imigrantes, sendo 40 mil italianos; em 1888, 135 mil imigrantes, sendo 105 mil italianos. Nos anos 1880, o Brasil recebeu um total de 450 mil imigrantes [...]: 62% eram italianos, 23% portugueses, 7% espanhóis, 4% alemães e 2% franceses. A grande maioria dos imigrantes, 60% em 1888/1889, e quase todos italianos foram para São Paulo, que desde 1884 estava subsidiando as passagens dos imigrantes. O censo de 1890 mostrou 22% de estrangeiros na população de São Paulo, a maior parte, italianos. [...]

Leslie Bethell. O Brasil no mundo. Tradução de Denise Bottmann.
Em: José Murilo de Carvalho (Coord.). *A construção nacional*: 1830-1889.
Rio de Janeiro: Objetiva, 2012. v. 2. p. 152. (História do Brasil Nação: 1808-2010).

O aumento do número de imigrantes no Brasil

Nas últimas décadas do século XIX, milhares de imigrantes de diferentes regiões do mundo, como libaneses, turcos, russos e japoneses, entraram no Brasil, não apenas para atender à demanda da mão de obra nos cafezais, mas para atuar em diversas áreas, no meio rural ou urbano, contribuindo de várias maneiras para o crescimento econômico e cultural do país.

Observe o mapa a seguir.

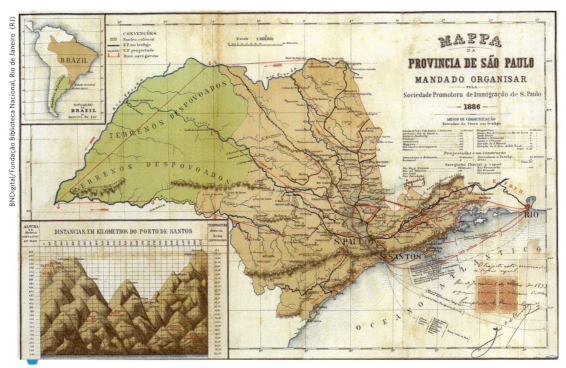

Mapa do estado de São Paulo de 1886 elaborado a pedido da Sociedade Promotora da Imigração de São Paulo com o objetivo de promover a imigração estrangeira para as fazendas do estado.

- Agora, analise essa fonte, procurando identificar nela as seguintes informações:

   a) Título do mapa.

   b) Data de produção.

   c) Órgão responsável pela sua elaboração.

Os imigrantes e a Lei de Terras

Como vimos no capítulo **10**, a Lei de Terras, aprovada em 1850, estabeleceu que, a partir daquele momento, as terras do Estado só poderiam ser adquiridas por meio da compra. Isso significava que só quem tivesse recursos suficientes para comprá-las poderia tornar-se proprietário.

A lei também determinou que os imigrantes só poderiam possuir terras após se fixarem por pelo menos três anos no Brasil. Em decorrência dessa lei, o acesso à terra tornou-se ainda mais difícil aos imigrantes e às pessoas pobres em geral, favorecendo as camadas mais ricas da sociedade e os grandes proprietários rurais.

A Hospedaria dos Imigrantes

Com a chegada de milhares de pessoas ao Brasil, o governo organizou várias hospedarias para acolhê-los. Com o interesse voltado para a contratação de mão de obra para a agricultura e colonização, a Sociedade Promotora de Imigração de São Paulo, financiada por ricos produtores de café, decidiu construir a Hospedaria dos Imigrantes, um grande prédio situado no atual bairro da Mooca, em São Paulo. A hospedaria foi construída próximo à estação de trem onde desembarcavam os imigrantes vindos do porto de Santos.

A construção foi iniciada em 1886 e concluída em 1888. Com capacidade para abrigar 1200 pessoas, o edifício contava com lavanderia, cozinha, pavilhão para desinfecção de roupas e ambulatórios médicos e dentários. Cotidianamente, os funcionários dos próprios cafeicultores frequentavam a Hospedaria e lá contratavam os imigrantes para o trabalho nas fazendas. Calcula-se que do ano de 1887 até 1978, passaram pela Hospedaria cerca de 2,5 milhões de pessoas vindas de diversas partes do mundo e de outras regiões do Brasil.

Foto do início do século XX que retrata uma família de imigrantes ao chegar à Hospedaria dos Imigrantes.

O Museu da Imigração

A Hospedaria dos Imigrantes fechou em 1978 e, quatro anos depois, seu conjunto arquitetônico foi tombado como patrimônio histórico. Em 1993, ela se tornou o Museu da Imigração do Estado de São Paulo, passando a administrar o acervo do Centro Histórico do Imigrante. O museu também abriga o Centro de Pesquisa, Preservação e Referência (CPPR).

Fachada do Museu da Imigração, no bairro da Mooca, em São Paulo (SP). Foto de 2017.

> **Limão de cheiro:** pequena esfera feita de cera e preenchida com um líquido perfumado.

A cultura no Brasil do século XIX

Muitas manifestações culturais do período imperial, como as festas e a música, permaneceram na cultura brasileira atual ou a influenciaram, tornando-se muito populares em diversas regiões do Brasil. Conheça um pouco mais a seguir.

O entrudo e o Carnaval

Representação de entrudo no Rio de Janeiro. Litogravura de Jean-Baptiste Debret, feita no século XIX.

Desde o período colonial, tornou-se comum em diversas regiões do Brasil o entrudo, uma brincadeira de origem portuguesa, que consistia em sair às ruas para molhar as pessoas, por vezes utilizando limões de cheiro, água ou líquidos malcheirosos.

Como o entrudo era uma brincadeira de rua, participavam dela principalmente pessoas escravizadas e pobres. Muitas pessoas da elite, por sua vez, não participavam da festa nas ruas porque a consideravam pouco civilizada e violenta.

Por volta de 1840, muitas pessoas passaram também a festejar o Carnaval de maneira semelhante à que ocorria na Europa, com pessoas utilizando máscaras e fantasias em bailes, principalmente no Rio de Janeiro, capital do Império. Esses bailes eram promovidos por membros da elite, que se inspiravam nos carnavais realizados na Itália e na França.

Por causa da pressão das camadas mais ricas, o entrudo passou a ser reprimido pela polícia. Aos poucos, o antigo divertimento se transformou. Os bailes de máscara se difundiram, assim como o uso de fantasias no Rio de Janeiro e em diversas cidades brasileiras, contribuindo para a formação do Carnaval.

A música

Durante o século XIX, a música tocada no Brasil era bastante diversa. Entre as elites, era comum que em seus bailes e festas fossem tocadas músicas de origem europeia, como a polca e a valsa, ao passo que, entre a população mais pobre, prevalecia a música de origem africana, como o lundu, tocada principalmente com instrumentos de percussão.

A partir de 1870, desenvolveu-se um gênero musical conhecido como maxixe, que recebeu influências tanto da música europeia como da africana, e que se popularizou entre as várias camadas sociais. No início, parte da elite demonstrava ter preconceito em relação a esse gênero, porém, ao longo dos anos, ele passou a ser cada vez mais assimilado e se difundiu na sociedade.

A literatura no Brasil Império

No século XIX, a literatura ganhou espaço no Brasil, principalmente depois da criação da Imprensa Régia, que estimulou a publicação de livros, jornais e revistas. A princípio, as obras literárias eram publicadas em formato de folhetins na imprensa periódica, ou seja, cada edição trazia uma parte da história a ser acompanhada continuamente pelos leitores.

Os temas trazidos pelas obras literárias desse período eram variados. Algumas tratavam de aspectos da nacionalidade brasileira, com a abordagem idealizada dos indígenas e da paisagem nativa. Outras apresentavam uma visão crítica do Império e eram caracterizadas pela denúncia social.

Um dos principais escritores da época, que explorou a crítica social e política em seus livros, foi Machado de Assis (1839-1908). Em suas obras, por meio de suas personagens e de uma linguagem irônica, ele representava os costumes da sociedade imperial, explorando os conflitos políticos e o cotidiano da época na cidade do Rio de Janeiro.

Machado de Assis em foto do século XIX, tirada no Rio de Janeiro (RJ).

As mulheres também desempenhavam um papel de destaque na literatura brasileira do período imperial, mesmo tendo de enfrentar dificuldades para conseguir uma educação de qualidade e combater o preconceito. Uma das mais importantes escritoras foi Maria Firmina dos Reis (1825-1917), considerada a primeira mulher a escrever um romance no Brasil, em 1859.

Maria Firmina pertencia a uma família pobre do Maranhão, era filha de africanos e esforçou-se com a ajuda de parentes para conseguir estudar. Ela produziu diversas obras em defesa dos direitos dos africanos e dos afrodescendentes, apoiando abertamente a abolição da escravidão. Além de escritora, ela fundou escolas e atuou como professora.

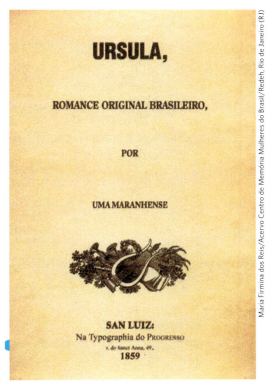

Reprodução da capa do livro *Úrsula*, de 1859, de Maria Firmina dos Reis. Observe que a autora assinou a obra com o pseudônimo "uma maranhense".

A literatura de cordel

A literatura popular brasileira é muito rica e diversificada. Entre as formas tradicionais de produção poética estão os poemas impressos em livretos chamados de cordel.

De origem portuguesa, o cordel foi introduzido no Nordeste brasileiro no final do século XVIII. Seu nome deriva da maneira como os livretos costumavam ser expostos para a venda: pendurados em cordas, formando longos varais.

Os cordéis eram uma das principais formas de registro e de circulação da obra dos poetas-cantadores, que entoavam seus poemas ao vivo, ao som da viola ou da rabeca, e dominavam as rimas, a versificação e os ritmos. Essa tradição popular é muitas vezes comparada à dos trovadores medievais.

Escritor de cordel Jesus Sindeaux em sua barraca no Mercado Central de Fortaleza (CE). Foto de 2018.

O primeiro e mais importante poeta popular e cordelista foi o paraibano Leandro Gomes de Barros (1865-1918), autor de cerca de 240 poemas de cordel. Entre seus poemas, destacam-se *Batalha de Oliveiros com Ferrabrás*; *O punhal e a palmatória* e *O cavalo que defecava dinheiro*, que inspirou a peça teatral *O auto da Compadecida*, de Ariano Suassuna.

Além de Leandro Gomes de Barros, outros cordelistas também se destacaram, como Firmino Teixeira do Amaral, Apolônio Alves dos Santos, João Martins de Athayde, João Melchiades Teixeira e Patativa do Assaré.

Temas e versificação

Os temas dos poemas de cordel são diversos. Podem ser os romances de amor e de guerra, o cangaço, a política, a sátira e a paródia de histórias clássicas. Não há limites para a invenção poética do cordelista. A maioria dos livretos mede 13 cm x 18 cm e tem até 64 páginas, e uma das principais características do cordel é a riqueza e a diversidade das ilustrações, tradicionalmente impressas com técnicas de xilogravura.

Num poema de cordel, a métrica e o desempenho do cantador são muito importantes. Na sua forma tradicional há a setilha, isto é, as estrofes de sete versos, com versos de sete sílabas poéticas, chamados de redondilhas. A décima é outra forma tradicional, inclusive, muito usada pelos repentistas, que é uma estrofe de dez versos de sete sílabas poéticas.

Leia, a seguir, um trecho do *Cordel África* de César Obeid:

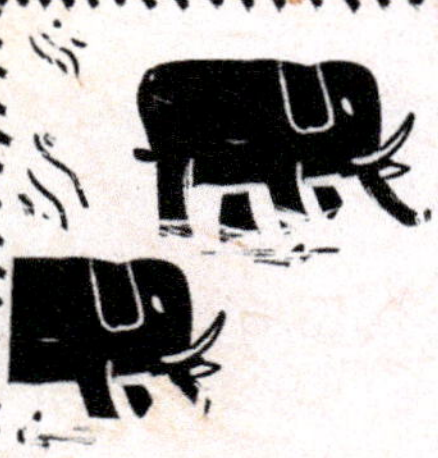

Africanos no Brasil

De "boçais" eram chamados
Aqueles recém-chegados,
Pois não eram acostumados
Com os costumes dessa terra,
Pois quando a história erra
Precisa ser consertada
Pra que a vida abonada
Surja no lugar da guerra.

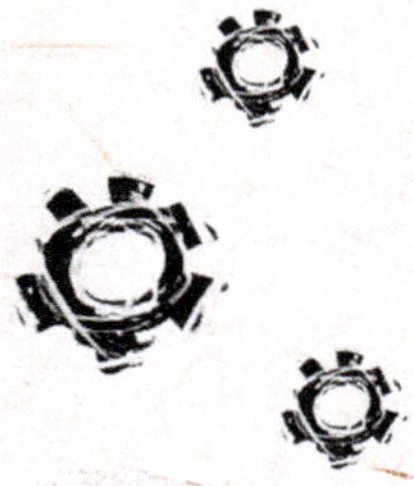

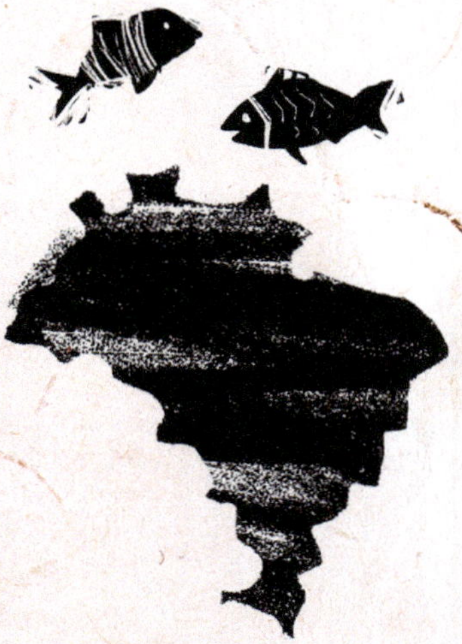

No Brasil foram pedreiros,
Alfaiates e barbeiros,
Carpinteiros, açougueiros,
Cozinheiros, pescadores,
Ferreiros e vendedores,
Mineiros e lavadeiras
E também agricultores.

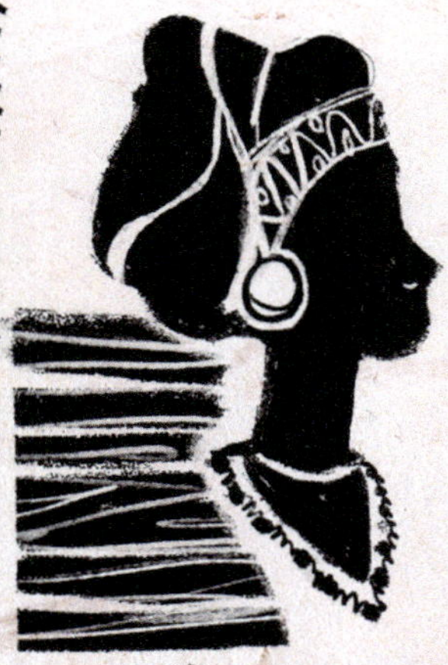

Ser humano escravizado
Nunca fica conformado,
Sempre tem um plano armado
Para tentar logo escapar,
Seja pra negociar
Ou soltar os seus grilhões
Para livre caminhar.

César Obeid. *Cordel África*. São Paulo: Moderna, 2014. p. 24.

Fotomontagem de Rogério Casagrande criada pelas fotografias Madlen, My Life Graphic/Shutterstock.com/ID/BR

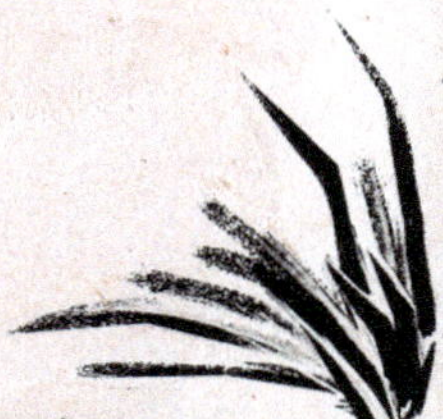

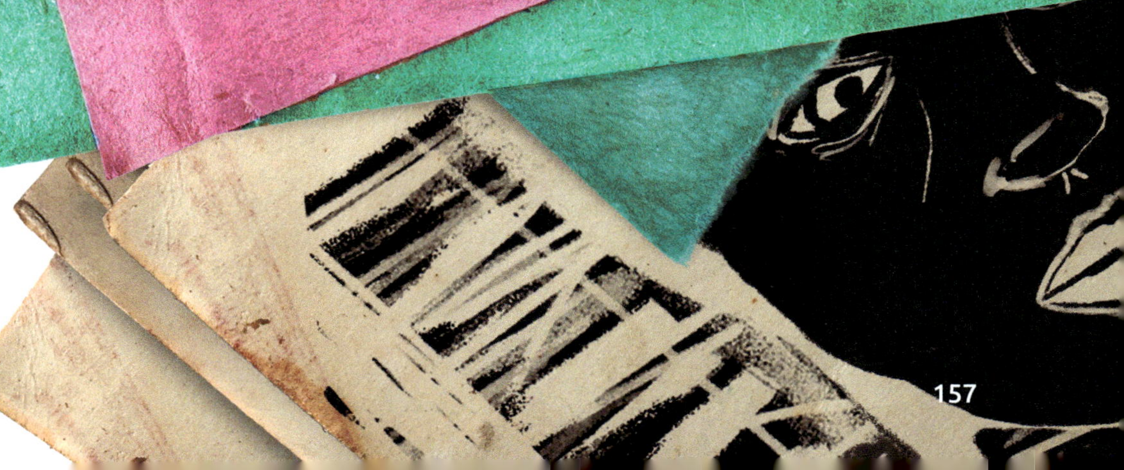

Atividades

Organizando o conhecimento

1. Quais eram os tipos de mão de obra utilizados nas lavouras cafeeiras no século XIX?

2. De que mandeira a Lei de Terras de 1850 afetou os imigrantes que viviam no Brasil naquele período?

3. Explique como funcionava o sistema de parceria que regeu o contrato dos primeiros trabalhadores imigrantes europeus que vieram para o Brasil, no século XIX.

4. Cite algumas características da literatura produzida durante o Segundo Reinado.

5. O que era a Hospedaria dos Imigrantes? Qual foi o objetivo de sua criação?

Conectando ideias

6. Ao longo do tempo, foram utilizados diferentes tipos de mão de obra nas plantações de café no Brasil. Analise as imagens abaixo, considerando a data em que foram produzidas e os diferentes momentos históricos representados.

Plantação de café no Brasil, em foto de 1900.

Plantação de café no Brasil, em foto de 1850.

a) Identifique o tipo de mão de obra utilizado em cada uma das imagens nas plantações de café.

b) Agora, imagine que você seja um trabalhador em uma plantação de café do século XIX. Escolha um dos contextos históricos acima (**A** ou **B**) e produza um texto narrativo descrevendo suas atividades e seu cotidiano. Utilize as informações do capítulo e as imagens acima para compor o seu texto.

7. Observe a capa da revista *O Immigrante*, de 1908. Em seguida, responda às questões.

a) A partir da análise da fonte, reproduza o quadro abaixo em seu caderno e complete-o com as informações solicitadas.

Qual o nome da revista?	Qual o ano de publicação?	Quem foi o responsável pela publicação?

Capa da revista *O Immigrante*, de janeiro de 1908.

b) Para qual público a revista foi direcionada?

c) Qual foi o principal objetivo dessa publicação?

d) O que está representado no mapa ilustrado na capa da revista?

e) Qual estado brasileiro está destacado no mapa? Qual o motivo desse destaque?

8. Leia o relato de Nini Demarchi, que conta como foi a chegada de seus parentes imigrantes ao Brasil.

> [...]
> Meu bisavô e minha bisavó vieram da cidade de Udine, na região do Vêneto, norte da Itália. Ele veio com alguns irmãos, mas eles foram para o Sul. Eles chegaram ao Brasil em 23 de julho de 1887 [...]. Naquela época o pessoal era mais aventureiro do que a gente, eles ouviram falar que na América as pessoas tinham muito futuro e por isso vieram.
>
> Quando meus bisavós chegaram ficaram numa hospedaria para imigrantes. De lá foram para as terras doadas a eles pelo governo de São Paulo, localizadas onde é hoje o município de São Bernardo. No começo faziam carvão e plantavam repolho, pimentão, tomate, etc. Meu avô levava tudo isso numa carroça e ia vender em São Paulo. As mulheres ajudavam carregando o carvão e trabalhando na lavoura. [...]
>
> Nini Demarchi. Em: Alfredo Boulos Júnior. *Imigrantes no Brasil (1870-1920)*.
São Paulo: FTD, 2000. p. 33. (Coleção O Sabor da História).

a) Qual foi o modelo de ocupação utilizado pela família de Nini no Brasil?

b) Como era o trabalho realizado por eles?

c) Converse com seus pais ou responsáveis a respeito da origem de sua família. Você tem algum parente ou conhece alguma pessoa que tenha imigrado ao Brasil? Traga as informações que você descobriu para a sala e compartilhe com a turma.

CAPÍTULO 12
Do Império à República

A partir de 1870, o governo imperial entrou em crise. O endividamento do Império e o fortalecimento do movimento republicano e do movimento abolicionista, aos poucos, foram enfraquecendo o poder imperial e contribuíram para o processo que culminou com a mudança no regime político do país.

A Guerra do Paraguai

Durante o Segundo Reinado, o Império brasileiro envolveu-se em um dos maiores e mais longos conflitos da América Latina, a **Guerra do Paraguai**, ou **Guerra da Tríplice Aliança**, que ocorreu entre os anos de 1864 e 1870.

Esse conflito uniu o Brasil, a Argentina e o Uruguai contra o Paraguai, em uma disputa política e territorial na bacia do rio da Prata. Essa região era importante para todos os países envolvidos.

Para o Paraguai, único entre os quatro países que não possui saída para o mar, obter o controle sobre a região garantia a saída para o oceano Atlântico e o escoamento de suas mercadorias. Desde a década de 1810, a Argentina bloqueava o acesso paraguaio pelos rios Paraguai e Paraná. Isolado, o Paraguai desenvolveu uma economia autossuficiente e independente da influência europeia, diferentemente dos outros países envolvidos, que se submetiam aos interesses ingleses.

A bacia do rio da Prata (1864)

Fonte: Atlas Histórico do Brasil. *FGV/CPDOC*. Disponível em: <http://atlas.fgv.br/marcos/guerra-do-paraguai/mapas/conflitos-na-bacia-da-prata-1850-1867>. Acesso em: 23 out. 2018.

Nessa época, teve início também um conflito entre duas facções políticas no Uruguai, após a conquista da independência do país: os *blancos*, formados por grandes proprietários rurais, conservadores e de tradição autoritária; e os *colorados*, compostos, em sua maioria, por comerciantes liberais ligados às potências europeias. O Uruguai, no entanto, enfrentava constantemente a interferência da Argentina, do Brasil e do Paraguai em suas decisões internas.

O Brasil, por sua vez, nesse período, exercia hegemonia no continente, chegando a interferir na política uruguaia e aliando-se aos *colorados*. Além disso, os políticos brasileiros temiam que a Argentina se tornasse uma república forte e passasse a competir pela hegemonia na região.

160

Os conflitos

A constante interferência do Brasil e da Argentina na política do continente preocupava o presidente paraguaio, Francisco Solano López, que acreditava que o expansionismo dos dois países poderia atingir o Paraguai.

Então, em 11 de novembro de 1864, os militares paraguaios apreenderam, no rio Paraguai, a embarcação brasileira Marquês de Olinda. Esse ato levou ao rompimento das relações diplomáticas entre os dois países e preparou as condições que levaram à guerra. Diante do conflito, em maio de 1865, o Brasil, a Argentina e o Uruguai uniram-se e formaram a **Tríplice Aliança** contra o Paraguai.

As tropas de Solano López, numerosas e bem preparadas, tiveram êxito no início do conflito, acumulando vitórias e avançando por diversos territórios dos países considerados inimigos.

No entanto, a partir de julho de 1865, na Batalha Naval do Riachuelo, houve uma reviravolta. Os paraguaios foram derrotados, e a Tríplice Aliança passou a dominar os rios da bacia do Prata até a fronteira com o Paraguai. A partir de então, seguiu-se uma série de derrotas que levou, em 1869, à tomada de Assunção, capital paraguaia. Apesar dos esforços para organizar uma reação, Francisco Solano López foi capturado e morto em março de 1870, o que resultou no fim do conflito com a vitória da Tríplice Aliança.

Batalha do Riachuelo, óleo sobre tela de Victor Meirelles, feito no século XIX. Acervo do Museu Histórico Nacional, Rio de Janeiro (RJ).

O fim da guerra

O Paraguai ficou arrasado após o conflito. Quase metade de sua população foi morta nas batalhas ou em decorrência delas, por fome e doenças. Além disso, parte de seu território foi dividido entre o Brasil e a Argentina.

O Brasil, apesar de vitorioso, aumentou sua dívida com os ingleses, de quem obteve altos empréstimos durante a guerra. Por outro lado, o Exército brasileiro se fortaleceu, passando a desempenhar um importante papel na sociedade nos anos seguintes após o fim da guerra, como veremos adiante.

Interpretações da Guerra do Paraguai

Vimos que a Guerra do Paraguai foi um dos maiores conflitos ocorridos na América Latina. Desde o seu final, foram construídas diferentes interpretações historiográficas para explicá-la. Vamos abordar, a seguir, três linhas de interpretação: a chamada tradicional (ou conservadora), a revisionista e a neo-revisionista.

> **Revisionista:** que reanalisa algo, geralmente trazendo modificações em relação à interpretação anterior.

Historiografia tradicional

Primeiro momento da historiografia sobre o tema, em que foram publicadas as versões ditas "oficiais". Nelas, personagens militares eram enaltecidas, assim como suas estratégias e atuações. Na versão oficial propagada pelo Exército brasileiro, entre o final do século XIX e início do século XX, o Brasil teria saído como grande vencedor da guerra, sendo o governo paraguaio, na figura de Solano López, apresentado como o maior responsável pelo conflito.

Exemplos de obras: *Reminiscências da Campanha do Paraguai*: 1865-1870, editado em 1910, do general brasileiro Dionísio Cerqueira, que participou do conflito, e *Nossa Pátria*, do historiador Rocha Pombo (1917).

Os revisionistas

No final da década de 1960, a ação do exército na Guerra do Paraguai começou a ser questionada, assim como o seu papel de herói do Brasil. Os chamados revisionistas se propuseram a apresentar uma versão diferente da tradicional, destacando a influência da Inglaterra como principal "financiador" da guerra, contribuindo para a devastação do Paraguai. Para eles, os interesses econômicos dos ingleses, que pretendiam manter seus produtos circulando na América do Sul, foram decisivos para a eclosão do conflito.

Exemplos de obras: *A Guerra do Paraguai – grande negócio* (1981), do historiador argentino León Pomer, e *Genocídio americano: a Guerra do Paraguai* (1984), do jornalista brasileiro José Júlio Chiavenatto.

O neo-revisionismo

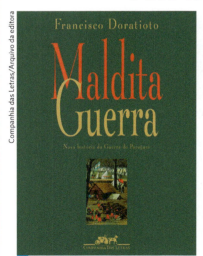

Capa do livro *Maldita guerra: nova história da Guerra do Paraguai*, de Francisco Doratioto.

Nas décadas de 1980 e 1990, novas abordagens surgiram e estudiosos começaram a tecer críticas às interpretações anteriores, baseando-se em novas metodologias e abordagens. De acordo com o historiador Francisco Doratioto, por exemplo, um dos principais representantes dessa corrente, tida como a mais aceita entre os historiadores, não devemos atribuir a um país europeu (como a Inglaterra) o principal papel no conflito, como se os países latino-americanos não fossem sujeitos de suas próprias histórias. Assim, essa corrente busca analisar ainda fatores como o contexto histórico de cada nação envolvida e as dinâmicas políticas e sociais da época. Nesse sentido, cada nação possuía e defendia seus próprios interesses.

Exemplos de obras: *Guerra do Paraguai: escravidão e cidadania na formação do exército* (1990), de Ricardo Salles, e *Maldita guerra: nova história da Guerra do Paraguai* (2002), de Francisco Doratioto.

A crise do Império

Com o fim da Guerra do Paraguai, em 1870, surgiu, no Brasil, o movimento republicano, que, além de defender um novo sistema político, tinha o apoio de diferentes grupos sociais.

Também houve, na época, o fortalecimento do movimento abolicionista. Muitos soldados que lutaram pelo Brasil na Guerra do Paraguai eram escravizados que se engajaram em troca da alforria. Com o fim do conflito, os soldados libertos, então, passaram a questionar as condições em que viviam os escravizados.

De volta do Paraguai, charge de Angelo Agostini publicada na revista *A vida fluminense*, em 1870. Na publicação original consta a seguinte legenda: "Cheio de glória, coberto de louros, depois de ter derramado seu sangue em defesa da pátria e libertado um povo da escravidão, o voluntário volta ao seu país natal para ver sua mãe amarrada a um tronco! Horrível realidade!".

O movimento abolicionista

A partir de 1850, com a instituição da Lei Eusébio de Queiroz, que proibia o tráfico de pessoas escravizadas para o Brasil, a questão da abolição tornou-se um assunto cada vez mais discutido no país, não somente entre as camadas populares, mas também entre as elites intelectuais e políticas.

Até então, as elites latifundiárias haviam defendido a manutenção da escravidão, que, durante séculos, sustentou a produção econômica brasileira. No entanto, a partir de 1880, as ideias abolicionistas ganharam força e a adesão de pessoas de diversas camadas sociais, entre elas jornalistas, advogados, escritores e políticos.

Com a organização do movimento abolicionista, surgiram jornais e foram fundadas associações que tiveram a participação de intelectuais defensores da causa, como Joaquim Nabuco, José do Patrocínio, André Rebouças e Luiz Gama.

Charge de Angelo Agostini que representa um senhor escravista assustado com a chegada da emancipação dos escravos. Reprodução da primeira página da *Revista Illustrada*, publicada em 1880.

Apoio à resistência

Assim, a resistência de muitos escravizados tinha, agora, amplo apoio do movimento abolicionista. Leia o texto a seguir, que trata dessa questão.

> **Outras leis abolicionistas**
>
> - **Lei do Ventre Livre (1871)**: ou Lei Rio Branco, estabelece a liberdade para filhos de escravizadas nascidos a partir de 1871. No entanto, o proprietário da mãe da criança liberta poderia optar por receber uma indenização do governo ou ter a criança prestando-lhe serviços até que ela completasse 21 anos.
> - **Lei dos Sexagenários (1885)**: também conhecida como Lei Saraiva-Cotegipe, estabelece a liberdade para pessoas escravizadas com mais de 60 anos de idade, embora o ex-escravizado ainda pudesse prestar serviços por mais três anos ou até os 65 anos, como forma de indenização ao senhor.

[...]

Entre 1885 e 1888, [...] a campanha abolicionista ganhou ímpeto. O fato mais importante agora era a desorganização do trabalho nas fazendas paulistas, provocada pela fuga em massa de escravos. Ativistas [...] partiam para as fazendas e cidades do interior, incentivando os atos de rebeldia. Em pouco tempo, Santos converteu-se no centro onde se abrigavam os escravos fugidos. Nesse ínterim [...] a elite cafeeira paulista apressou o funcionamento do plano de imigração, percebendo que o sistema escravista se desagregava rapidamente.

[...]

Boris Fausto. *História do Brasil*. São Paulo: Edusp, 2012. p. 187-188.

> De acordo com o texto, como o movimento abolicionista auxiliou os escravizados em sua resistência?

A abolição da escravidão no Brasil

Após séculos de escravidão e resistência, em 13 de maio de 1888 a escravidão foi abolida no Brasil, com a assinatura da **Lei Áurea** pela princesa regente, Isabel, filha de dom Pedro II. Com isso, o Brasil tornou-se, então, a última nação do mundo a abolir oficialmente a escravidão.

No entanto, mesmo após essa conquista, a luta dos africanos e afrodescendentes continuou, pois não houve no período pós-abolição uma política que lhes garantisse uma vida digna. Sem acesso à terra, à educação, à saúde ou à assistência econômica, muitos ex-escravizados ficaram sem trabalho e sem meios de subsistência, e outros passaram a trabalhar em troca de salários baixíssimos e em condições não muito diferentes às da época da escravidão.

Além disso, continuaram a sofrer com o preconceito e com a discriminação, o que dificultou muito a inserção deles na sociedade, a participação na vida política do país e a garantia de direitos igualitários como cidadãos.

Foto de ex-escravizado em rua de São Paulo (SP), por volta de 1900.

Dia 20 de novembro, o Dia da Consciência Negra

Vimos que em 13 de maio de 1888, a princesa Isabel assinou a Lei Áurea abolindo oficialmente a escravidão no Brasil. Durante muito tempo, essa data foi praticamente a única a ser lembrada e celebrada em relação à história dos africanos e afrodescendentes no país. Porém, a data passou a ser questionada pelo movimento negro por não considerar a luta e a resistência desses povos durante todo o período em que houve escravidão no Brasil.

De acordo com essa visão, o 13 de maio de 1888 relembra o fim da escravidão como se fosse um ato isolado da princesa Isabel e não dos próprios escravizados, que por séculos resistiram à violência do cativeiro. Assim, a data é apenas simbólica, pois, na prática, não houve liberdade devido à inexistência de políticas de inclusão dos libertos na sociedade, o que provocou sua imediata marginalização e exclusão social, política e econômica. Essa situação derivou do preconceito histórico contra as populações negras do país, que não foram valorizadas nem respeitadas como sujeitos importantes que ajudaram a construir o Brasil.

Visando mudar essa imagem, o movimento negro reivindicou que o 20 de novembro, dia da morte de Zumbi dos Palmares, fosse escolhida para celebrar o Dia Nacional da Consciência Negra. A data foi criada apenas em 2011. Além de reconhecer os africanos e afrodescendentes como sujeitos de sua própria história e promover uma reflexão sobre a importância de se combater o racismo, essa data também valoriza a grandeza da cultura afro-brasileira e a beleza das raízes africanas.

Foto de pessoas se manifestando durante a 13ª Marcha da Consciência Negra, na cidade de São Paulo (SP), em 2016.

O movimento republicano

Em 1870, foi fundado o Partido Republicano do Rio de Janeiro, que reunia diversos políticos, intelectuais, jornalistas e membros da elite comercial.

Esse partido considerava a monarquia um sistema decadente e ultrapassado, que estava desalinhado com os ideais de progresso e de liberdade em voga na maioria dos países industrializados na época, principalmente da Europa.

O movimento republicano defendia um sistema político federativo, em que cada província teria autonomia para determinar suas próprias leis, porém unidas pelo vínculo de solidariedade e de unidade nacional, formando uma república.

Esses e outros preceitos foram difundidos no **Manifesto Republicano**, publicado em 3 de dezembro de 1870, no jornal *A República*. O manifesto influenciou a fundação de outros partidos semelhantes, como o Partido Republicano Paulista (PRP), em 1873, que tinha a participação de membros da elite cafeicultora paulista, principalmente após a abolição da escravidão.

Reprodução da primeira página (detalhe) do jornal *A República*, de 1882.

O apoio da elite cafeeira

Com a abolição da escravidão em 1888, os membros das elites cafeeiras sentiram-se prejudicados, pois a Lei Áurea não previa nenhum tipo de indenização aos senhores que perderam escravos.

Assim, o governo imperial perdeu uma de suas principais bases de apoio. Muitos cafeicultores passaram a fazer oposição ao regime monárquico, engajando-se no movimento republicano.

A questão religiosa

Desde a promulgação da Constituição de 1824, o catolicismo foi reafirmado como religião oficial do Estado, sendo, assim, reservado ao governo o direito de interferir nos assuntos da Igreja católica, como validar ou invalidar decretos.

A partir de 1870, por decisão do papa, no Vaticano, a Igreja adotou uma postura mais rígida com relação às interferências do governo brasileiro, reivindicando maior autonomia. Alguns bispos da província da Bahia, por seguir as determinações do papa, chegaram até a ser presos pelas forças imperiais.

Esse fato aumentou as tensões entre a Igreja e o Estado, que também contribuíram para desestabilizar a ordem do Império.

A questão militar

Ao longo da segunda metade do século XIX, diversos militares questionavam o governo imperial. Os critérios de promoção de cargos oficiais, a baixa remuneração e a necessidade de autorização para casamento, por exemplo, já eram assuntos criticados internamente no Exército. Além disso, havia militares que defendiam o fim da escravidão e projetos de modernização do país, como o incentivo à industrialização e à educação pública.

Após a Guerra do Paraguai, o Exército se fortaleceu como instituição, e seus oficiais passaram a desfrutar de grande prestígio na sociedade. A partir de então, eles começaram a exigir também maior participação política e melhores soldos (salários) para seus membros.

A Proclamação da República

No final do século XIX, o governo monárquico encontrava-se bastante fragilizado com a perda do apoio das elites latifundiárias após a abolição e do apoio da Igreja após os conflitos que envolveram as questões religiosas. A situação agravou-se ainda mais com a ativa atuação do movimento republicano e com a crescente insatisfação dos militares.

Na tentativa de amenizar a crise, o governo imperial formou um novo gabinete, em junho de 1889, que propôs diversas reformas políticas. Muitos militares, temendo que algumas dessas mudanças ameaçassem seus interesses e levassem à desagregação do Exército, organizaram-se em um movimento contra o governo.

Em 15 de novembro de 1889, um grupo de militares, liderados pelo marechal Deodoro da Fonseca e acompanhados por civis republicanos, invadiu o Ministério da Guerra e declarou o fim da monarquia, estabelecendo a república como novo sistema de governo.

A Proclamação da República foi um movimento do qual participaram militares e civis republicanos. Detalhe da gravura de artista desconhecido, feita no século XIX.

Poucos dias depois da Proclamação da República, o imperador deposto, Pedro de Alcântara, e sua família partiram para o exílio na França. Gravura de artista desconhecido, feita no século XIX.

Justiça social

A expressão **justiça social** refere-se ao pensamento de que o Estado deve promover políticas públicas que tenham como objetivo compensar algumas injustiças existentes em uma sociedade. Segundo esse pensamento, o Estado deve realizar ações afirmativas que visem reparar injustiças cometidas contra determinados grupos sociais, buscando garantir igualdade de oportunidades.

No Brasil, o sistema escravista deixou um legado bastante negativo para a nossa sociedade, especialmente para a população afrodescendente. No final desse longo período, os afrodescendentes constituíam a maior parte da população do país, porém, apesar das transformações, também representavam a parcela mais pobre e que ainda enfrentava diversos problemas, como o preconceito e a discriminação racial.

A República foi instituída um ano após a abolição da escravidão no Brasil. No entanto, nenhuma política foi criada para promover a integração dos afrodescendentes na sociedade republicana. Ao contrário, durante os primeiros anos da República, vigorou uma política que enfatizou o racismo, buscando promover o "branqueamento" da população por meio da miscigenação e da vinda de imigrantes europeus para o país.

O texto a seguir aborda algumas das consequências dessa política.

> **Miscigenação:** mestiçagem, relação entre pessoas de diferentes etnias cujo resultado é o nascimento de filhos mestiços.

[...] A força do pensamento dominante fazia com que os afro-brasileiros se sentissem inferiorizados devido às suas origens africanas, buscando escondê-las com o abandono de suas tradições (pelo menos entre os mais instruídos) e com a preferência por casamentos inter-raciais que produzissem filhos de pele mais clara, cabelo mais liso, lábios e nariz mais finos. Assim, se aceitávamos e mesmo estimulávamos a mestiçagem, não era por falta de preconceitos, e sim porque queríamos apagar os traços africanos da nossa população. Da mesma forma, buscava-se um distanciamento cada vez maior da África, considerada terra de povos atrasados, incapazes de construir civilizações evoluídas.

[...]

Marina de Mello e Souza. *África e Brasil africano*. São Paulo: Ática, 2007. p. 142.

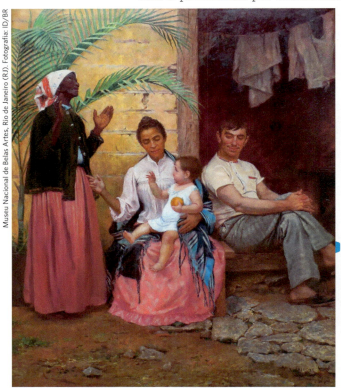

Imagem que faz referência ao branqueamento da população por meio da representação de três gerações de uma família. É possível perceber as diferenças na cor da pele das pessoas, desde a mulher idosa, afrodescendente, no canto esquerdo, até a criança no centro, possivelmente sua neta, de pele mais clara.

A Redenção de Cam, óleo sobre tela de Modesto Brocos, feito em 1895. Acervo do Museu Nacional de Belas Artes, Rio de Janeiro (RJ).

As lutas atuais

Ao longo do século XX, a comunidade afro-brasileira buscou recuperar e valorizar parte da cultura de seus ancestrais. Entretanto, ainda não superamos completamente a questão do racismo, e diversos casos de discriminação ocorrem diariamente no Brasil. Além disso, a desigualdade social existente entre negros e brancos ainda é grande. Segundo dados do Instituto de Pesquisa Econômica Aplicada (Ipea), em 2013, por exemplo, a renda de pessoas consideradas negras era, em média, aproximadamente 40% inferior à de pessoas consideradas brancas.

Assim, nas últimas décadas, diversos movimentos sociais lutaram, e ainda lutam, para promover a melhoria da qualidade de vida da população afrodescendente. Entre as ações do Estado que visam atender às reivindicações desses movimentos está a inclusão da prática do racismo como crime inafiançável na Constituição brasileira de 1988 e, mais recentemente, a adoção do sistema de cotas para pessoas de baixa renda e afrodescendentes nas universidades e empresas públicas.

Parlamentares negros e integrantes do movimento negro comemoram em Brasília (DF) a aprovação pela Câmara dos Deputados da lei que garante cota para negros no serviço público. Foto de 2014.

1. Você conhece outras medidas tomadas pelo Estado que visam combater algum tipo de injustiça social praticada contra determinado grupo?

2. Você é contra ou favorável às medidas tomadas pelo Estado que visam combater injustiças sociais? Justifique sua resposta.

3. Pesquise em livros, jornais e revistas alguns dos principais argumentos favoráveis e dos argumentos contrários ao sistema de cotas no Brasil. Depois, com o auxílio do professor, realize um debate sobre esse tema com os colegas de sala.

Atividades

▌ Organizando o conhecimento

1. Quais foram as consequências para o Brasil do envolvimento do país na Guerra do Paraguai?

2. Copie no caderno a tabela abaixo e complete-a com breves textos explicativos sobre os fatores apresentados e sua relação com o processo de crise do Império. Observe o exemplo.

Fatores que influenciaram a crise do Império	Explicação
Questão religiosa	A disputa por poder gerou um embate entre os clérigos e o Império, desestabilizando a monarquia.
Movimento abolicionista	
Movimento republicano	
Guerra do Paraguai	
Questão militar	

3. A Lei Áurea conseguiu garantir plenos direitos e igualdade social aos ex-escravizados em relação aos demais cidadãos? Explique.

▌ Conectando ideias

Charge de Angelo Agostini, publicada em 1887.

4. O artista Angelo Agostini publicou diversas charges ironizando o governo imperial do Segundo Reinado. Observe uma delas abaixo e responda às questões.

   a) Você consegue identificar a personagem representada na imagem?

   b) Analise os elementos da imagem. Que tipo de crítica política está presente nessa charge de Agostini? Explique como você chegou a essa conclusão.

   c) As charges apresentam de forma irônica determinado ponto de vista a respeito do contexto político e social vivido em um país. Você se lembra de alguma charge produzida na atualidade? Sobre o que ela tratava? Converse com os colegas.

5. Os escravizados participaram ativamente da luta pela abolição. No povoado de Queimado, no atual estado do Espírito Santo, eles organizaram uma insurreição, invadindo a igreja local para conquistar direitos. Analise a notícia abaixo, publicada em um jornal de 1849.

> 21 de março às 5 horas da tarde [de 1849]
>
> No dia 19 do corrente [mês] um grupo de escravos armados invadiu a igreja da povoação do Queimado na ocasião em que se celebrava o Santo Ofício da Missa, e em gritos proclamavam a sua liberdade, e alforria, e seguindo para diversas fazendas e aliciando os escravos delas, e em outras obrigando seus donos a darem liberdade a seus escravos [...]. O Sr. presidente da província soube deste triste acontecimento [...], e sem perda de tempo fez seguir para aquela povoação o chefe de polícia acompanhado de tropa [...].
>
> Estas providências, e outras que o presidente tem dado, [...] fizeram com que ontem fossem batidos tanto na povoação do Queimado como na da Serra dois grandes grupos daqueles criminosos que ou morreram, ou fugiram em completa debandada, deixando no campo as armas e munições que conduziam.
>
> Em breve teremos de anunciar ao público e aos nossos leitores que a tranquilidade e segurança pública se acham inteiramente reestabelecidas, e que os criminosos sofreram um justo castigo de seus crimes. Ânimo, coragem e confiança no governo, e nada temos a recear [...].
>
> Post Scriptum. *Correio da Victoria*, n. 20, 24 mar. 1849. p. 4.

a) De acordo com a notícia, quais eram as reivindicações dos escravizados?

b) Qual foi a reação do presidente da província diante dessa situação?

c) Explique o posicionamento assumido por esse veículo de informação em relação à luta dos escravizados.

Verificando rota

Junte-se a um colega e converse com ele sobre os assuntos estudados na unidade. Pergunte o que ele aprendeu, de que assunto ele mais gostou e qual a importância desses temas. Depois de ouvir as respostas e contar sobre sua própria experiência de estudo, reflita sobre as questões a seguir.

- Quais foram os assuntos citados por seu colega?
- Os temas que chamaram a atenção dele foram os mesmos que você mais gostou de estudar?
- Você compartilha da opinião de seu colega sobre a importância dos temas estudados? Explique.
- Conversar com um colega contribuiu para a sua reflexão e avaliação do estudo da unidade? Por quê?

Ampliando fronteiras

A fotografia e a História

Em 1839, a notícia da invenção da fotografia chegou ao Brasil. Desenvolvida na Europa, essa forma de registro de imagens disseminou-se ao longo do século XIX, alcançando o contexto brasileiro. Como era uma tecnologia inovadora, obter retratos tornou-se um costume bastante valorizado pela sociedade e representava uma forma de as famílias se destacarem entre as demais, aumentando seu prestígio social.

Nesse contexto, dom Pedro II foi um dos maiores incentivadores da fotografia no Brasil, sendo o primeiro monarca do mundo a patrocinar um fotógrafo oficial para registrar imagens, em 1851.

Hoje em dia, as fotografias tiradas naquela época nos ajudam a compreender alguns aspectos do cotidiano das pessoas no século XIX, como as vestimentas usadas por elas, além de informações sobre o local, como as construções das cidades e a natureza. No entanto, é importante ter em mente que a fotografia é um registro que parte do olhar do fotógrafo, logo, ela sempre será considerada um recorte, entre outros possíveis, de determinada realidade.

O daguerreótipo é considerado o primeiro aparelho fotográfico de sucesso e que obteve grande divulgação, a partir de 1839. Ele foi desenvolvido pelo francês Louis Daguerre (1787-1851) e funcionava da seguinte forma: a imagem era produzida dentro de uma câmara escura, sendo fixada em uma folha de prata, que ficava sobre uma placa de cobre. A imagem passava depois pelo processo de revelação, por meio da atuação de agentes químicos, para se tornar visível.

A fotografia digital

Você gosta de ser fotografado? Costuma tirar fotografias com frequência? Já publicou uma imagem em uma rede social?

Até hoje, as fotografias representam um importante mecanismo de registro. No entanto, algumas inovações tecnológicas alteraram a forma como lidamos com elas.

Com a fotografia digital (que utiliza o sensor eletrônico), as imagens não precisam mais ser reveladas, já que elas podem ser visualizadas e compartilhadas virtualmente em computadores ou *smartphones*, por exemplo.

Além disso, as câmeras fotográficas modernas têm sido difundidas em larga escala, possibilitando grande popularização do costume de tirar fotografias – hábito que hoje é realizado de forma mais rápida e simples.

Tirar uma fotografia no século XIX não era uma tarefa fácil. Normalmente, as pessoas tinham que ficar vários minutos paradas na mesma posição para não prejudicar a qualidade da imagem. Dessa forma, em diversas fotografias, as pessoas aparecem sentadas ou apoiadas. Nessa época, o procedimento era custoso e simbolizava um "grande" evento na vida familiar, por isso as pessoas costumavam vestir suas melhores roupas e acessórios.

1. Por que as fotografias são importantes fontes históricas?

2. Como foi a chegada dessa invenção ao Brasil?

3. Agora, escolham um local na escola para a realização de um ensaio fotográfico da turma.

   a) Organizem-se de modo que todos possam aparecer na foto, que pode ser tirada no estilo *selfie* pelo professor ou por um de vocês. Também é possível pedir auxílio para outro funcionário da escola.

   b) Em seguida, tirem fotografias individuais. Vocês podem montar pequenos cenários na sala de aula, ou colocar fantasias de personagens de que gostam.

   c) Depois, se possível, imprimam as fotografias, exponham-nas na sala e conversem sobre o que elas transmitem a respeito de cada pessoa da turma e sobre a influência das fotografias em nosso dia a dia.

173

UNIDADE

7
A Europa no século XIX e o imperialismo

Coleção particular. Foto: Christie's Images/Bridgeman Images/Easypix

Capítulos desta unidade
- **Capítulo 13** - As transformações na Europa no século XIX
- **Capítulo 14** - O crescimento urbano e o imperialismo europeu

Iniciando rota

1. Com base na observação da pintura, o que é possível saber sobre o cotidiano em uma cidade europeia no século XIX?

2. Entre as inovações tecnológicas do século XIX, estão a eletricidade, o automóvel, o telefone e o cinema. Como essas invenções fazem parte do seu cotidiano? Comente.

3. O que você já sabe sobre o imperialismo? Conte aos colegas.

Fora do Teatro Vaudeville, óleo sobre tela de Jean Béraud, feito no final do século XIX, representando a cidade de Paris, na França. Acervo particular.

CAPÍTULO 13

As transformações na Europa no século XIX

Como você estudou na unidade **2**, com a derrota de Napoleão Bonaparte, foi realizado, em 1815, o Congresso de Viena, na Áustria. Nele, as principais potências europeias decidiram pela restauração das antigas fronteiras, anteriores ao Império Napoleônico, bem como das antigas monarquias absolutistas.

No entanto, muitos movimentos, influenciados pelos ideais de liberdade, igualdade e fraternidade, difundidos durante a Revolução Francesa, continuaram surgindo em diversos países da Europa e opondo-se ao retorno do Antigo Regime.

Na França, a restauração das monarquias absolutistas provocou reações imediatas de diferentes camadas populares.

As revoluções na França

Na França, em 1815, quem assumiu o trono após a queda de Napoleão foi Luís XVIII, que estabeleceu uma monarquia constitucional, reconhecendo direitos dos cidadãos, como a igualdade de todos perante a lei e a liberdade de pensamento e de religião. Por outro lado, o rei sofria pressões de grupos de aristocratas, que desejavam recuperar seus antigos privilégios.

Com a morte Luís XVIII, em 1824, o irmão mais novo dele assumiu o poder. O novo rei, Carlos X, governou de forma autoritária, negligenciando diversos princípios constitucionais, atribuindo maiores poderes à Igreja católica e retirando o direito de voto de membros da burguesia.

Nessa época, a classe operária francesa estava sujeita a péssimas condições de trabalho e a baixos salários e, por isso, protagonizou diversos levantes contra o governo, que reprimiu a todos de forma violenta.

Assim, em julho de 1830, setores da pequena e da média burguesia, estudantes e trabalhadores iniciaram uma rebelião nas ruas de Paris e, após enfrentar o exército real, conseguiram que Carlos X abdicasse. Para esses grupos sociais, interessava a realização de reformas políticas e econômicas e, fundamentalmente, o estabelecimento de uma República. No entanto, a grande burguesia defendia a manutenção do regime monárquico. Nessa disputa, os setores mais enriquecidos da burguesia saíram vitoriosos. Seus interesses foram garantidos com a permanência da monarquia e a coroação do rei Luís Filipe.

Representação de barricadas construídas pelos parisienses durante conflito com o exército real francês, em julho de 1830. Litogravura de artista desconhecido, feita no século XIX.

A instauração da República francesa

Durante o governo do rei Luís Filipe, os movimentos de oposição ao regime monárquico foram punidos com violência. Além disso, instituiu-se a censura à imprensa e também foram proibidas as reuniões e as manifestações políticas.

Como reação, em fevereiro de 1848, milhares de pessoas que se opunham ao governo, principalmente operários, estudantes e membros da pequena burguesia, organizaram-se novamente e deram início a rebeliões que tomaram as ruas de Paris com barricadas. Após intensas lutas entre a população e as forças repressivas, o rei abdicou do trono.

Representação da população de Paris queimando o trono do rei Luís Filipe em praça pública, em 1848. Litogravura de artista desconhecido, feita no século XIX.

Com a queda de Luís Filipe, foi criado um governo provisório, que restabeleceu a liberdade de imprensa e instituiu o direito de voto universal masculino. No entanto, os trabalhadores, que continuavam em condições desfavorecidas, promoveram greves e manifestações, que também foram duramente reprimidas pelas forças do governo e causaram a morte de centenas de pessoas.

Em dezembro de 1848, o governo provisório realizou eleições presidenciais, e Luís Bonaparte (sobrinho de Napoleão) foi eleito presidente da nova República francesa.

A Primavera dos Povos

Os movimentos contra o autoritarismo na França iniciaram uma onda de protestos que atingiu diversos países da Europa a partir de 1848. Dessa forma, nesse período ocorreram revoltas que tiveram a participação de vários grupos que lutaram por mudanças políticas e sociais, pelos direitos dos trabalhadores, pela autonomia política e pela democracia.

Esses movimentos revolucionários, que ocorreram simultaneamente em diferentes regiões europeias, como Bélgica, Polônia, Áustria e Hungria, além de diversas cidades-Estado alemãs e italianas, ficaram conhecidos como **Primavera dos Povos**.

177

A unificação da Itália

No século XIX, a península Itálica era dividida em várias cidades-Estado, que formavam confederações e eram independentes entre si. A partir de 1848, com a Primavera dos Povos, diversos grupos nacionalistas mobilizaram-se pela unificação da região.

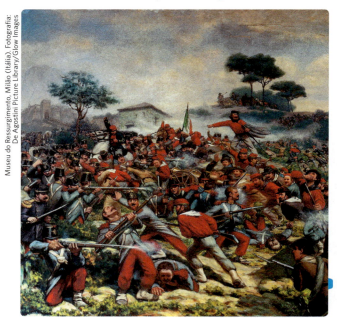

Em 1859, Piemonte-Sardenha, ao norte da península, sob a liderança de Camillo Benso di Cavour, conquistou a autonomia política, livrando-se do domínio dos austríacos, que até então ocupavam algumas partes da península. O reino piemontês, assim, tornou-se independente e anexou os territórios da Lombardia e de Veneza.

No ano seguinte, cerca de mil soldados nacionalistas, chamados camisas vermelhas, iniciaram um processo de tomada de poder no sul da península Itálica. Liderados pelo revolucionário Giuseppe Garibaldi, eles conquistaram Gênova, avançaram para a Sicília e Nápoles, até dominar toda a região.

Representação de Garibaldi liderando os camisas vermelhas durante a conquista da região da Sicília, em 1860. Aquarela de Remy-Legat, feita no século XIX.

Fonte: Hilário Franco Júnior e Ruy de Oliveira Andrade Filho. *Atlas de história geral*. São Paulo: Scipione, 1993. p. 59.

Ao conquistar essas regiões, tanto Benso di Cavour como Garibaldi tinham o objetivo de unir os reinos da península Itálica, mas cada um com um projeto diferente de governo. Benso di Cavour, mais conservador, defendia a manutenção de uma monarquia forte e centralizada; Garibaldi, por sua vez, defendia mudanças radicais: a instauração da república e reformas sociais como a igualdade racial e a emancipação feminina.

Giuseppe Garibaldi, ao perceber que as diferenças políticas com Benso di Cavour poderiam comprometer a unificação da Itália, decidiu entregar o poder das regiões conquistadas ao rei Vítor Emanuel II, de Piemonte-Sardenha. Assim, em 1861, ele foi coroado o primeiro rei da Itália unificada.

A unificação da Alemanha

No início do século XIX, os Estados da atual Europa Central (composta por países como Alemanha, Áustria, Bélgica e Hungria) formavam dezenas de reinos, principados e ducados. Após o Congresso de Viena, formou-se na região a chamada **Confederação Germânica**, onde se destacavam o Reino da Prússia e o Reino da Áustria, que exerciam influência política e econômica sobre os outros reinos.

Para aumentar o seu poder na região, a Prússia estabeleceu, entre os anos de 1828 e 1834, a *Zollverein*, uma aliança aduaneira entre a maioria dos Estados da Confederação Germânica, sem a participação da Áustria. Houve, entre os envolvidos, aumento das trocas comerciais e estímulo dos ideais de unificação. Além disso, com a *Zollverein*, a Prússia passou a ser vista pelos outros governantes da aliança como o principal elemento unificador na região.

Para consolidar o poder, o rei prussiano Guilherme I (1797-1888) nomeou Otto von Bismarck (1815-1898) como primeiro-ministro, em 1861. Bismarck promoveu reformas que fortaleceram o exército. Além disso, ele deu início a guerras de expansão territorial contra a Dinamarca, em 1864, e contra a Áustria, em 1866.

Após diversas conquistas, a Prússia passou a liderar a **Confederação Germânica do Norte**, formada em 1867. A partir de 1870, Bismarck planejou vários ataques contra a França, com o objetivo, entre outros, de unir os Estados germânicos do sul com os Estados do norte nessas batalhas. Assim, após a vitória da Prússia nesses conflitos, formou-se a Alemanha como nação unificada.

A região francesa de Alsácia-Lorena, grande produtora de matérias-primas como ferro e carvão, foi anexada ao território germânico, e, em 1871 o rei prussiano Guilherme I foi coroado *kaiser* (imperador) da Alemanha unificada.

> **Principado:** Estado independente governado por um príncipe ou uma princesa.
> **Ducado:** Estado independente cujo soberano ou soberana possui o título de duque ou duquesa.
> **Aduaneira:** referente à aduana, imposto ou taxa cobrada sobre a entrada ou saída de produtos de um país para outro.

A unificação da Alemanha (século XIX)

Fonte: Hilário Franco Júnior e Ruy de Oliveira Andrade Filho. *Atlas de história geral*. São Paulo: Scipione, 1993. p. 59.

179

As transformações científicas e tecnológicas

Entre a segunda metade do século XIX e o início do século XX, houve avanço das pesquisas científicas e tecnológicas, que promoveram mudanças no cotidiano das grandes cidades, principalmente da Europa. Esse período é chamado por muitos historiadores de **Segunda Revolução Industrial**, pois é caracterizado pela expansão do processo de industrialização nas cidades europeias e pelo desenvolvimento e aplicação de novas tecnologias nos meios de comunicação e de transporte.

Novas invenções no cotidiano

- A partir da década de 1840, houve expansão das **ferrovias** por toda a Europa, o que possibilitou o transporte de pessoas e de mercadorias de forma rápida e ágil, principalmente entre os países mais industrializados.

- Na segunda metade do século XIX, foi desenvolvida uma nova fonte de energia, a **eletricidade**. Desde então, a energia elétrica passou a ser utilizada nas fábricas, para o funcionamento das máquinas e para a iluminação de ambientes. A novidade substituiu aos poucos o carvão, muito usado até o início do século XX.

Telefone produzido na Inglaterra, em 1895. Acervo particular.

- Na área das comunicações, a invenção do **telégrafo**, em 1837, permitiu a transmissão de mensagens à longa distância em questão de minutos. Por meio de impulsos elétricos transmitidos por fios, o telégrafo emitia e recebia códigos que, interpretados, revelavam a mensagem. Algumas décadas depois, em 1876, foi inventado o **telefone**, que possibilitou a comunicação a longa distância pela voz, em tempo real.

- No final do século XIX, o **petróleo** passou a ser utilizado como matéria-prima para a produção do óleo *diesel* e da gasolina, que se tornaram combustíveis para os motores de combustão recém-inventados. Muitos veículos foram desenvolvidos por causa da descoberta desses motores, como os navios de carga e os automóveis.

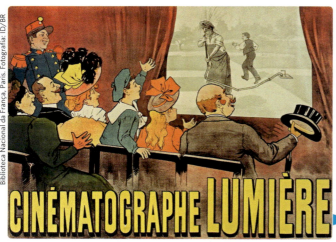

- O **cinematógrafo**, criado pelos irmãos franceses Auguste Lumière e Louis Lumière, no final do século XIX, deu origem a uma nova forma de transmissão de informações e de entretenimento. Esse aparelho captava e projetava imagens em movimento, tornando-se muito popular, pois permitia até mesmo aos analfabetos o acesso à informação.

Propaganda do século XIX do cinematógrafo Lumière, em Paris, na França.

O positivismo

O desenvolvimento científico e tecnológico do século XIX influenciou o surgimento da **filosofia positivista**. Segundo o positivismo, idealizado pelo francês Auguste Comte (1798-1857), o conhecimento deve ser obtido por meios científicos e empíricos, ou seja, de modo que ele possa ser comprovado racionalmente, isento de subjetividade ou de influência religiosa.

Essa corrente de pensamento considerava que o filósofo deveria ter as mesmas preocupações de um cientista, buscando conhecer as leis gerais que regem a natureza, ou, no caso, as ações humanas. Com essas preocupações em vista, a humanidade seguiria, inevitavelmente, um caminho de progresso e de desenvolvimento intelectual e social.

Representação de Auguste Comte. Litogravura de Tony Toullion, feita no século XIX.

O evolucionismo

Foi também no século XIX que uma nova teoria mudou a percepção sobre a origem dos seres humanos: o **evolucionismo**, desenvolvido pelo naturalista inglês Charles Darwin (1809-1882). De acordo com essa teoria, os seres vivos evoluem à medida que se transformam ao longo do tempo. Essas transformações ocorrem de acordo com uma **seleção natural**, por meio da qual os seres que melhor se adaptam ao ambiente possuem condições mais favoráveis de sobrevivência, transmitindo, assim, suas características aos seus descendentes. Já os que possuem menos capacidade de adaptação ao ambiente são naturalmente extintos com o passar do tempo.

Foto de Charles Darwin, em 1879.

Essa teoria provocou reações diversas na época em que foi divulgada, principalmente porque contrariava a explicação religiosa da origem dos seres vivos de acordo com a Bíblia, conhecida como criacionismo. Atualmente, porém, a teoria evolucionista de Darwin é uma das mais aceitas e difundidas por cientistas e intelectuais para explicar a origem do ser humano.

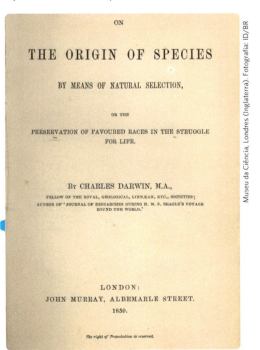

Ao lado, reprodução da folha de rosto da obra intitulada *Sobre a origem das espécies por meio da seleção natural ou a preservação de raças favorecidas na luta pela vida*, popularmente conhecida como *A origem das espécies*, de Charles Darwin, publicada pela primeira vez em 1859. Nessa obra, Darwin apresentou a sua teoria evolucionista, baseada em observações e estudos científicos de diversas espécies de animais ao redor do mundo.

Arte e criatividade na Europa do século XIX

A **criatividade** é uma característica inerente aos seres humanos. Seja para superar dificuldades, seja para suprir suas necessidades ou tornar mais confortáveis as condições de vida, o ato de criar, de inventar, foi e é fundamental para o desenvolvimento das diversas sociedades.

No final do século XIX, a Europa passou por um período de grandes transformações, que ficou conhecido como *Belle Époque* (do francês, "bela época") e que foi marcado pela chegada das inovações da Segunda Revolução Industrial ao dia a dia de parte da população urbana. A energia elétrica, os automóveis, o cinema, os eletrodomésticos e as novas formas de lazer urbano alteraram profundamente a cultura europeia na época, influenciando o modo de vida das pessoas.

A criatividade também esteve presente nas diversas formas de expressão do século XIX, como na pintura, na escultura, no desenho, na fotografia, na arquitetura, entre outros.

Na *Belle Époque*, as tendências artísticas tradicionais e clássicas passaram a ser questionadas. Artistas e arquitetos começaram a produzir obras e edifícios no estilo denominado *Art Nouveau* (do francês, "arte nova"), com a intenção de inovar o campo da arte. Na arquitetura, por exemplo, a *Art Nouveau* difundiu a leveza, a sinuosidade e o aspecto ornamental das construções. A ideia era afastar-se de uma arte "pesada" e "monótona" dos estilos clássicos, valorizando a assimetria e a inclusão de materiais novos na decoração, como o vidro e o ferro.

Fachada do edifício *Casa Batló* reconstruída no início do século XX de acordo com o projeto do arquiteto catalão Antoni Gaudí, inspirado no estilo *Art Nouveau*. Foto de 2016.

Impressionismo

Outra tendência artística que marcou o período da *Belle Époque* foi o movimento de pintores que surgiu na França, conhecido como Impressionismo. Com pinceladas rápidas e sem preocupação com contornos nítidos, os artistas representavam paisagens, pessoas e objetos conforme esses elementos apareciam sob a influência da luminosidade.

Assim, os artistas pintavam basicamente as "impressões" que tinham da realidade, de acordo com sua percepção pessoal. Tais ideias também estavam ligadas ao contexto de inovação da época e pretendiam romper com as concepções tradicionais de arte.

Acima, um exemplo de pintura do Impressionismo francês. Óleo sobre tela de Jean Béraud, feito em 1889. Acervo do Museu Carnavalet, Paris, França.

Transformando o meio urbano

Atualmente, a criatividade continua sendo essencial aos seres humanos para lidar com os novos desafios apresentados no dia a dia. No campo da arquitetura, por exemplo, o espaço urbano continua sendo transformado pela criatividade de arquitetos, *designers* e artistas que se preocupam, principalmente, com o bem-estar das comunidades que vão residir no local.

Algumas tendências artísticas e arquitetônicas mais recentes têm se preocupado em inovar, contemplando em suas formas a sustentabilidade e estimulando modos de vida mais saudáveis e também a democratização do acesso aos espaços públicos. Várias iniciativas têm surgido nos últimos anos para que essas novas concepções de urbanidade sejam instituídas. Veja o exemplo abaixo.

A organização sem fins lucrativos chamada Cidade Ativa preocupa-se em organizar e divulgar iniciativas de inovação em estruturas urbanas para que as pessoas se tornem mais ativas em sua cidade, valorizando também a saúde. Visite o *site* da organização para conhecer os projetos em andamento. Disponível em: <http://linkte.me/uu4t7>. Acesso em: 20 out. 2018.

1. Dê alguns exemplos em que a criatividade esteve presente no cotidiano europeu da *Belle Époque*.

2. Você acredita que a criatividade pode modificar o modo de vida de determinada cidade ou bairro? De que forma? Reflita com os colegas.

3. Agora, pesquise em seu bairro, cidade ou região alguma iniciativa que proponha mudanças no espaço urbano. Anote no caderno as informações que você encontrou e compartilhe-as com os colegas.

Atividades

Organizando o conhecimento

1. Descreva a situação da Europa após a derrota de Napoleão Bonaparte.

2. Como ocorreu o processo de unificação na Itália?

3. O que foi a *Zollverein* e qual sua relação com o processo de unificação da Alemanha?

4. Quais foram as principais inovações difundidas com a Segunda Revolução Industrial na Europa? Comente o impacto delas no dia a dia das pessoas.

Conectando ideias

5. Algumas invenções da Segunda Revolução Industrial foram essenciais para dinamizar as comunicações e aproximar pessoas que viviam em regiões distantes. Leia o texto a seguir e interprete a imagem. Depois, responda às perguntas.

> [...]
>
> Depois [...] do telégrafo foi fácil chegar ao telefone, pois o processo é muito parecido. O truque foi incorporar um microfone e um alto-falante ao sistema.
>
> No microfone há uma membrana que vibra junto com o ar sempre que algum som é produzido [...]. Essas vibrações empurram uma peça dentro do microfone que produz um sinal elétrico que se propaga pelo fio, reproduzindo as diferentes frequências de vibração [...].
>
> Do outro lado da linha, o sinal elétrico assim codificado chega até um alto-falante, onde o processo inverso acontece: são os pulsos elétricos que empurram uma membrana, que, ao empurrar o ar ao seu redor nas mesmas combinações de frequências, reproduzem o som transmitido.
>
> [...]
>
> Beto Pimentel. Pelo Telefone. *Ciência Hoje das Crianças*. Disponível em: <http://chc.org.br/pelo-telefone>. Acesso em: 20 out. 2018.

Gravura de artista desconhecido, feita em 1904, representando telefonistas.

a) Qual é a invenção destacada no texto? Você costuma utilizar esse instrumento no seu dia a dia?

b) Descreva as pessoas que trabalham no local representado na imagem.

c) Você consegue identificar que tipo de trabalho essas pessoas estão realizando? Que tipo de instrumento elas estão operando?

d) Observe a imagem e reflita sobre essa invenção nos dias de hoje. Ainda a utilizamos dessa forma? O que mudou?

6. Observe a pintura a seguir e, depois, responda às questões.

A Liberdade Guiando o Povo, óleo sobre tela de Eugène Delacroix, feito em 1830. Acervo do Museu do Louvre-Lens, França.

a) Quem são as pessoas retratadas na pintura? Que instrumentos elas carregam em suas mãos?

b) Como a liberdade é representada? A que mobilização social francesa ela está relacionada?

c) Em sua opinião, a pintura de Delacroix consegue representar os ideais daquela mobilização social? Por quê?

7. O Impressionismo foi um movimento artístico do final do século XIX, no período conhecido como *Belle Époque*, que rompeu com alguns ideais considerados tradicionais e introduziu diferentes pontos de vista sobre a própria arte. Analise a seguir a obra impressionista do pintor Claude Monet (1840-1926) e responda às questões.

A Estação de Saint-Lazare: Chegada do Trem da Normandia, óleo sobre tela de Claude Monet, feito em 1877. Acervo dos Museus da Universidade de Harvard, Cambridge, Estados Unidos.

a) Descreva o local representado na tela.

b) A que contexto histórico podemos relacionar essa obra? Por quê?

c) Observe as características dos traços da pintura. Você consegue identificar contornos nítidos?

d) Qual é a impressão que essa imagem provoca em você? Converse sobre ela com os colegas.

185

CAPÍTULO 14

O crescimento urbano e o imperialismo europeu

Na segunda metade do século XIX, as cidades europeias passaram por um processo de crescimento e de grande aumento populacional. Em 1880, Londres, capital da Inglaterra, possuía cerca de 5 milhões de habitantes. Paris, capital da França, teve um aumento populacional de cerca de 2 para 3 milhões de pessoas entre 1850 e a primeira década do século XX.

A sociedade europeia no final do século XIX

Naquela época, o desenvolvimento urbano e industrial transformou o modo de vida das pessoas das grandes cidades e favoreceu principalmente as camadas mais ricas da sociedade, como a burguesia e a classe média.

Os burgueses e a classe média

Entre os membros da burguesia estavam os grandes empresários, os banqueiros e os donos de fábricas. Esses burgueses usufruíam da maioria das inovações tecnológicas da época e, além disso, habitavam residências confortáveis, onde tinham acesso à energia elétrica e aos serviços de saneamento básico, como redes de esgoto e água encanada.

Ao lado, *O Almoço dos Barqueiros*, óleo sobre tela de Pierre-Auguste Renoir, feito em 1880. Acervo da The Phillips Collection, Washington, D.C., Estados Unidos.

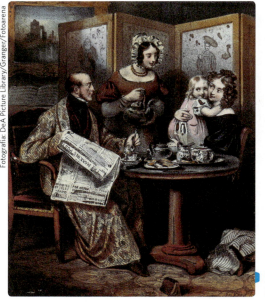

A classe média, ou pequena burguesia, era formada por diferentes tipos de trabalhadores, como pequenos comerciantes, vendedores, funcionários públicos e profissionais liberais, como engenheiros, médicos, advogados, entre outros. No século XIX, eles ganharam maior espaço na sociedade com o processo de industrialização e de modernização das cidades.

Muitos membros da classe média tornaram-se profissionais especializados e ascenderam socialmente nesse período. Dessa forma, passaram a valorizar o trabalho, os estudos e o esforço individual como maneiras de conquistar melhores condições de vida.

Representação de família de classe média em Londres, Inglaterra. Gravura de artista desconhecido, feita no século XIX.

A vida dos pobres e dos operários

Com o desenvolvimento industrial e tecnológico, também surgiu uma enorme camada social composta pela população pobre e assalariada. Sem qualificação ou recursos financeiros, essas pessoas não tinham outra opção a não ser oferecer sua força de trabalho para sobreviver, mantendo-se à margem da sociedade urbana e com poucas perspectivas de ascensão social.

Na Inglaterra, onde as mudanças promovidas pelo início do desenvolvimento industrial foram bastante perceptíveis, a vida da população urbana, pobre e operária era muito precária. O texto a seguir trata de aspectos do cotidiano das vilas operárias inglesas no século XIX.

> [...]
> Nas vilas, a água de um poço próximo de um cemitério podia ser impura, mas, pelo menos, seus habitantes não tinham de se levantar à noite para entrar numa fila diante da única bica que servia as várias ruas, não tinham de pagar por ela. Os habitantes das cidades industriais tinham frequentemente de suportar o mau cheiro do lixo industrial e dos esgotos a céu aberto, enquanto seus filhos brincavam entre detritos e montes de esterco. [...]
>
> Edward Palmer Thompson. *A formação da classe operária inglesa*. Tradução de Renato B. Neto e Cláudia R. de Almeida. Rio de Janeiro: Paz e Terra, 2002. v. 2. p. 185.

População pobre da cidade de Londres, Inglaterra. Foto do final do século XIX.

As péssimas condições de vida dos pobres e dos trabalhadores estimularam a mobilização e a conscientização política dessa camada social. Assim, o século XIX foi um período de muitas lutas por direitos sociais e políticos e por melhores condições de vida e de trabalho nas fábricas.

Aproveitando o "tempo livre"

Na Europa do século XIX, o trabalho era a atividade que ocupava a maior parte do tempo dos operários. As jornadas de trabalho diárias eram de 12 horas, mas podiam chegar até 16 horas.

Nas poucas horas do dia em que os operários viviam fora das fábricas, no "tempo livre", eles descansavam, conviviam com a família ou usufruíam de atividades de lazer, como esportes (corridas a cavalo, pugilismo, futebol, entre outros), danças, diversos jogos de cartas e apostas. Muitas dessas atividades eram condenadas pelas autoridades e pelos membros das classes sociais mais ricas, que as consideravam violentas e um incentivo ao vício e à decadência do ser humano.

Acima, gravura representando partida de futebol ocorrida em 1891, em Londres, Inglaterra.

As mulheres e a luta por direitos

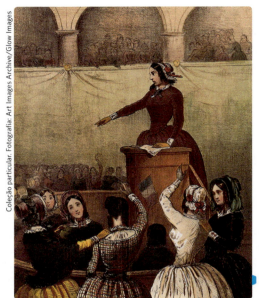

O século XIX foi importante para a formação do **movimento feminista** e para a luta pela igualdade de direitos entre mulheres e homens. Nessa época, com o avanço da industrialização e da urbanização e com o crescimento da classe operária, as mulheres passaram a ter maior participação no mercado de trabalho, do qual estavam, até então, praticamente excluídas.

Tornou-se comum, nesse período, as mulheres pobres trabalharem nas fábricas e as da classe média ocuparem cargos em escritórios ou no comércio, além de realizar várias atividades em outros setores. No entanto, elas recebiam salários menores do que os dos homens e não tinham o direito de voto.

Representação de reunião feminista na França. Litogravura de Charles Gosselin, feita em 1829.

A presença feminina no mercado de trabalho e nas esferas públicas contribuiu para que, aos poucos, as mulheres passassem a atuar em diversas funções, como professoras, jornalistas e escritoras. Esse fato deu grande impulso para a luta delas por igualdade de direitos, principalmente, na Europa e nos Estados Unidos a partir do século XIX.

Foi a partir desse momento, com a maior participação das mulheres no mercado de trabalho, que se iniciou um processo de auto-organização e ampliação do movimento a favor da igualdade de direitos entre mulheres e homens: o feminismo.

A luta por melhores condições de trabalho, pelo direito de votar e de ser votada, pela educação e pelo direito de divórcio eram importantes reivindicações das mulheres de diferentes classes sociais, tanto da burguesia e da classe média, como das mulheres operárias, que defendiam seus ideais no dia a dia de trabalho das fábricas e também nos sindicatos.

Mulheres se manifestando pelo direito de votar, nos Estados Unidos, em 1913.

A luta das mulheres na atualidade

Quase dois séculos depois, a luta das mulheres continua articulada e necessária. Muitas reivindicações ainda são muito semelhantes às do século XIX, como a luta pela igualdade de salários entre mulheres e homens, pela maior participação feminina nos cargos políticos e contra a violência. Veja alguns dados a seguir.

> [...]
> - 13 mulheres são assassinadas por dia no Brasil (Fonte: MS/SVS/CGIAE – Sistema de Informações sobre Mortalidade – SIM).
> - A cada cinco minutos uma mulher é agredida no Brasil (Mapa da Violência 2012 – Homicídio de Mulheres). [...]
> - Os homens ganham aproximadamente 30% a mais do que as mulheres com mesmo nível de instrução e idade. (Dados adquiridos através do relatório "Novo século, velhas desigualdades: diferenças salariais de gênero e etnia na América Latina", escrito pelos economistas do BID Hugo Ñopo, Juan Pablo Atal e Natalia Winder). [...]
>
> Ana C. Salvatti Fahs. Movimento feminista e sua história no Brasil. *Politize!*, 19 set. 2016. Disponível em: <https://www.politize.com.br/movimento-feminista-historia-no-brasil>. Acesso em: 17 out. 2018.

Além da luta contra a violência, entre conquistas e retrocessos, outras pautas surgiram nos últimos anos, fortalecendo o feminismo e criando solidariedade entre este e outros movimentos sociais que também lutam por direitos e pela igualdade, como o movimento negro e o movimento LGBT.

Um exemplo é o surgimento do chamado feminismo negro, que, a partir da década de 1970, conciliou a luta pela igualdade entre mulheres e homens à luta contra o racismo, presentes na sociedade contemporânea.

> [...]
> O problema da mulher negra se encontrava na falta de representação pelos movimentos sociais hegemônicos. Enquanto as mulheres brancas buscavam equiparar direitos civis com os homens brancos, mulheres negras carregavam nas costas o peso da escravatura, ainda relegadas à posição de subordinadas; porém, essa subordinação não se limitava à figura masculina, pois a mulher negra também estava em posição servil perante à mulher branca. A partir dessa percepção, a conscientização a respeito das diferenças femininas foi ganhando cada vez mais corpo. Grandes nomes da militância feminina negra foram fazendo história, a exemplo de Lélia Gonzalez e Sueli Carneiro. A atenção e a produção de conteúdo foram dedicadas a discussões de raça e classe, buscando romper uma zona de conforto que o ativismo feminista branco cultivava, especialmente aquele que limitava sua ótica aos problemas das mulheres de boa condição financeira e acesso à educação.
> [...]
>
> Feminismo negro: sobre minorias dentro da minoria. *Geledés*, 14 jul. 2016. Disponível em: <https://www.geledes.org.br/feminismo-negro-sobre-minorias-dentro-da-minoria>. Acesso em: 17 out. 2018.

A filósofa e escritora paulista Sueli Carneiro é uma das mais importantes intelectuais e ativistas pelos direitos humanos e direitos da mulher negra no Brasil. Em 1988, fundou o Geledés: Instituto da Mulher Negra, na cidade de São Paulo (SP). Acima, foto da filósofa durante evento "Mulher Negra Mostre sua Cara", realizado no Rio de Janeiro (RJ), em 2012.

As teorias sociais

No século XIX, com a mobilização cada vez maior dos operários por melhores condições de trabalho e pela garantia de seus direitos, alguns intelectuais desenvolveram teorias que passaram a contestar a exploração capitalista.

Entre os primeiros intelectuais a pensar sobre as novas relações e organizações de trabalho estavam o francês Charles Fourier (1772-1837) e o galês Robert Owen (1771-1858). Esses pensadores defendiam o fim das injustiças e desigualdades sociais de forma gradual e pacífica, com a cooperação mútua entre patrões e empregados. Posteriormente, eles ficaram conhecidos como **socialistas utópicos**.

Conheça a seguir outras teorias sociais.

Anarquismo

Uma das propostas de organização da sociedade desenvolvida nesse contexto foi o **anarquismo**, que pregava o fim da instituição estatal e da propriedade privada. Os principais idealizadores dessa teoria foram o francês Pierre-Joseph Proudhon (1809-1865) e o russo Mikhail Bakunin (1814-1876), que viam o Estado, as formas de controle e de autoridade como as causas da opressão sobre as pessoas e dos males que afetavam as classes mais pobres naquela época.

O anarquismo baseia-se na ideia de liberdade e valoriza o contexto social em que não haja imposições externas ao indivíduo, no qual a convivência seja baseada em relações coletivistas e igualitárias.

Comunismo

O **comunismo** é um sistema econômico e político desenvolvido por Karl Marx (1818-1883) e Friedrich Engels (1820-1895). Segundo esses pensadores, a história é movida por uma permanente luta de classes, que, na época, era travada entre a burguesia e o proletariado. Para acabar com essa situação, eles propunham que os trabalhadores deveriam tomar o poder por meio de uma revolução e implantar um governo de caráter socialista. Nessa etapa, as propriedades e os bens de produção passariam a ser coletivizados e controlados pela classe trabalhadora.

O comunismo seria uma etapa posterior, em que o Estado não seria mais necessário por causa da distribuição igualitária de recursos e da abolição da sociedade de classes.

O *Manifesto Comunista*, publicado em 1848 por Marx e Engels, é um dos principais documentos que traz as ideias do comunismo e da necessidade da mobilização operária. Ao lado, folha de rosto da primeira edição da obra, publicada em 1848.

Cooperativismo

Uma das estratégias encontradas por alguns grupos de trabalhadores para organizar sua atuação no mercado de trabalho foi a formação de **cooperativas**. Essas instituições propunham uma gestão democrática e comunitária de recursos, visando garantir aos membros boas condições no exercício de suas atividades e, ao mesmo tempo, assegurar sua inclusão no mercado de trabalho.

A primeira dessas organizações foi fundada em 1844, na cidade de Rochdale, próxima a Manchester, na Inglaterra. Essa cooperativa era formada por 28 profissionais tecelões e originou as principais regras e doutrinas que viriam a fundamentar as demais cooperativas. Ainda hoje, muitas dessas instituições seguem os mesmos princípios do século XIX, até mesmo no Brasil.

Foto do início do século XX, que retrata alguns dos membros fundadores da Cooperativa de Rochdale, na Inglaterra.

No Brasil, existem diversas cooperativas, e a maioria delas ainda segue as propostas da Cooperativa de Rochdale. Ao lado, fachada da Cooperativa Agrária de Machado (Coopama), fundada na década de 1940, em Machado (MG). Foto de 2015.

Os membros de uma cooperativa normalmente fazem sua adesão de forma voluntária, e a gestão da instituição deve valorizar o aspecto democrático, com a participação de todos na administração da economia e no controle do capital. Além disso, há a preocupação com a educação e com a formação dos membros cooperados.

- Você conhece alguma empresa ou instituição que funciona de acordo com o sistema cooperativista? Como é o dia a dia dos profissionais cooperados?

O capitalismo financeiro

As estruturas do capitalismo também se transformaram com a Segunda Revolução Industrial. Até meados do século XIX, a maioria das indústrias era de pequeno ou médio porte e era administrada por famílias que obtinham crescimento reinvestindo os lucros gerados com a venda de seus produtos. Esse modelo é chamado de **capitalismo industrial**.

Na segunda metade do século XIX, teve início o chamado **capitalismo financeiro**, que se caracterizou pela união entre o capital industrial e o capital bancário. Com o crescimento da economia nesse período, muitos bancos começaram a financiar empresas. Assim, por causa da maior oferta de crédito, muitas delas obtiveram grande e rápido crescimento e passaram a dominar certos mercados, fazendo com que empresas menores falissem.

Movimentação de pessoas em frente ao Banco da Inglaterra, em Londres. Gravura de artista desconhecido, feita no final do século XVIII. Por meio dessa gravura, é possível perceber a importância dos bancos no cotidiano das cidades, alterando, por exemplo, o ritmo de vida das pessoas e a paisagem da época, principalmente no século XIX.

A forte concorrência entre as empresas nesse período fez com que muitas delas passassem a se organizar para concentrar maior capital, formar monopólios e, assim, eliminar suas concorrentes. Isso ocorreu por meio da formação de cartéis, trustes ou *holdings*. Leia as definições a seguir.

- **Cartel**: acordo entre diferentes empresas que atuam em um mesmo ramo da economia com o objetivo de dividir o mercado entre elas, eliminando a concorrência.
- **Truste**: associação de várias empresas que se fundem com o objetivo de controlar todas as fases de produção, distribuição e consumo de suas mercadorias.
- *Holding*: empresa que controla outras empresas menores, por meio da posse da maior parte de suas ações.

O imperialismo no século XIX

A partir da segunda metade do século XIX, os países europeus industrializados, como a Inglaterra e a França, buscaram ampliar o mercado consumidor de seus produtos, fornecendo suas mercadorias para outras nações não industrializadas.

À medida que essas relações comerciais se estreitavam, criava-se um vínculo de dependência econômica, fato que levou as potências europeias a dominarem diversas regiões do mundo. Essas práticas de dominação afetavam muitos aspectos da vida dos povos dominados, como a economia, a organização política e a vida cultural, e ficaram conhecidas como **imperialismo**.

O neocolonialismo

No início da década de 1870, uma grave crise econômica afetou as principais potências da Europa. Uma das soluções encontradas pelos governos das grandes potências econômicas e pela burguesia europeia foi dar início a um processo de colonização de outros países para explorá-los economicamente, passando a dominá-los também politicamente. Dessa maneira, a partir da década de 1870, as potências imperialistas começaram a colonizar os territórios da África, da Ásia e da Oceania. A dominação colonial praticada nessas regiões ficou conhecida posteriormente como **neocolonialismo**, para diferenciar das formas de dominação política, ocupação e exploração dos territórios que ocorreram anteriormente, nos séculos XVI, XVII e XVIII.

A Inglaterra e a França foram os primeiros países a iniciar a expansão neocolonialista. Posteriormente, outros países como Portugal, Bélgica, Alemanha, Itália, Rússia e Japão também colonizaram diferentes territórios.

Além de serem potências econômicas, os países europeus se destacavam militarmente, com exércitos profissionais organizados e bem equipados, fator que garantiu vantagens a eles nos conflitos com os países conquistados. Ao lado, representação da cavalaria britânica atacando as tropas indianas durante a colonização da Índia, em 1846. Aquarela de Henry Martens, feita no século XIX.

193

Motivações da expansão imperialista

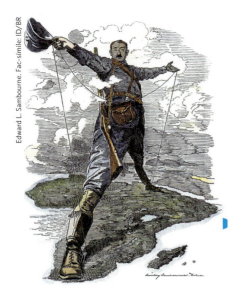

Com a colonização, além da garantia de novos mercados consumidores para os produtos europeus, abriam-se possibilidades de investimento do capital acumulado pela burguesia em diferentes regiões.

Os territórios coloniais também tornaram-se grandes fornecedores de matérias-primas, de fontes de energia e de outras riquezas naturais para as potências europeias.

O colosso de Rhodes, charge de Edward Linley Sambourne, feita em 1892, que representa o empresário e colonizador inglês Cecil Rhodes segurando nas mãos um fio de telégrafo, em referência a sua ambição de ligar os dois extremos do continente africano em nome do imperialismo britânico.

Na década de 1870, a crise econômica causou, entre outros fatores, a incapacidade de absorção pelo mercado interno da grande produção industrial, em fase de crescimento. Em parte, um dos motivos dessa situação era o pequeno poder aquisitivo dos trabalhadores europeus, que recebiam baixos salários.

Nessa época, também houve o aumento do desemprego em vários países da Europa, o crescimento da população do continente e o avanço da mecanização nas indústrias. Esse contexto levou a diversas agitações sociais e muitos trabalhadores europeus passaram a buscar melhores condições de vida em outros continentes.

Dessa forma, uma parte da população migrou para as colônias, passando a trabalhar nos empreendimentos desenvolvidos pela burguesia procurando escapar do desemprego e da pobreza. Assim, as colônias gerariam mais empregos e maior riqueza ao país conquistador. Além disso, os governos europeus exaltavam as práticas de dominação colonial, divulgando propagandas políticas que pregavam o patriotismo entre a população e associavam o imperialismo à ideia de força, de superioridade e de poder de uma nação sobre a outra.

Colonizadores ingleses observam a construção de uma ferrovia na África do Sul. Litogravura de Charles J. Staniland, feita em 1892.

194

Justificativas para o imperialismo

Uma das principais justificativas para o imperialismo utilizada pelos europeus, além do lucro e das vantagens financeiras obtidas, foi que eles estariam beneficiando os demais povos, considerados "primitivos", ao dominá-los. Segundo esse pensamento, ao ter contato com os europeus, os povos colonizados tinham a oportunidade de sair do estado de atraso em que se encontravam, tornando-se "civilizados". Assim, os europeus definiam-se como responsáveis por levar os supostos avanços que haviam conquistado, como o desenvolvimento tecnológico, científico e industrial, a esses povos, além da religiosidade cristã.

O darwinismo social

Teorias racistas foram desenvolvidas durante o século XIX para tentar comprovar a superioridade dos europeus em relação às demais sociedades. Diversos conceitos científicos foram empregados de maneira distorcida nessas teorias, entre eles os de Charles Darwin para explicar a origem e a evolução das espécies. As teorias racistas baseadas nos conceitos de Darwin ficaram conhecidas como **darwinismo social**.

Segundo os defensores do darwinismo social, as etnias existentes no mundo estavam divididas em "raças", havendo uma hierarquia entre elas, sendo umas "superiores" às outras. Assim, os europeus, segundo eles mesmos, seriam os povos mais fortes e desenvolvidos e, por isso, teriam o direito e o dever de dominar os povos considerados "inferiores".

O texto a seguir é o trecho de um discurso do político inglês Joseph Chamberlain (1836-1914), realizado em novembro de 1895, que demonstra o pensamento imperialista vigente na Europa no final do século XIX.

> [...] Sim, eu creio nesta raça, a maior das raças governantes que o mundo jamais conheceu, orgulhosa, tenaz, confiante em si, resoluta, que nenhum clima, nenhuma mudança pode degenerar e que, infalivelmente, será a força predominante da história futura e da civilização.
>
> Eu creio no futuro deste império, grande como o mundo do qual um inglês não pode falar sem um arrepio de entusiasmo. [...]
>
> Jean Defrasne e outros. Histoire – Le monde de 1848 à 1914, p. 271. Em: Laima Mesgravis. *A colonização da África e da Ásia*. São Paulo: Atual, 1994. p. 14. (Coleção História Geral em Documentos).

O protetor, charge de artista desconhecido, feita em 1893, que mostra um soldado britânico pisando sobre um soldado egípcio.

As ideologias raciais

As ideologias raciais desenvolvidas no século XIX, como o darwinismo social, são teorias pseudocientíficas criadas pelos europeus para justificar a exploração, a violência e seus crimes contra milhões de pessoas consideradas por eles como racialmente "inferiores".

Por que ideologia?

São consideradas ideologias raciais porque formam um conjunto de crenças que justificariam as ideias de superioridade racial europeia. Essas crenças não têm nenhuma comprovação científica, portanto, como defendeu o filósofo alemão Karl Marx, a ideologia serviria para "falsear a realidade", apresentando-se como aparentemente verdadeira.

Nesse sentido, a ideologia seria um problema, porque ocultaria os reais interesses dos europeus sobre os povos considerados "inferiores". O darwinismo social e a ideia de superioridade racial foram difundidas entre populações inteiras e, ao longo do século XIX, tornaram-se senso comum entre os colonizadores, isto é, tornou-se o modo dominante de se pensar sobre a relação dos europeus com os outros povos. Isso trouxe graves consequências, como o aumento do racismo e da discriminação, levando ao desenvolvimento de políticas de segregação, como o _apartheid_, além de promover, em sua forma mais grave e terrível, o genocídio de grupos étnicos.

> *Apartheid*: política de segregação racial que existiu legalmente na África do Sul entre 1948 e 1992.

Estudos e pesquisas tendenciosas apontavam para a existência de raças "superiores" e raças "inferiores" baseadas pelas características físicas das pessoas. A frenologia, por exemplo, consistia no estudo das medidas e dos formatos do crânio para a determinação das características das pessoas, como a personalidade, o caráter, a tendência à criminalidade, entre outros. Acima, conjunto de miniaturas projetadas pelo pesquisador William Bally, em 1831, para o estudo da frenologia. Acervo do Museu de Ciências, Londres, Inglaterra.

Raça e determinismo

Do ponto de vista filosófico, ideologias raciais como o darwinismo social e eugenia são claramente deterministas, porque elas defendem que os efeitos são resultados diretos de uma cadeia de causas. Assim, se um determinado povo é considerado "atrasado culturalmente" (efeito) é porque sua "raça" (causa) teria características biológicas que determinariam sua "inferioridade" e "inaptidão" para acompanhar o progresso e as mudanças promovidas pelos europeus. Assim, estaria automaticamente explicado por que alguns povos deveriam ser colonizados pelos povos racialmente "mais aptos".

Não existem raças humanas

O cientista italiano Luigi Luca Cavalli-Sforza (1922-2018) foi pioneiro na pesquisa da genética humana. Sua contribuição foi essencial para refutar as ideologias raciais. Leia o trecho a seguir:

> [...] quando recebeu o prêmio Balzan em 1999, [Cavalli-Sforza] dizia que "embora a população humana possua uma enorme variabilidade genética entre indivíduos, 85% do total da variação ocorre dentro de cada uma das populações, e só 15% as separa. [...] Em outras palavras, por mais que seja geneticamente e até intuitivamente fácil distinguir as características de duas populações em dois continentes diferentes, não é tão simples fazer isso com dois indivíduos, como pode acontecer com dois cães. Em uma entrevista ao EL PAÍS em 1993, ele foi taxativo: "Podemos falar de população basca, mas nunca de indivíduos de raça basca. As diferenças genéticas não justificam, nem nesse nem em nenhum outro caso, o conceito de raça, e muito menos o racismo".
> [...]
>
> Luca Tancredi Barone. O geneticista italiano que desmontou o conceito de raça. *El País*. 4 set. 2018. Disponível em: <https://brasil.elpais.com/brasil/2018/09/03/ciencia/1535974124_908508.html>. Acesso em: 17 out. 2018.

Luigi Luca Cavalli-Sforza (1922-2018), o geneticista que provou que não existem raças humanas. Foto de 2006.

Uma luta constante

Embora as pesquisas de Cavalli-Sforza tivessem comprovado cientificamente a inexistência de "raças" humanas no sentido biológico, as ideologias raciais ainda estão presentes em diversas partes do mundo, sendo difundidas por grupos radicais que pregam o racismo, o preconceito e a violência.

São exemplos desses grupos extremistas os neonazistas na Europa e os membros da Ku Klux Klan, nos Estados Unidos. Ambos os grupos pregam a chamada "supremacia branca", isto é, a suposta superioridade dos brancos sobre as outras "raças" humanas.

Nesse contexto, os tratados e leis internacionais, assim como os movimentos sociais, que desconstroem esse pensamento racista e promovem o respeito à diversidade humana, são mais do que necessários atualmente.

Atividades

Organizando o conhecimento

1. Os avanços tecnológicos ocorridos no final do século XIX, em alguns países europeus, atingiram de forma igual a todas as camadas da população? Cite exemplos para justificar sua resposta.

2. Quais fatores influenciaram a luta por igualdade de direitos entre mulheres e homens no final do século XIX?

3. Explique os motivos que levaram as potências europeias a explorar riquezas em outras regiões. Como se denomina esse processo?

4. Analise a charge da página **194**. Qual foi o continente representado na imagem? Explique o posicionamento da personagem, relacionando a charge com o contexto histórico da época em que foi produzida.

Conectando ideias

5. A prática de formação de cartéis teve origem com o desenvolvimento do capitalismo financeiro e ainda se manifesta em algumas relações econômicas da atualidade. Leia as manchetes a seguir, que foram publicadas entre 2015 e 2016.

> **Integrantes do suposto cartel no DF faziam ligações para combinar preços**
>
> *Correio Braziliense*, 26 nov. 2015. Disponível em: <https://www.correiobraziliense.com.br/app/noticia/cidades/2015/11/26/interna_cidadesdf,508123/integrantes-do-suposto-cartel-no-df-faziam-ligacoes-para-combinar-prec.shtml>. Acesso em: 22 out. 2018.

> **Empresas investigadas por prática de cartel estão sujeitas a multas pesadas**
>
> *Diário Catarinense*, 12 maio 2016. Disponível em: <http://dc.clicrbs.com.br/sc/noticias/noticia/2016/05/empresas-investigadas-por-pratica-de-cartel-estao-sujeitas-a-multas-pesadas-5799194.html>. Acesso em: 22 out. 2018.

> **Distribuidoras negam cartel e alegam livre concorrência em MS**
>
> *Nova News*, 25 maio 2016. Disponível em: <https://www.novanews.com.br/noticias/geral/distribuidoras-negam-cartel-e-alegam-livre-concorrencia-em-ms>. Acesso em: 22 out. 2018.

a) Com base nos conteúdos estudados nesta unidade, responda: o que são cartéis?

b) Como a formação de cartéis pode afetar os consumidores?

c) Analise as manchetes acima. Essa prática é aceita na atualidade?

d) Em grupos, pesquisem uma notícia que aborde o tema da formação de cartéis na atualidade. Apresentem a notícia aos colegas e expliquem as principais informações contidas no texto pesquisado.

6. O domínio imperialista foi justificado pelos europeus em prol de uma suposta necessidade de levar determinados benefícios aos outros povos. Sobre esse tema, analise a publicação abaixo e identifique o ponto de vista exposto nela. Depois, responda às questões.

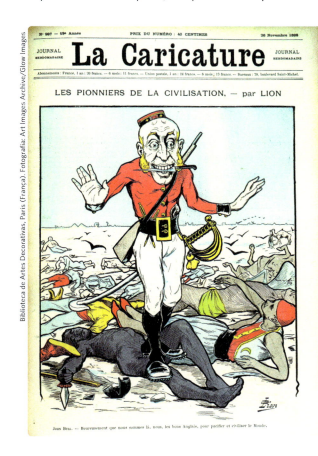

Charge de Lion, publicada em 26 de novembro de 1898, mostrando John Bull, personagem que representa o Império Britânico. Acima da imagem, lê-se: *Les Pionniers de la Civilisation*, traduzido do francês como "Os pioneiros da civilização".

a) Descreva John Bull e o que essa personagem está fazendo.
b) Agora, observe as outras pessoas que aparecem na imagem. Quem elas representam? Como você chegou a essa conclusão?
c) Por que a charge apresenta a inscrição "Os pioneiros da civilização"?
d) Explique a ironia que está presente nessa publicação.

Verificando rota

Quais conceitos você aprendeu ao estudar esta unidade? Em grupo, façam uma lista com alguns desses conceitos, seguidos por suas definições. Depois, leiam para os outros grupos os itens que vocês selecionaram e o que compreenderam sobre eles. Ouça também as listas dos outros grupos. Por fim, conversem sobre os tópicos a seguir.

- Vocês selecionaram os mesmos conceitos que os outros grupos? Quais foram diferentes e quais foram semelhantes?
- As definições que vocês produziram ficaram parecidas com as de seus colegas?
- Como esses tópicos se relacionam com sua realidade atual?
- Quais dos temas da unidade você gostaria de aprofundar o estudo? Por quê?

Ampliando fronteiras

As tecnologias do século XXI

Você costuma utilizar a internet ou eletrodomésticos, como micro-ondas, geladeira e televisor? Sabia que o desenvolvimento tecnológico ocorrido no final do século XIX estimulou o surgimento das inovações com as quais estamos acostumados na atualidade?

Ao longo dos anos, as inovações provenientes da Segunda Revolução Industrial abriram espaço para pesquisas científicas ainda mais aprofundadas, que culminaram na **Terceira Revolução Industrial** (na segunda metade do século XX). Esse processo foi marcado principalmente pelo desenvolvimento da internet, dos computadores e de tecnologias portáteis, como os celulares.

No entanto, muitos dos equipamentos e das tecnologias que existem hoje não funcionariam se a eletricidade não tivesse sido desenvolvida como fonte de energia durante a Segunda Revolução Industrial. Além disso, o ritmo de vida que vigora hoje na maioria das cidades teve origem no século XIX, com as transformações que se difundiram no cotidiano das pessoas em diversas regiões.

Observe como nosso modo de vida está relacionado a esse período histórico.

Na Segunda Revolução Industrial, os telégrafos e os telefones aumentaram a velocidade das comunicações. Hoje em dia, esse processo foi aperfeiçoado e tornou-se mais fácil conversar com alguém que está longe pelas redes sociais e pelos aplicativos de comunicação, por meio da internet.

200

Tecnologia e progresso

Muitas pessoas acreditam que as inovações tecnológicas têm seguido um sentido único de progresso e de melhoria na qualidade de vida. No entanto, existem estudiosos que contestam essa ideia, trazendo à discussão os efeitos negativos desse progresso.

Algumas tecnologias não estão ao alcance de todas as pessoas, e muitos aparelhos são agressivos ao ambiente se não forem descartados corretamente, por exemplo.

Além disso, o uso das tecnologias e do mundo virtual, ao mesmo tempo que pode aproximar os indivíduos e disponibilizar informações, se for realizado de forma exagerada ou não crítica, também pode levá-los ao isolamento social e à dependência digital.

> O desenvolvimento da eletricidade permitiu a criação e o aperfeiçoamento de eletrodomésticos e de equipamentos que utilizam a automação, auxiliando o trabalho no ambiente doméstico e industrial, por exemplo.

1. Alguma das situações ilustradas nesta seção fazem parte do seu cotidiano? Qual? Converse sobre isso com os colegas.

2. Faça uma tabela no caderno e, durante quatro dias, preencha-a com as tecnologias que você utilizou em seu cotidiano.
   a) Quais delas se relacionam à Segunda Revolução Industrial? De que maneira?
   b) Entre as tecnologias que você listou, alguma delas podem gerar algum tipo de consequência para o meio ambiente ou para a sua vida social, por exemplo? Explique.

3. Forme grupos de três a cinco pessoas, reflita com os colegas e respondam: vocês acreditam que todas as tecnologias podem nos levar ao progresso? Escrevam um texto coletivo justificando a resposta e enumerando os pontos positivos e pontos negativos do uso de tecnologias em nosso dia a dia. Depois, apresentem-no em sala de aula.

Atualmente, recebemos grande quantidade de informações provenientes de inúmeros meios de comunicação. Além disso, nosso dia a dia está cada vez mais marcado pelo fenômeno da convergência digital, que ocorre quando um mesmo aparelho desempenha diversas funções com tecnologias variadas, como os *smartphones*.

Rafael Hatadani

201

UNIDADE

8
Neocolonialismo e a expansão dos Estados Unidos

Capítulos desta unidade
- **Capítulo 15** - O neocolonialismo europeu
- **Capítulo 16** - A expansão dos Estados Unidos no século XIX

Iniciando rota

1. Com que tipo de equipamentos os guerreiros zulus estão armados?
2. Você acha que a atuação desses guerreiros pode ter sido importante na resistência à dominação europeia na África?
3. A dominação de um povo sobre outro pode causar que consequências? Você conhece algum exemplo na atualidade?

Grupo de guerreiros zulus em foto tirada em Ulundi, região da atual África do Sul, em 1875.

CAPÍTULO 15

O neocolonialismo europeu

No século XIX, o continente africano era habitado por cerca de 100 milhões de pessoas, que estavam reunidas em diversas sociedades, cada uma com sua própria organização política, econômica e social.

Vamos conhecer alguns povos que viviam na África no período do neocolonialismo europeu e alguns aspectos das práticas de dominação imperialista.

A África no século XIX

Nesse período, a maior parte da população africana trabalhava na agricultura de subsistência. O comércio interno entre as diferentes regiões do continente era uma atividade econômica importante e foi um fator relevante para a interligação territorial e cultural entre os povos da África.

Os povos de diferentes etnias que habitavam o continente organizavam-se de acordo com estruturas variadas de poder. Havia desde pequenas aldeias, compostas por diversas famílias e lideradas por um chefe, até grandes reinos, que englobavam várias aldeias e eram liderados por um chefe com mais poder e autoridade sobre todos os outros. Alguns reinos formavam Estados centralizados, os quais praticavam a coleta de tributos e cuja hierarquia social era bastante definida.

As sociedades envolvidas com o comércio de mão de obra escravizada destinada às nações europeias conseguiam obter grandes lucros, tornando-se ricas e poderosas. As autoridades africanas adquiriam armas de fogo e outros produtos dos europeus em troca de pessoas escravizadas e, assim, impunham seu poder na região.

Representação de aldeia no atual Sudão. Gravura de Heinrich Barth, feita em 1861.

Representação da cidade de Argel, atual Argélia. Gravura de Armand Kohl, feita em 1890.

204

A Confederação Ashanti

Na costa ocidental da África, próximo aos atuais países Gana e Togo, situava-se a Confederação Ashanti. Com origem no século XVI, essa sociedade ocupava a região conhecida como Costa do Ouro.

A Confederação Ashanti era formada por diversos Estados provinciais, com diferenciações entre eles. Havia os Estados antigos, administrados por representantes ashanti, e os Estados conquistados, que mantinham seus governantes, mas pagavam impostos ao poder central.

Para manter a unidade da organização administrativa da Confederação, foi criada uma rede de comunicação na capital Kumasi, com estradas e locais para vigilância que facilitavam o trânsito nas rotas comerciais e o escoamento de produtos.

A principal fonte de recursos financeiros, além do comércio de produtos e da extração do ouro, era a venda de pessoas escravizadas ao mercado internacional. Em cerca de 1820, a Confederação Ashanti dominava aproximadamente quarenta povos, e chegou a ter um exército de cerca de 80 mil homens. Além de armas tradicionais, esses guerreiros manuseavam armas de origem europeia.

Grupo de guerreiros ashanti em foto tirada em Kumasi, atual Gana, em 1890.

O Reino Zulu

Os zulus são um povo originário do sul do continente africano, com uma cultura tradicionalmente guerreira. Seu principal líder, Shaka, foi um incentivador do expansionismo desse povo e, no século XIX, organizou uma estrutura de formação militar rígida, baseada em estratégias de pilhagens, de guerra ilimitada contra o adversário e de destruição de seus recursos.

Nessa época, o Reino Zulu, cuja capital era Ulundi, passou a controlar e receber tributos de várias populações menores próximas ao sudeste africano. Além disso, sua complexa organização militar possibilitou a atuação em movimentos de resistência contra o neocolonialismo europeu.

Grupo de guerreiros zulus em foto tirada em Ulundi, região da atual África do Sul, em 1870.

A Conferência de Berlim

No final do século XIX, diversas nações europeias tinham interesses em colonizar territórios africanos. Para organizar a disputa pela divisão territorial da África entre essas nações, foi realizada a **Conferência de Berlim**, entre o final de 1884 e o início de 1885. Nessa conferência, foram definidos os territórios que seriam ocupados por cada um dos países envolvidos (veja no mapa abaixo). Ao todo, quinze países participaram, sendo treze deles europeus, além dos Estados Unidos e da Turquia. Porém, o continente africano foi dividido apenas entre sete países: Inglaterra, França, Portugal, Espanha, Bélgica, Itália e Alemanha.

Nenhum país ou povo africano participou da Conferência ou sequer foi consultado a respeito da divisão dos seus territórios. Assim, essa partilha ocorreu sem levar em consideração os aspectos étnicos, culturais, sociais, políticos e econômicos existentes no continente, o que gerou consequências que perduram até a atualidade em muitas sociedades africanas.

Após a realização da Conferência de Berlim, as nações imperialistas europeias se apressaram em ocupar e dominar os territórios africanos. As disputas entre os países participantes, no entanto, não foram totalmente solucionadas, o que provocou, entre o final do século XIX e o início do século XX, diversos desentendimentos entre eles.

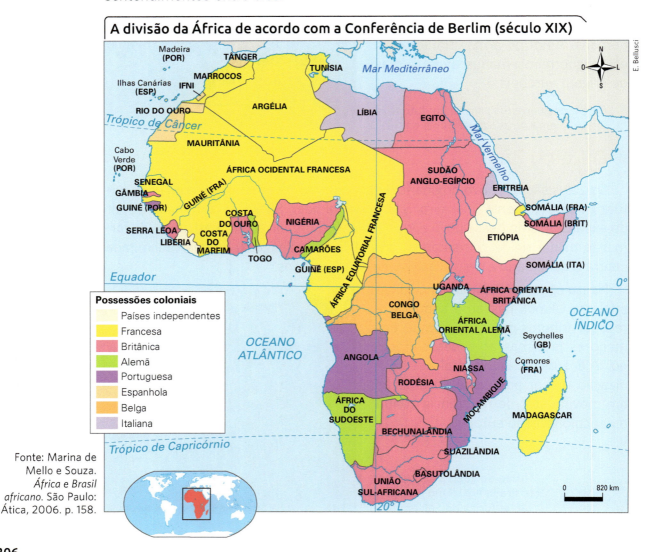

Fonte: Marina de Mello e Souza. *África e Brasil africano*. São Paulo: Ática, 2006. p. 158.

A colonização francesa

Os franceses já estavam presentes no norte da África desde a primeira metade do século XIX, com a ocupação da Argélia, em 1830. A conquista do território argelino foi marcada pela desapropriação das terras dos nativos, que foram doadas ou vendidas a colonizadores franceses. Nas propriedades agrícolas coloniais, que, em sua maioria, tinha a produção voltada para o mercado externo, era feito o uso de mão de obra forçada da população local. Para garantir essa exploração, os franceses proibiram que os nativos frequentassem escolas ou tivessem acesso a qualquer tipo de instrução.

Com o fortalecimento das ideias imperialistas no final do século XIX, a França expandiu seus domínios, tornando-se, ao lado da Inglaterra, um dos países com maior extensão de territórios coloniais no continente africano.

Ilustração representando uma batalha entre africanos e militares franceses durante a colonização de Madagáscar. Capa do *Le Petit Journal*, publicação francesa de 1898.

A colonização belga

Na região central do continente africano, onde atualmente está localizada a República Democrática do Congo, ocorreu uma das dominações mais cruéis e violentas praticadas pelos europeus. Esse território foi colonizado pela Associação Internacional do Congo, fundada em 1876 por Leopoldo II, rei da Bélgica, que estava interessado em explorar o marfim e a borracha como matéria-prima para a indústria belga. Após a Conferência de Berlim, a região tornou-se propriedade pessoal do rei belga. Nessa época, diversos métodos violentos foram utilizados para forçar a população nativa a trabalhar para os dominadores europeus, como amputações, estupros e assassinatos. Em 1908, após forte pressão internacional, o Congo deixou de ser um domínio pessoal do rei belga e passou a ser um território administrado pelo Parlamento da Bélgica.

Colonizadores belgas pousam para foto com trabalhadores nativos africanos e presas de marfim, no Congo Belga. Foto de cerca de 1900.

A colonização inglesa

Em 1869, foi inaugurado o **canal de Suez**, no Egito, interligando o mar Mediterrâneo ao mar Vermelho. Assim, o interesse da Inglaterra sobre a região aumentou, pois o canal representava um importante caminho para a Índia.

Trecho do canal de Suez em Porto Said, Egito. Foto tirada em 1880.

Inicialmente, o canal de Suez pertencia à França e ao Egito, mas por causa das dificuldades do governo egípcio em pagar sua dívida externa, sua parte foi comprada em 1875 pelos ingleses. Além do canal de Suez, os ingleses também tinham grande interesse no algodão egípcio, importante para a indústria têxtil britânica. Assim, em 1882, a Coroa britânica dominou o Egito e, poucos anos depois, ocupou também o Sudão, transformando ambos os territórios em suas colônias.

Como estratégia de dominação, a colonização empreendida pelos ingleses incentivou conflitos internos entre os diferentes povos que habitavam essas regiões, buscando, dessa maneira, evitar uma possível união entre eles e a formação de uma resistência à presença europeia.

Os ingleses também colonizaram o sul do continente. A presença europeia na região já existia desde o século XVII, quando os holandeses iniciaram a ocupação do território. No início do século XIX, os ingleses dominaram a região, obrigando os descendentes de holandeses, conhecidos como **bôeres**, a se deslocar mais para o norte.

O interesse britânico sobre as terras ocupadas pelos bôeres, que eram ricas em minerais preciosos, provocou desentendimentos que fizeram eclodir a primeira e a segunda guerra dos bôeres, entre 1880 e 1881, e entre 1899 e 1902, respectivamente. A segunda guerra terminou com um tratado que anexou os territórios bôeres ao Reino Unido.

Tropas britânicas a cavalo na África do Sul durante a segunda guerra dos bôeres, que eclodiu em 1899.

A colonização portuguesa

Os portugueses iniciaram seu processo de colonização em outros continentes durante os séculos XV e XVI, dominando territórios na África, na Ásia e na América do Sul.

No entanto, no início do século XIX, Portugal passava por uma grave crise econômica, decorrente principalmente da ocupação militar das tropas napoleônicas em Portugal, e do consequente deslocamento da família real portuguesa para o Brasil. Com a ocupação francesa, os portugueses perderam o monopólio comercial sobre as suas colônias, e além disso, ocorreram diversas manifestações políticas liberais que defendiam a substituição da monarquia absolutista e o estabelecimento de uma monarquia constitucional em Portugal.

Em 1822, com a independência do Brasil, Portugal perdeu o domínio sobre o seu território mais lucrativo. No entanto, mesmo com seu império em decadência, Portugal ainda manteve suas colônias na China, na Índia e na África. A partir de então, a Coroa portuguesa passou a intensificar a exploração das suas colônias remanescentes.

As colônias africanas

Por volta de 1870, temendo perder suas colônias para as potências europeias concorrentes, as autoridades portuguesas financiaram diversas expedições e desenvolveram um plano de ocupação para garantir a soberania sobre seus territórios africanos. A ocupação abrangeria toda faixa territorial entre Angola e Moçambique, e foi proposta em 1885 pela Sociedade de Geografia de Lisboa.

No entanto, o plano teve grande oposição dos ingleses, aliados de longa data da Coroa portuguesa. Por causa da pressão britânica, o plano de ocupação fracassou. Mesmo assim, Portugal conseguiu manter suas colônias no continente africano, como a África Ocidental Portuguesa (atual Angola), a África Oriental Portuguesa (atual Moçambique), o Cabo Verde, a Guiné Portuguesa (atual Guiné-Bissau), São Tomé e Príncipe e São João Baptista de Ajudá. Nessas colônias, a ocupação portuguesa continuou marcada pela violência, pela aculturação dos povos nativos e pela exploração desenfreada dos recursos naturais e da mão de obra local.

Trabalhadores africanos carregando um colonizador português na África Oriental Portuguesa. Gravura de Wallys Mackay publicada no periódico inglês *The Illustrated London News*, em 1890.

A crise dos refugiados e o crescimento da xenofobia na Europa atual

O preconceito e o racismo, estimulados pelas visões etnocêntricas dos europeus ao longo de todo período colonial na Ásia e na África, ainda são um grave problema. Essa relação violenta de lidar com pessoas de diferentes culturas pode ser percebida até hoje.

Você já deve ter visto notícias sobre a crise dos refugiados na Europa ou imagens de pessoas em barcos superlotados, cruzando o mar Mediterrâneo. Trata-se de um acontecimento muito sério que vem ocorrendo nos últimos anos, mais acentuadamente desde 2015. De acordo como a avaliação da Organização das Nações Unidas (ONU), este é o maior fluxo de refugiados desde a Segunda Guerra Mundial e um dos mais graves problemas humanitários do século XXI.

Na foto, refugiados sírios na Eslovênia tentando seguir em direção a Alemanha, durante a crise de refugiados na Europa, em 2015.

Emigrante, imigrante e refugiado

Para conhecer essa crise, precisamos compreender a diferença entre os termos emigrante, imigrante e refugiado. Emigrante é a pessoa que deixa seu país de origem. Quando essa pessoa entra em outro país, ela se torna imigrante. No caso do Brasil, os italianos que aqui chegaram no século XIX são imigrantes. Para a Itália, de onde eles saíram, eles são considerados emigrantes. O termo geral para definir essas pessoas é migrante. Hoje em dia, muitas pessoas saem de seus países de origem e se instalam em outros para melhorar suas condições econômicas ou estudar.

Já refugiado, de acordo com o Estatuto do Refugiado da ONU de 1951, assinado por 128 países: "é toda pessoa que deixa seu país por temor de ser perseguida por motivos de raça, religião, nacionalidade, grupo social ou opiniões políticas [...] e que [...] em consequência de tais acontecimentos, não pode ou, devido ao referido temor, não quer voltar a ele [país de origem]." Nessa condição, todo aquele que é reconhecido no país de chegada como "refugiado" tem direito a uma série de proteções, como solicitar asilo político e não retornar a seu país, onde sua vida corre perigo.

Para entender a gravidade do problema dos refugiados, até 2015 a Europa recebeu mais de 900 mil refugiados; em 2016, recebeu mais 400 mil. Esse fluxo de imigrantes é composto, em sua maioria, por pessoas vindas do Oriente Médio e da África, especialmente sírios que fogem da guerra civil que assola seu país desde 2011.

Difícil travessia

A busca por melhores condições de vida e liberdade não é fácil. Os refugiados correm riscos ao fugir, ao terem de cruzar o mar Mediterrâneo em embarcações precárias e superlotadas, e muitas vezes morrem nessa travessia. Esse enorme contingente de pessoas busca chegar aos países europeus, como Alemanha, França, Reino Unido, Suécia, Holanda, Dinamarca, Noruega, Áustria e Hungria.

A foto mostra um resgate espanhol se aproximando de uma embarcação de madeira superlotada de imigrantes vindos da Eritreia, no mar Mediterrâneo, em 2016.

A escalada do racismo e da xenofobia

Nesse contexto de aumento do número de refugiados, há um crescimento considerável de casos de racismo e de xenofobia em toda a Europa. Tornaram-se frequentes atos de violência contra os refugiados. Entre os diversos motivos para o radicalismo dos europeus está o preconceito contra a religião e os costumes dos refugiados, de maioria islâmica, e sua diferença étnica, de origem árabe e persa.

Xenofobia: medo, desconfiança, antipatia ou hostilização de pessoas vindas de outros países.

Diante dessa crise, alguns países europeus estão elegendo políticos que sustentam um discurso racista e xenófobo, que desrespeitam estatutos internacionais e que incentivam medidas extremas, como prisões e deportação dos refugiados, além do fechamento das suas fronteiras.

Manifestação contra o racismo e a xenofobia, em Bruxelas, Bélgica. Foto de 2018.

Resistência na África

Em praticamente todos os territórios coloniais da África, houve resistência dos povos nativos à dominação europeia. Muitos movimentos de resistência foram organizados contra as práticas opressivas dos europeus, como a cobrança de impostos, o uso de mão de obra forçada, a repressão às manifestações culturais, entre outras, e conseguiram atuar por longo tempo. Diversos povos rivais se uniram para reagir ao domínio neocolonialista, organizando revoltas contra os colonizadores europeus.

A revolta Maji Maji

Desde a realização da Conferência de Berlim, entre os anos de 1884 e 1885, a Alemanha passou a dominar vários territórios no continente africano, como Tanganica (atual Tanzânia), Burundi e Ruanda, que formavam a África Oriental Alemã.

No início do século XX, entre 1905 e 1907, ocorreu uma revolta promovida pelo povo maji maji, que habitava o território de Tanganica e se opunha à exploração e à violência colonialista alemã. A principal motivação da revolta era a luta contra o uso de mão de obra forçada pelos colonizadores. Para isso, seu líder, Kinjikitile Ngwale, uniu cerca de vinte grupos étnicos diferentes e difundiu os princípios de liberdade, vinculando-os a elementos da cultura e da religiosidade deles. A revolta foi violentamente reprimida pelos alemães.

Maji majis trabalhando em plantação de seringueira na África Oriental Alemã. Foto de 1900.

Assim como para o povo maji maji, a religiosidade também foi um componente importante em outras rebeliões de contestação ao domínio estrangeiro no território, como a rebelião de Mamadou Lamine, envolvendo os soninke do Alto Senegal, entre 1898 e 1901, contra o domínio francês; e a rebelião Ashanti na então Costa do Ouro (atual Gana) contra o domínio britânico, e que durou dez anos, de 1890 a 1900.

Apesar das dificuldades em vencer os europeus nos conflitos, principalmente por causa da superioridade das armas utilizadas pelos colonizadores, muitos movimentos de resistência continuaram a surgir em várias regiões da África e se fortaleceram, acumulando experiências e organizando as reivindicações para conquistar o fim da dominação europeia sobre os territórios africanos.

Os brasileiros na África

Entre os povos que habitavam a África no século XIX estavam os afro-brasileiros. Esse grupo, chamado de **agudá**, consistia em ex-escravizados de origem ou descendência africana, libertados no Brasil, que regressaram à África, principalmente para a atual região do Benin. Vários desses africanos e seus descendentes haviam sido deportados após a participação na Revolta dos Malês, que ocorreu em 1835 no atual estado da Bahia, mas grande parte resolveu voltar à África por decisão própria.

Mesmo instaladas em seu continente de origem, muitos africanos não se identificavam mais com a cultura e os costumes locais, os quais, com o passar do tempo, haviam sofrido várias transformações. Assim, ao retornar para a África, eles mantinham hábitos fortemente influenciados por aspectos culturais desenvolvidos no Brasil.

Os agudás formaram na África comunidades marcadas pelo intercâmbio cultural, ou seja, pela combinação de elementos africanos e aspectos característicos das tradições culturais afro-brasileiras ligados, por exemplo, às festividades, à culinária, à religião, às técnicas de produção agrícola, etc.

Os agudás estão presentes até hoje em algumas regiões africanas. No Benin, por exemplo, eles representam cerca de 5% da população total do país. Muitos de seus costumes ainda estão ligados à cultura brasileira, como a festa de Nosso Senhor do Bonfim, o Carnaval e as tradições festivas referentes ao bumba meu boi.

O termo agudá

Na língua iorubá, o termo "agudá" representa as pessoas africanas que têm sobrenomes de origem lusitana.

A palavra originou-se da expressão portuguesa "ajudá", que era utilizada para referir-se à cidade de Uidá (no Benin) – onde se instalaram muitos afro-brasileiros.

Carnaval dos agudás, em Porto Novo, Benin. Foto de 2011.

O imperialismo e o neocolonialismo na Ásia

No século XIX, assim como ocorreu na África, houve grande avanço do imperialismo e dos interesses das potências econômicas europeias no continente asiático. Podem ser destacados como principais interesses dos europeus, nesse processo, a expansão dos seus mercados consumidores, a extração de matérias-primas para suprir suas indústrias, a exploração de recursos naturais e a ampliação das possibilidades de investimento de capitais. A Inglaterra foi a principal representante das práticas imperialistas e neocolonialistas na Ásia nesse período.

A China antes da colonização

Durante o século XIX, a China era governada pela dinastia Qing (1644-1912), que havia alcançado o apogeu em meados do século XVIII, com um amplo desenvolvimento cultural e um governo fortemente centralizado. Entre o final do século XVIII e o início do XIX, essa dinastia entrou gradualmente em declínio, causado principalmente pela fragilidade administrativa do Estado, pela corrupção e pelos excessivos gastos da Corte.

A presença de europeus na China se intensificou a partir do século XVI, com a chegada dos portugueses ao país, o que ampliou a comercialização de produtos chineses na Europa, como a seda, o chá, as porcelanas e o artesanato de luxo. Entretanto, até o final do século XVIII, a ocupação europeia havia afetado pouco a sociedade chinesa. Até então, a China era um país economicamente autossuficiente e sua população não demonstrava interesse em consumir os produtos da Europa. Havia, assim, muitos obstáculos para a venda dos produtos industrializados europeus para os chineses, além de o governo da China procurar manter uma política econômica que permitia pouca participação estrangeira em seu mercado, desagradando as potências imperialistas.

> **Ópio:** substância extraída da planta da papoula e que possui efeito anestésico e narcótico, podendo causar alucinações. Seu uso pode causar dependência e sérios riscos à saúde do usuário.

Um dos poucos produtos estrangeiros que alcançaram grande consumo na China foi o ópio, que era produzido na Índia e comercializado pela Companhia das Índias Orientais inglesa, desde o século XVIII. Em 1800, o governo chinês proibiu o consumo do ópio no país. Entretanto, o comércio dessa substância continuou sendo realizado pelos britânicos de maneira ilegal. Em 1839, o imperador chinês tomou medidas para acabar com o tráfico desse produto, contrariando os interesses econômicos ingleses.

Charge de artista desconhecido, feita em 1864, que representa John Bull (que simboliza a Inglaterra) forçando um chinês a aceitar o ópio.

A ocupação colonial na China

As medidas do governo da China em relação ao ópio fizeram com que o governo britânico procurasse forçar a abertura do mercado chinês, dando início a um conflito que ficou conhecido como Primeira Guerra do Ópio (1839-1842).

O governo chinês foi derrotado e obrigado a assinar o **Tratado de Nanquim**, em 1842, que concedia uma série de benefícios aos ingleses, como a abertura de portos ao comércio estrangeiro e a transferência da ilha de Hong Kong para o domínio inglês.

No entanto, um novo incidente entre ingleses e chineses reiniciou as agressões quando, em 1856, um navio com a bandeira britânica foi inspecionado pelas autoridades chinesas e doze tripulantes foram presos, sob a suspeita de contrabando e pirataria.

Esse fato foi interpretado pelos ingleses como uma violação ao Tratado de Nanquim e, em 1858, a Coroa britânica deu início à Segunda Guerra do Ópio. Mais uma vez derrotado, o governo chinês teve de assinar o **Tratado de Tientsin**, que legalizava o consumo de ópio no país e abria outros portos chineses aos comerciantes estrangeiros.

Assim, os ingleses passaram a ocupar diversos territórios da China. Nas décadas seguintes, franceses, alemães, russos e japoneses também ocuparam a região.

Charge de artista desconhecido, publicada no *Le Petit Journal*, em 1898, que satiriza a atuação das potências imperialistas na China.

O Japão imperialista

Até meados do século XIX, o Japão mantinha uma política de isolamento em relação às nações ocidentais. Porém, com as pressões das potências econômicas europeias, o governo japonês deu início a um processo de abertura do país. Após assumir o poder em 1867, o imperador Mutsuhito instaurou um projeto de transformação do Japão. Durante seu governo, conhecido como Era Meiji, o imperador buscou industrializar o país, estabeleceu acordos comerciais com diferentes potências econômicas e investiu na ampliação de um novo modelo de educação inspirado no modelo ocidental, entre outras medidas.

As transformações promovidas por Mutsuhito tornaram o país uma potência econômica imperialista. Assim, com o objetivo de garantir novos mercados para seus produtos e matéria-prima para suas indústrias, o governo japonês estabeleceu seu domínio sobre diversos territórios vizinhos, como Manchúria, Formosa e Coreia.

A Índia no século XIX

Desde o século XVI, os portugueses haviam estabelecido comércio direto com a Índia. No século seguinte, os ingleses, por meio da Companhia das Índias Orientais, também passaram a comercializar diretamente com os indianos.

No início do século XIX, a Índia estava dividida em centenas de reinos e principados e sua economia era majoritariamente agrária. Havia também uma importante produção de artigos artesanais, como tecidos de algodão, os quais, além de atender ao mercado interno, eram levados por comerciantes para a Europa e outras regiões.

A Revolta dos Cipaios

Em 1857, um grupo de cipaios deu início a um movimento contra a dominação inglesa na Índia que ficou conhecido como Revolta dos Cipaios. Os participantes desse movimento chegaram a tomar a cidade de Nova Déli com a ajuda das autoridades locais. No entanto, a rebelião foi violentamente sufocada pelas forças britânicas em 1858.

Com o fim da rebelião, os ingleses aumentaram o controle sobre a colônia e nomearam o governador-geral inglês na Índia como vice-rei, representando diretamente os interesses britânicos na região.

Apesar da derrota dos rebeldes, a Revolta dos Cipaios foi uma importante experiência contra a dominação colonial, influenciando outros movimentos pela independência da Índia nos anos seguintes.

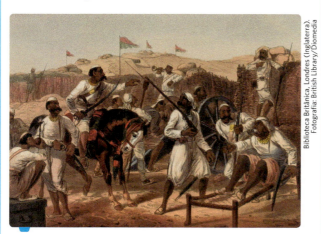

Representação de grupo de cipaios em Nova Déli, Índia, durante a revolta. Gravura de George Franklin Atkinson, feita em 1859.

O domínio colonial na Índia

Em meados do século XVIII, muitos territórios indianos estavam sob o domínio da Companhia das Índias Orientais inglesa. Para garantir a atuação da companhia, a Coroa britânica reforçou a ocupação militar nas regiões dominadas. Aos poucos, vários reinos e principados indianos foram conquistados pelos ingleses.

Um dos métodos de ocupação do território utilizado pela Companhia foi a formação e o treinamento de um exército de soldados nativos, chamados **cipaios**. Parte da elite indiana, composta de príncipes e grandes proprietários rurais, apoiava o domínio inglês, recebendo benefícios em troca de sua colaboração.

Além disso, a Companhia das Índias Orientais havia introduzido, na Índia, os tecidos ingleses industrializados, prejudicando a produção artesanal de tecidos local, o que gerou desemprego. Isso, somado aos abusos cometidos pelos colonizadores ingleses, contribuiu para a eclosão da Revolta dos Cipaios (veja o boxe ao lado).

A partir de 1858, os territórios dominados pela Companhia das Índias Orientais inglesa passaram a ser administrados diretamente pela Coroa britânica. Dessa maneira, a maior parte da Índia tornou-se colônia da Inglaterra.

Resistência na Ásia

As ações promovidas pelas potências imperialistas na Ásia provocaram diferentes manifestações de resistência, mobilizando diversos grupos sociais.

A resistência chinesa

No final do século XIX, várias sociedades secretas surgiram na China com a intenção de expulsar as nações imperialistas do território chinês. Uma das mais atuantes foi a **Sociedade dos Punhos Harmoniosos e Justiceiros**, cujos integrantes, conhecidos como **boxers** pelos ingleses, praticavam artes marciais chinesas e faziam uso da luta armada para resistir à dominação.

Inicialmente, as ações dos boxers concentraram-se em atos de sabotagem a tudo o que pudesse representar a dominação estrangeira, como a destruição de ferrovias e de linhas de telégrafo. Essas ações tornaram-se cada vez mais frequentes e difundiram-se para diferentes regiões da China.

Em 1900, os boxers promoveram a ocupação de parte da cidade de Pequim e atacaram estrangeiros. A imperatriz chinesa manifestou seu apoio à revolta e declarou guerra às potências que ocupavam o território. Porém, uma ação conjunta foi organizada pelos países imperialistas para combater os revoltosos.

Assim, em 1901, os boxers foram derrotados e os chineses tiveram de assinar um acordo de paz que estabelecia uma série de medidas que prejudicavam ainda mais a China. Dessa forma, o descontentamento da população intensificou-se e cresceram os movimentos de resistência contra o domínio estrangeiro.

Foto retratando grupo de combatentes chineses que se opunham à dominação inglesa, por volta de 1900.

A resistência indiana

Na Índia, os vínculos entre os ingleses e parte da elite indiana permitiram aos filhos de algumas famílias ricas estudar na Europa. Ao ter um contato mais intenso com a cultura dos dominadores, essas pessoas passaram a apontar as contradições existentes entre as atitudes colonialistas e os ideais presentes em países de cultura ocidental, como a liberdade de expressão e os direitos políticos. Havia também grupos populares radicais, que desejavam a expulsão dos ingleses e a volta do modo de vida tradicional indiano.

Entre o final do século XIX e o início do século XX, houve o crescimento do nacionalismo na Índia, que passou a ameaçar o domínio britânico na região. Ao longo dos anos, diversas associações, muitas delas de origem popular, foram criadas para combater o neocolonialismo inglês e para reivindicar a independência do país.

Atividades

▎Organizando o conhecimento

1. Antes das dominações neocoloniais, como estavam organizadas as diversas sociedades africanas?

2. Quais foram as consequências da Conferência de Berlim para os povos da África?

3. Observe novamente a charge da página **215** e explique a ironia dessa representação.

4. Como foi implantada a política imperialista inglesa na China?

▎Conectando ideias

5. Muitos povos africanos resistiram à dominação europeia, alguns por meio da luta armada. Os zulus, por exemplo, enfrentaram os britânicos em um conflito que chegou a envolver cerca de 20 mil guerreiros africanos. Em janeiro de 1879, eles venceram a Batalha de Isandlwana, que configurou uma das maiores derrotas militares inglesas na época. Observe a gravura e responda às questões.

Representação de combate entre britânicos e zulus em 1879. Gravura produzida por John Charles Dollman, no século XIX.

a) Você consegue identificar os zulus e os ingleses na imagem acima? Explique como você chegou a essa conclusão.

b) De acordo com a imagem, qual dos grupos está em vantagem no conflito? Justifique sua resposta.

c) Produza um texto em seu caderno comentando as formas de resistência dos povos africanos à dominação imperialista.

6. Durante o século XIX, a Inglaterra dominou diversas regiões do mundo. Analise o mapa-múndi abaixo, produzido no século XIX.

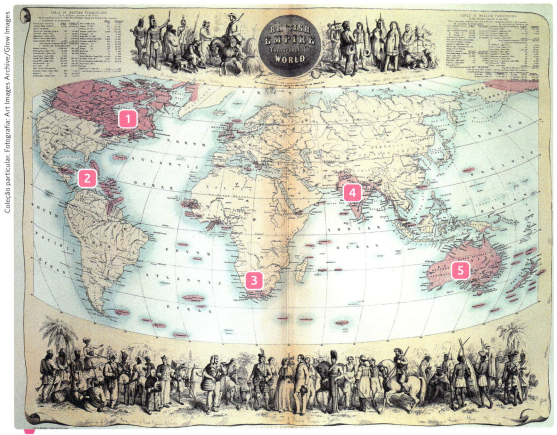

Mapa-múndi com as possessões imperialistas da Inglaterra. Gravura de artista desconhecido, feita no século XIX.

a) Descreva a imagem. Como é possível identificar que esse mapa mostra os territórios sob domínio britânico?

b) Compare o mapa acima com um mapa-múndi atual e identifique as indicações de 1 a 5 na imagem. Quais são esses territórios na atualidade?

c) Quais foram os fatores que motivaram a Inglaterra a exercer o domínio sob as regiões que você indicou acima?

d) Reflita com os colegas sobre as seguintes questões: por que os ingleses produziam e difundiam publicações como a representada na imagem? Que vantagens isso poderia proporcionar na época?

7. Sobre os movimentos de resistência à colonização na China e na Índia, responda às seguintes questões.

a) Que grupo social participou da Revolta dos Cipaios?

b) Quais eram as características dos participantes da Revolta dos Boxers?

c) Qual foi o desfecho de cada uma das revoltas e por que elas foram importantes para os movimentos de resistência colonial?

CAPÍTULO 16
A expansão dos Estados Unidos no século XIX

Após a conquista da independência dos Estados Unidos da América, em 1776, os políticos e os intelectuais envolvidos no processo de emancipação passaram a planejar o futuro da nova nação. Assim, no início do século XIX, as principais lideranças do novo país promoveram uma política de expansão territorial.

Essa política estava alinhada ao projeto de formação de uma nação grande e coesa, com identidade e unidade nacional. Para isso, visava-se ao fortalecimento das relações entre os diferentes estados da república, procurando ao mesmo tempo manter a independência e a autossuficiência de cada um deles.

Presente em diversos símbolos oficiais estadunidenses, a frase "*Pluribus unum*" (traduzido do latim, "de muitos, um") representa a união de um país formado por diferentes colônias. Ao lado, reprodução do brasão dos Estados Unidos, que traz esse lema. Outro símbolo oficial é a águia careca (ao centro), animal típico da América do Norte.

O Destino Manifesto

A ideologia de unidade e de expansão territorial que fundamentava o projeto da nova nação relacionava-se ao princípio chamado de **Destino Manifesto**.

Com base na crença religiosa de tradição puritana, o Destino Manifesto difundia a ideia de predestinação, do desígnio divino do povo estadunidense à missão civilizatória sobre os povos considerados "atrasados", "bárbaros" ou "selvagens".

Essa ideologia foi utilizada como justificativa para o avanço sobre os territórios ocupados pelos povos nativos, no Oeste do país.

Progresso americano, óleo sobre tela de John Gast, produzido em 1872. Essa pintura representa Colúmbia, a personificação dos Estados Unidos, levando a civilização para o Oeste do país. Acervo da Biblioteca do Congresso, Washington, D.C., Estados Unidos.

O avanço para o Oeste

A expansão territorial dos Estados Unidos ocorreu de várias formas, tanto pela aquisição de territórios, como o de Louisiana, comprado dos franceses em 1803, e o da Flórida, comprado dos espanhóis em 1819, quanto pelas disputas bélicas, como a anexação do Texas, que até 1845 pertencia ao México.

Batalha de Buena Vista, litogravura de James Baillie, feita em 1847. Essa imagem representa um conflito armado entre o exército mexicano e o estadunidense durante a guerra entre os Estados Unidos e o México.

Além disso, muitos colonos estimulados pela ideologia do Destino Manifesto, avançaram pelas terras a Oeste do território estadunidense, expulsando comunidades indígenas inteiras e dominando as terras originalmente por elas ocupadas. A chamada **Marcha para o Oeste** ganhou, ainda, maior força com a promulgação da **Lei de Remoção dos Índios**, de 1830, que estabelecia o deslocamento das comunidades indígenas de suas terras para a região de Oklahoma, onde deveriam se assentar em uma reserva determinada pelo governo.

A Corrida do Ouro

Com a descoberta de minas de ouro no interior do território, em 1848, o processo de expansão para o Oeste do país se intensificou. Famílias inteiras deslocaram-se em busca de enriquecimento nas regiões da Califórnia, na chamada **Corrida do Ouro**. Estima-se que, entre os anos de 1848 e 1855, cerca de 300 mil pessoas se deslocaram de diversos lugares dos Estados Unidos, assim como de países da Europa e da América Latina, para as regiões das minas.

Nessa época, muitos enriqueceram e a região se desenvolveu. A Corrida do Ouro, porém, provocou muitos efeitos negativos, como a expulsão e a morte de milhões de indígenas, a degradação ambiental, a poluição dos rios e o desmatamento.

Selo mostrando mineradores estadunidenses na época da Corrida do Ouro, em 1849, Califórnia, Estados Unidos.

221

A situação dos povos indígenas

O avanço para o Oeste dos Estados Unidos, tanto pela conquista do território quanto pela Corrida do Ouro, causou grandes prejuízos para a população indígena. Desde a promulgação da Lei de Remoção dos Índios, milhões de indígenas de diversas nações como a *choctaw*, a *creek* e a *chickasaw* foram deslocados à força pelo governo estadunidense.

Nesse processo, os povos indígenas, expulsos das terras que ocupavam há muitas gerações, sofriam com a dificuldade de adaptação, a fome, a desnutrição e diversas doenças.

Apesar disso, muitos nativos resistiram à ocupação e ao deslocamento forçado, travando violentos conflitos contra os colonos, que provocaram milhares de mortes. Muitas populações indígenas foram dizimadas, pois, apesar de serem numericamente superiores, não possuíam armas de fogo, como os invasores.

A última carga do general Custer, litogravura de artista desconhecido representando o confronto entre soldados da sétima cavalaria do exército estadunidense, liderado pelo general Custer, e indígenas do povo *sioux*, na batalha de Little Bighorn, em junho de 1876.

A Trilha das Lágrimas

Em 1838, em um dos deslocamentos forçados, os indígenas *cherokees* foram obrigados a marchar cerca de 1500 quilômetros, da região do atual estado da Geórgia até o Oklahoma, enfrentando o frio, a fome e as doenças, o que causou a morte de milhares de pessoas.

Essa jornada ficou conhecida como **Trilha das Lágrimas** e é lembrada até hoje por diversas nações indígenas como um dos episódios marcantes da violência e do extermínio sofrido no período da expansão para o Oeste dos Estados Unidos.

Monumento em homenagem aos indígenas *cherokees* que foram expulsos de suas terras em 1838, na cidade de Pulaski, nos Estados Unidos. Foto de 2017.

O crescimento populacional

Ao longo de todo o século XIX e o início do século XX, os Estados Unidos receberam muitos imigrantes de diversas nacionalidades, principalmente europeus, vindos da Alemanha, da Irlanda, da Itália, entre outros países.

Muitos desses imigrantes, que deixavam seus países de origem em busca de melhores condições de vida, se estabeleceram na região nordeste dos Estados Unidos, onde havia intensas atividades comerciais e industriais. Cidades como Nova York e Boston, no estado de Massachusetts, e Chicago, no estado de Illinois, foram intensamente povoadas nesse período.

Estima-se que entre os anos de 1870 e 1900, os Estados Unidos tenham recebido cerca de 20 milhões de imigrantes.

Imagem que representa imigrantes europeus chegando ao continente americano e passando pela Estátua da Liberdade, no porto de Nova York. Nessa época, os Estados Unidos eram conhecidos como "terra das oportunidades". Gravura de autoria desconhecida, feita em 1892.

Homestead Act

Para estimular a migração para as terras do Oeste dos Estados Unidos e, ao mesmo tempo, resolver a questão do aumento populacional nas grandes cidades, o governo do país promulgou, em 1862, o *Homestead Act*, do inglês, **Lei da Propriedade Rural**, que garantia a posse de terras a quem as ocupasse e as tornasse produtiva no período de cinco anos. Para ter acesso à terra (cerca de 650 mil metros quadrados), o solicitante devia, entre outras exigências, ser chefe de família, ter mais de 21 anos de idade e pagar uma taxa anual ao governo.

Ao entrar em vigor, a Lei da Propriedade Rural considerava todas as terras do Oeste como pertencentes ao governo, ignorando, portanto, a presença de diversos povos indígenas que viviam tradicionalmente nesses territórios. Por isso, a ocupação dessas terras por colonos era constantemente alvo da resistência, fato que contribuiu para o extermínio de diversas nações indígenas.

> Quais foram as consequências da chamada Lei da Propriedade Rural para as populações indígenas do Oeste dos Estados Unidos?

Selo impresso nos Estados Unidos, em 1962, em referência ao centenário do *Homestead Act*. A imagem do selo representa colonos em um tipo de cabana bastante comum durante a ocupação das terras a Oeste.

A divisão entre o Norte e o Sul

O governo estadunidense considerava a política de expansão territorial e as guerras de conquista como elementos unificadores dos diversos estados do Norte e do Sul.

As diferenças entre o Norte e o Sul

Como vimos na unidade 3, na época da colonização das Treze Colônias inglesas, havia grandes diferenças entre as colônias do Norte e as do Sul. Após o processo de independência e ao longo do século XIX, as divergências entre as regiões se intensificaram: o Norte tornou-se mais urbanizado, populoso e industrializado; enquanto o Sul se manteve escravista, com a produção econômica voltada para as exportações, além de ter grande número de representantes políticos no governo.

No entanto, com o fim das guerras de conquista nos territórios mexicanos em 1845, o governo propôs a chamada **Cláusula Wilmot**, que estabelecia o fim da escravidão em todo o território anexado do México. Apesar de essa cláusula, que foi apresentada pelo político David Wilmot, não ter sido aprovada pelo Congresso, a proposta acabou provocando uma tensão entre os estados do Norte, que apoiavam a medida, e os do Sul, que ameaçavam se separar dos outros estados caso a escravidão fosse abolida (leia o boxe ao lado).

Com a eleição de um novo presidente estadunidense, em 1860, as hostilidades entre os estados do Norte e os do Sul tornaram-se declaradas. O presidente eleito, Abraham Lincoln (1809-1865), era favorável ao trabalho livre nas novas terras, como as do Oeste e os territórios anexados, mas defendia a manutenção da escravidão nos estados em que esse regime já existia.

Apesar de tentar conciliar os diferentes interesses, essa postura de Lincoln não era bem vista pelos fazendeiros escravocratas do Sul, que pretendiam manter o regime de escravidão no país.

Assim, ainda em 1860, os estados do Sul, incluindo Carolina do Sul, Alabama, Flórida, Mississípi, Geórgia e Texas, formaram os **Estados Confederados da América**, declarando-se separados dos outros estados que formavam a União e elegendo seu próprio presidente, Jefferson Davis (1808-1889).

Foto do presidente estadunidense Abraham Lincoln, em 1864.

Na segunda metade do século XIX, a mão de obra escravizada era predominante nas *plantations* dos estados do Sul dos Estados Unidos. *Plantação de algodão no Mississípi*, litogravura de William Aiken Walker, feita em 1884, que representa uma plantação de algodão e dos trabalhadores afrodescendentes.

A Guerra Civil Americana

Em abril de 1861, os soldados dos Estados Confederados invadiram o forte Sumter, na Carolina do Sul, em um conflito armado que expulsou os soldados da União do local. Esse episódio deu início à Guerra Civil Americana, também conhecida como **Guerra de Secessão** (1861-1865).

A maioria das batalhas ocorreu nos territórios dos estados do Sul, destruindo plantações, edifícios, linhas de comunicação e construções, prejudicando, assim, as forças confederadas. No decorrer da guerra, os estados do Sul passaram também a enfrentar problemas como a falta de alimentos e de armas. Além disso, parte do exército que era formado por pessoas escravizadas começou a desertar e a aliar-se às forças do Norte, principalmente após o presidente Abraham Lincoln declarar a abolição da escravidão nos estados da União, em 1863.

> Desertar: abandonar, afastar-se do serviço militar sem licença.

Durante as batalhas, mais de 600 mil pessoas morreram de ambos os lados, causando grandes prejuízos em todo o território. A guerra terminou com a vitória da União, em 1865, e ficou marcada como um dos conflitos mais violentos da história dos Estados Unidos.

Representação de batalha entre o exército dos Estados Confederados e o exército da União, durante a Guerra de Secessão. Litogravura de Kurz and Allison, feita em 1890.

Após o fim do conflito

Com o fim da Guerra de Secessão, os estados do Norte saíram fortalecidos, difundindo assim o modelo de desenvolvimento de produção econômica baseado no avanço do setor industrial e no trabalho livre e assalariado.

Parte da população de ex-escravizados, liberta após a abolição em 1863, migrou para os estados do Norte em busca de trabalho e de melhores condições de vida nas grandes cidades industriais. No entanto, a maioria dos afrodescendentes continuou enfrentando o preconceito e a segregação racial na sociedade estadunidense, principalmente com a formação de grupos racistas, como o Ku Klux Klan, fundado em 1866.

Um longo caminho de resistência

Os primeiros africanos escravizados chegaram oficialmente aos Estados Unidos em 1619. Somente em 1863 obteriam a sua libertação, que foi, inclusive, uma das motivações da Guerra de Secessão. Nesse período, os Estados Unidos tinham uma população de cerca de 8 milhões de brancos e 4 milhões de negros.

Embora, em 1863, tenha ocorrido um Ato de Emancipação dos escravizados, essa medida não resultou em liberdade imediata. Os escravizados precisaram aguardar até 1865 para que o Congresso proibisse definitivamente a escravidão, incluindo essa lei na Constituição estadunidense. Tiveram de aguardar ainda até 1870 para ter o direito de cidadania, podendo votar e ser votados. Contudo, em alguns estados do Sul dos Estados Unidos, essas leis eram desrespeitadas, impedindo os ex-escravizados de exercer seus direitos.

Resistência cultural

Os africanos e afrodescendentes escravizados nos Estados Unidos, tal como em outros países da América, resistiram à violência, à desumanização e à tentativa de extinção de sua cultura. Mesmo com a forte repressão dos colonos às suas crenças eles procuraram mantê-las, principalmente por meio do canto e das músicas religiosas.

Foi assim que nasceram os hinos e canções conhecidos *Spirituals* (ou *Negro Spiritual*) a partir do século XVIII, um gênero musical que cruzava as escalas e rítmicas africanas com a harmonia das canções dos colonos. Consistindo numa forma de canto em coro e no uso de palmas como percussão, os *Spirituals* possuem melodias de extrema beleza, carregadas de tristeza e dor. Em seus versos são utilizados trechos da Bíblia que remetem à dura vida da escravidão e à busca de alívio do sofrimento. Para muitos estudiosos, os *Spirituals* são considerados canções de protesto disfarçadas.

Leia a letra do *Spiritual "Go down Moses"*, que fala de uma passagem do Antigo Testamento, mas que contém uma mensagem de resistência, estimulando a fuga dos escravizados de seus opressores:

Go down Moses	Desce, Moisés
Way down in Egypt land	O caminho da terra do Egito
Tell all pharaoes to	Diga a todos os faraós que
Let my people go!	Deixem meu povo partir!
When Israel was in Egypt land	Quando Israel estava no Egito
– Let my people go!	– Deixem meu povo partir!
Oppressed so hard they could not stand	Tão oprimido que não suportava
– Let my people go!	– Deixem meu povo partir!
So the God said: Go down, Moses	Então Deus disse: Desce, Moisés
Way down in Egypt land	O caminho da terra do Egito
Tell all pharaoes to	Diga a todos faraós que
Let my people go!	Deixem meu povo partir!

Spiritual intitulado *"Go down, Moses"*. (Tradução nossa).

Embora os Estados Unidos tenham abolido a escravidão 25 anos antes do Brasil, há algumas semelhanças entre os procedimentos dos dois países. Em ambos houve uma exclusão deliberada das populações afrodescendentes da sociedade dos brancos. Nos Estados Unidos do século XIX, a situação de perseguição aos afrodescendentes ganhou elementos ainda mais cruéis, como as leis de segregação racial e a constituição de grupos de paramilitares defensores da supremacia racial branca contra os negros, como a Ku Klux Klan (KKK).

Em 1882, a existência da KKK foi considerada inconstitucional pela Suprema Corte dos Estados Unidos, ou seja, contrária à Constituição. No entanto, essa organização racista ressurgiu ao longo do século XX e existe até hoje.

Resistência na atualidade

Manifestação do *Black Lives Matter* em Londres, na Inglaterra, 16 de julho de 2016.

A resistência mais contundente e afirmativa dos afrodescendentes estadunidenses somente ocorreria a partir da metade da década de 1950, quase um século depois da abolição formal da escravidão pelo presidente Abraham Lincoln.

Durante as décadas de 1950 e 1960, surgiram vários grupos afrodescendentes que lutaram pelos direitos civis dos negros e lideranças como Malcolm-X e Martin Luther King, ambos assassinados em 1965 e 1968, respectivamente.

Recentemente, em 2013, surgiu um novo movimento de resistência afrodescendente, o *Black Lives Matter* (do inglês, Vidas Negras Importam). Tudo começou quando a ativista Alizia Garcia postou nas redes sociais a frase "Vidas Negras Importam", expressando sua indignação contra a absolvição de um segurança que matou um adolescente negro no estado da Flórida. Com auxílio de várias pessoas, ela espalhou a *hashtag* nas redes sociais, que se tornou um símbolo de defesa da vida de negros, especialmente os assassinados por policiais. De acordo com estudiosos, o *Black Lives Matter* é o mais importante movimento de direitos civis estadunidense desde a década de 1960 e tem se disseminado por vários lugares do mundo, reunindo pessoas de diferentes etnias e origens sociais na luta por justiça e igualdade.

O imperialismo estadunidense

Com o desenvolvimento industrial alcançado no século XIX, após o fim da Guerra de Secessão, os Estados Unidos emergiram como uma grande potência econômica na América, dando continuidade à sua política de expansão no continente.

A Doutrina Monroe

Visando a expansão econômica e o fortalecimento da sua influência na América Latina, os estadunidenses iniciaram no século XX uma política de intervenção baseada na chamada **Doutrina Monroe**.

Elaborada em 1823 pelo presidente dos Estados Unidos na época, James Monroe (1758-1831), a Doutrina Monroe tinha como lema "a América para os americanos" e começou a ser difundida no contexto da onda conservadora que dominou a Europa após o Congresso de Viena (1814-1815), que teve como princípio a redefinição das antigas fronteiras territoriais dos países europeus e a restauração das monarquias absolutistas com o fim do Império Napoleônico.

Os Estados Unidos temiam que as potências europeias tentassem recolonizar o continente, ameaçando seus ideais republicanos. Por isso, eles não se envolveram nas questões políticas ou econômicas dos europeus, mas, por outro lado, em nome da paz e da liberdade, os Estados Unidos estabeleceram para si o papel de "guardiões" do Novo Mundo, sob o lema do Destino Manifesto.

Charge de Louis Dalrymple, produzida no século XIX, mostra o Tio Sam (que representa os Estados Unidos) dominando territórios no continente americano. Em uma das mãos, ele segura um porrete com a inscrição *Monroe Doctrine*, do inglês, Doutrina Monroe.

A guerra hispano-americana

Retomando os princípios da Doutrina Monroe ou, ainda, sob a influência do Destino Manifesto, no final do século XIX, os Estados Unidos iniciaram um processo de intervenção política e econômica nos países da América Latina.

Uma das primeiras intervenções ocorreu em 1898. Como vimos na unidade **3** deste volume, nesse ano, os Estados Unidos entraram em guerra contra a Espanha, quando as forças espanholas foram acusadas de destruir um navio estadunidense no porto de Havana, capital de Cuba. Esse fato uniu estadunidenses e cubanos contra a Coroa espanhola.

O conflito foi decisivo para a conquista da independência de Cuba. O país, no entanto, passou a ser ocupado militarmente pelos estadunidenses, que também anexaram o território de Porto Rico, na América Central, cedido pela Espanha.

O Big Stick

No início do século XX, a postura intervencionista estadunidense continuou durante o governo do presidente Theodore Roosevelt (1858-1919), no qual foi iniciada uma política externa conhecida como *Big Stick* (traduzido do inglês, "Grande Porrete").

Embora os Estados Unidos atuassem sob o argumento de proteger os outros países da América Latina, garantindo a liberdade e a democracia, eles se davam o direito de, a qualquer momento, fazer uso da força militar para atingir seus interesses na região. Assim, os Estados Unidos garantiram o fornecimento de matérias-primas para suas indústrias e a abertura de novos mercados consumidores para as grandes empresas na América Latina.

Nesse contexto, entre os anos de 1900 e 1920, o governo estadunidense atuou militarmente em diversos países da América, como no México, no Haiti, na República Dominicana e na Nicarágua.

Tropas da marinha estadunidense entrando na cidade de Santo Domingo durante a ocupação da República Dominicana. Foto de 1916.

A construção do canal do Panamá

Em 1880, os franceses iniciaram as obras para a construção de um canal, no istmo do Panamá, que era província da Colômbia, com o objetivo de ligar o oceano Atlântico ao oceano Pacífico. Assim, esperava-se encurtar as viagens marítimas e aumentar a arrecadação com a cobrança de taxas pela circulação das embarcações. No entanto, as obras foram abandonadas em 1889, por causa de dificuldades econômicas, das chuvas, dos desmoronamentos e de surtos de malária e de febre amarela que causaram a morte de centenas de trabalhadores.

Em 1903, os estadunidenses compraram o projeto e os direitos de construção do canal, mas sem a aprovação do governo colombiano. Para concretizar o projeto, os Estados Unidos incitaram a mobilização de grupos rebeldes na região que reivindicaram a separação da província do Panamá em relação à Colômbia, além de oferecer ajuda militar em troca da autorização para o reinício das obras e do direito de administração do canal. A independência do Panamá foi conquistada ainda em 1903, e a construção do canal foi concluída em 1914. Porém, foi somente em 1999 que o canal do Panamá passou a ser administrado pelos panamenhos.

Istmo: estreita faixa de terra que une duas porções maiores.

Para investigar

Os selos que contam história

Você já enviou alguma carta pelo correio? Hoje em dia, esse costume é bem menos praticado que no passado, mas, por muitos anos, o serviço dos correios representou uma das formas mais eficientes de comunicação a distância.

A princípio, quem pagava pela entrega de cartas era o destinatário. No entanto, como havia a possibilidade de essa pessoa recusar a correspondência, as empresas ficavam sem receber pela entrega.

Para resolver esse problema e fazer com que o remetente já enviasse a carta com o serviço pago, foram criados os **selos postais**. Cada selo valia determinada quantia em dinheiro e sua presença na carta indicava que o serviço de entrega já estava pago.

Nos Estados Unidos, os selos postais começaram a circular na década de 1840. Veja a seguir uma correspondência enviada com selo, no século XIX.

Esse documento histórico encontra-se datado com o ano de 1860, como vemos na inscrição.

O carimbo com a inscrição *Pony Express* faz referência a um serviço de postagem estadunidense criado em 1860. As cartas eram transportadas por cavaleiros e entregues de um extremo a outro do país.

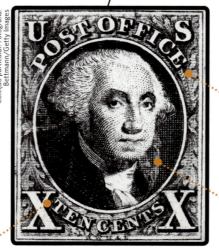

O selo postal está colado no canto superior direito da correspondência.

É possível identificar em letras manuscritas, no canto inferior direito, a indicação do local do destinatário: "New York".

Correspondência de 1860, enviada com selo postal.

Os carimbos oficiais indicam as localidades pelas quais a carta passou, assim como a origem da correspondência; nesse caso, a cidade de São Francisco.

A inscrição "U. S. Post Office", do inglês, "Agência dos Correios dos Estados Unidos", remete a uma instituição oficial do governo.

A figura histórica homenageada nesse selo é George Washington (1732-1799), o primeiro presidente dos Estados Unidos.

Os selos postais apresentam uma indicação do valor monetário do serviço de entrega. Nesse caso, foi "ten cents", do inglês, "dez centavos" de dólar na época.

Os selos postais emitidos pelas empresas oficiais dos governos existem até os dias de hoje. Muitas vezes, as imagens impressas costumam estar relacionadas à história dos países, retratando símbolos nacionais, personalidades, datas comemorativas e homenagens referentes a acontecimentos considerados relevantes. Assim, os selos postais costumam difundir uma certa visão sobre os acontecimentos históricos, incentivando a construção de uma memória coletiva. Dessa forma, analisar os selos postais de um país pode nos auxiliar a compreender também sua história.

Analise o selo postal abaixo e responda às questões.

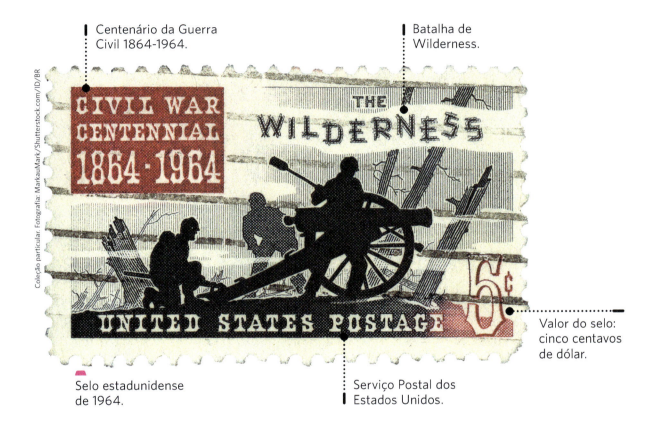

Centenário da Guerra Civil 1864-1964.

Batalha de Wilderness.

Selo estadunidense de 1964.

Serviço Postal dos Estados Unidos.

Valor do selo: cinco centavos de dólar.

1. Você já utilizou algum serviço que necessitasse de selos postais? Em caso afirmativo, descreva como foi essa experiência.

2. Com que objetivo os selos foram inventados? Que elementos da imagem acima nos auxiliam a perceber isso?

3. Descreva a cena representada no selo.

4. Qual é o acontecimento histórico que o selo está homenageando? Como você chegou a essa conclusão?

5. Você concorda que os selos postais podem ser utilizados para construir uma memória coletiva e que podem ser analisados como documentos históricos? Explique sua resposta utilizando o selo acima como exemplo.

Atividades

Organizando o conhecimento

1. Explique a relação do Destino Manifesto com a expansão territorial para o Oeste nos Estados Unidos.

2. Como a Lei da Propriedade Rural interferiu na vida dos povos indígenas que habitavam o território dos Estados Unidos?

3. Quais foram as principais razões para a eclosão da Guerra de Secessão?

4. Explique a ideologia relacionada ao lema "A América para os americanos".

5. O que era a política do *Big Stick*?

Conectando ideias

6. Em 1870, foi apresentada nos Estados Unidos a 15ª emenda à Constituição, que estabelece o voto universal masculino, independentemente da etnia. Porém, na prática, as pessoas de descendência africana continuaram enfrentando a discriminação racial após a abolição da escravidão no país. Leia o texto a seguir, que trata dessa questão, e realize as atividades.

> [...]
> De acordo com a Constituição, o ex-escravo assumia a cidadania civil e política em pé de igualdade com o branco. Embora as emendas à Constituição fossem dirigidas a todos os americanos, os [direitos] adquiridos pelos negros foram, na prática, tacitamente ignorados em diversos estados sulistas. Predominava, entre a maioria branca, o sentimento de que "ser livre" não queria dizer "ser cidadão" [...].
>
> Em nível local, surgiram grandes obstáculos para a realização, por parte do negro, de uma plena cidadania. [...] Associações paramilitares de brancos, como a Ku Klux Klan, fundada em 1866, defendiam a supremacia do branco e reprimiam com violência qualquer esforço dos negros para exercer seus direitos. [...]
>
> Era comum também, no Sul, a segregação dos transportes públicos, das escolas públicas, dos hospitais, dos restaurantes e dos lugares públicos de lazer. Pela lei sobre os direitos civis, de 1875, foi garantido o acesso dos negros aos lugares públicos, mas, oito anos depois, essa lei foi invalidada e a causa a favor da igualdade do negro foi abandonada. [...]
>
> Nancy Priscilla S. Naro. *A formação dos Estados Unidos*. São Paulo: Atual, 1994. p. 41-42. (Discutindo a História).

a) De acordo com o texto, após as emendas da Constituição dos Estados Unidos, os direitos dos ex-escravizados foram respeitados? Explique.

b) Como era o acesso dos ex-escravizados aos espaços públicos e privados no Sul dos Estados Unidos após a abolição?

c) Em sua opinião, como o racismo impediu que os afrodescendentes exercessem sua plena cidadania após a abolição da escravidão nos Estados Unidos? De que maneira podemos agir para combater o racismo na atualidade? Converse com os colegas.

7. Apesar de toda violência que sofreram, os indígenas influenciaram a cultura dos colonos. O lacrosse, por exemplo, é um esporte de origem indígena, que era praticado antes da chegada dos colonos. Observe as imagens abaixo e leia o texto, que explica como ele é jogado nos dias de hoje.

[...] O lacrosse é um esporte de contato físico que mescla futebol, basquete e hóquei. É disputado entre dois times de dez jogadores (entre eles, um goleiro) num campo de 100 m por 55 m, em quatro tempos de 15 minutos. Os atletas carregam um bastão (o "crosse", origem do nome da modalidade) com uma pequena rede na ponta. Para passar e arremessar a gol, antes é preciso capturar a bola do mesmo tamanho que a do tênis, mas duas vezes e meia mais pesada (155 g). Só o goleiro pode usar as mãos. O jogo é essencialmente tático: três integrantes da equipe (a defesa) não podem passar do meio-campo, três jogam apenas da metade do terreno até o gol adversário e os outros três podem se deslocar por todo o campo. [...]

Jogador de lacrosse em litogravura de George Catlin, feita no século XIX.

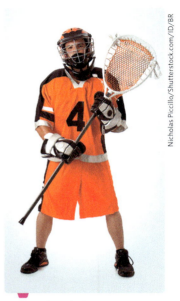

Jogador de lacrosse na atualidade. Foto de 2016.

Alec Duarte. O país que só o esporte reconhece. *Folha Online*. 10 jun. 2003. Disponível em: <https://www1.folha.uol.com.br/folha/colunas/papodeesporte/ult1419u18.shtml>. Acesso em: 22 out. 2018.

a) O lacrosse tem algo em comum com outros jogos populares no Brasil?

b) Descreva os dois jogadores representados acima. Quais as semelhanças e as diferenças entre eles?

c) Em quais outros aspectos houve um intercâmbio cultural entre o modo de vida indígena e o ocidental nos Estados Unidos? Reúnam-se em grupos e pesquisem sobre essa questão. Depois, conversem sobre o que descobriram com os colegas dos outros grupos.

Verificando rota

Converse com seus familiares ou responsáveis sobre os conteúdos abordados nesta unidade. Explique a eles os conceitos e os principais temas estudados. Depois, conte para a turma como foi sua conversa e comente as questões a seguir.

- Você teve dificuldade para explicar algum dos temas estudados? Se sim, qual deles?
- Sobre quais assuntos você sentiu maior facilidade em conversar?
- O estudo desta unidade possibilitou que você repensasse alguns conceitos e ideias que já tinha sobre a dominação imperialista no século XIX e o modo como ela afetou a vida das populações atingidas ao longo do tempo?

Ampliando fronteiras

Os nativos sob as lentes do cinema

Os indígenas da América do Norte foram representados em diversos filmes estadunidenses. Dentro do gênero chamado *Far West* (faroeste ou extremo oeste), esses povos costumam ser representados de maneira estereotipada.

A maior parte desses filmes apresenta a imagem dos nativos como selvagens e com comportamentos rudes. Nas narrativas, eles aparecem frequentemente alcoolizados, demonstrando desprezo pelos hábitos de higiene e pela vida civilizada, além de serem, geralmente, os bandidos das histórias.

Nesses filmes de *Far West*, produzidos até a década de 1970, os nativos são os vilões e assumem o papel de inimigos dos estadunidenses, pois estariam supostamente atrapalhando a conquista do Oeste e, consequentemente, a concretização do projeto de nação que estava sendo implantado pelos colonos.

> **O gênero *Far West***
>
> Você já assistiu a algum filme desse gênero? Os filmes de faroeste começaram a ser produzidos no começo do século XX e eram marcados pelo tema da Marcha para o Oeste.

Nesse cartaz, que divulga o curta-metragem *A Última Luta de Custer*, de 1912, dirigido por Francis Ford, vemos os indígenas representados em posição de ataque e demonstrando violência.

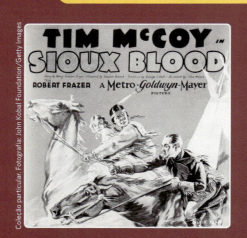

Acima, o cartaz do filme *Sangue Sioux*, dirigido por John Waters em 1929, mostra um nativo sequestrando uma personagem enquanto foge do colono, que tenta resgatá-la.

Ao representar os povos nativos dessa forma pejorativa, a indústria cinematográfica contribuiu para divulgar para a população uma concepção distorcida sobre a conquista do Oeste, assim como sobre a história e a cultura dos indígenas. Dessa forma, muitas pessoas foram influenciadas a aceitar e legitimar o massacre e as atrocidades promovidos contra os nativos. Afinal, sob as lentes do cinema, eles apareciam como inimigos da nação.

Foi somente a partir da década de 1970 que a indústria cinematográfica passou a produzir filmes com um olhar mais crítico, e pouco a pouco os indígenas passaram a ser representados de outras maneiras.

1. Por que os filmes estadunidenses da primeira metade do século XX representavam os nativos de forma pejorativa?
2. Você conseguiu identificar essas representações por meio dos cartazes e do fotograma mostrados na seção? Explique.
3. Que ideia esses filmes estavam tentando legitimar?
4. Você acredita que a indústria cinematográfica pode influenciar a opinião das pessoas sobre determinado assunto? Pense em exemplos do seu dia a dia e converse sobre o tema com os colegas.

EM CARTAZ NESTE MÊS

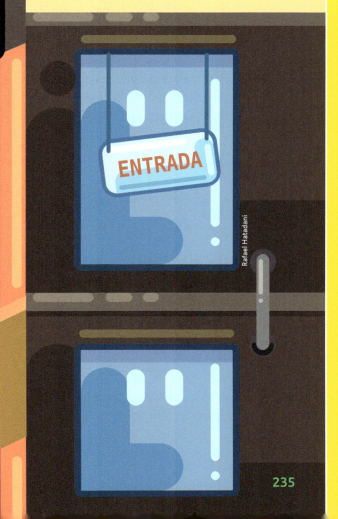

O filme *Terra Bruta*, de 1961, é um exemplo de representação estereotipada dos povos nativos da América do Norte. Na narrativa, o grupo dos indígenas comanches sequestra pessoas brancas, ligadas aos colonos. Na cena acima, vê-se o momento da negociação, em que os nativos, tidos como sequestradores e oportunistas, recebem mercadorias para realizar um acordo. Direção de John Ford.

Aprenda mais

UNIDADE 1 — O Iluminismo e a Revolução Industrial

 ### *Oliver Twist*

O protagonista dessa história é o órfão Oliver Twist, que vive nas ruas de Londres durante o século XIX. O garoto tem um cotidiano difícil, marcado pela exploração da mão de obra infantil e pelas condições precárias de moradia e de trabalho. Conheça aspectos da vida cotidiana durante a Revolução Industrial e descubra como Oliver vai conseguir sobreviver às dificuldades.

Charles Dickens, adaptado por Henrique Félix. *Oliver Twist*. São Paulo: Escala Educacional, 2008 (Série Recontar Juvenil).

UNIDADE 2 — A Revolução Francesa e a Era de Napoleão

 ### *A Revolução Francesa passo a passo*

Repleto de ilustrações e com uma narrativa lúdica, o livro nos conta a história da Revolução Francesa, um evento de grande importância para o Ocidente e que marcou o início da Idade Contemporânea na Europa.

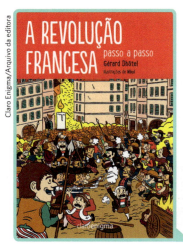

Gérard Dhôtel. Tradução de Julia da Rosa Simões. *A Revolução Francesa passo a passo*. São Paulo: Claro Enigma, 2015.

UNIDADE 3 — Independências na América

 ### Organização dos Haitianos que Vivem no Brasil (OHVB)

No *site* da OHVB, uma organização sem fins lucrativos engajada em amparar imigrantes haitianos no Brasil, você encontrará diversas informações sobre os projetos e campanhas promovidos por essa entidade, além de descobrir de que maneira você também pode ajudar.

Organização dos Haitianos que Vivem no Brasil (OHVB). Disponível em: <http://linkte.me/i1i25>. Acesso em: 22 out. 2018.

 **De Colônia a Império**

A corte portuguesa no Rio de Janeiro

A obra é baseada no relato do comerciante inglês John Luccock, que viajou para o Brasil em 1808. Nesse livro é possível perceber como a vinda da família real portuguesa ao Brasil alterou profundamente o dia a dia do Rio de Janeiro no século XIX.

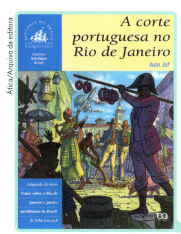

Ivan Jaf. *A corte portuguesa no Rio de Janeiro*. São Paulo: Ática, 2001. (Coleção História do Brasil Através dos Viajantes).

 O período Regencial e o Segundo Reinado

Museu Imperial

Esse museu abriga um importante acervo com objetos e documentos do período imperial. No *site* indicado você vai poder visualizar os ambientes e as principais atrações dessa instituição, em uma visita virtual.

Museu Imperial. Disponível em: <http://linkte.me/qw1sr>. Acesso em: 3 out. 2018.

 A transição do Império para a República

Da cor da esperança: a libertação dos escravos

Da cor da esperança narra a história de um grupo de negros que se mobiliza para exigir o fim da escravidão em nosso país durante a segunda metade do século XIX, período em que se fortalecem os movimentos abolicionistas. A leitura desse livro permitirá a você o contato com as diversas formas de resistências praticadas pelos escravizados e sua luta por liberdade e justiça no contexto do Império no Brasil.

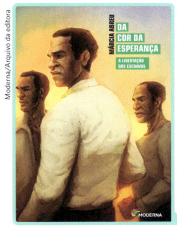

Márcia Abreu. *Da cor da esperança*: a libertação dos escravos. São Paulo: Moderna, 2016.

Museu da Imigração do Estado de São Paulo

O Museu da Imigração do Estado de São Paulo é uma instituição que tem como um dos principais objetivos preservar aspectos da história e da memória dos imigrantes que se estabeleceram no Brasil durante os séculos XIX e XX. Nesse *site*, você terá acesso a documentos pessoais, cartas, fotografias e diversos outros registros desses imigrantes. Além disso, poderá conhecer o histórico do museu, acessar o acervo digital, programação, entre outras informações.

Museu da Imigração do estado de São Paulo. Disponível em: <http://linkte.me/q20z7>. Acesso em: 3 out. 2018.

 ## A Europa no século XIX e o imperialismo

 ### *A história do racismo e do escravismo*

Esse documentário inglês foi produzido pela BBC Four, sendo dividido em três episódios independentes entre si e com cerca de 60 minutos de duração cada: *O poder do dinheiro*, *Impactos fatais* e *Um legado selvagem*.

Ao todo, os episódios, por meio de diferentes fontes e relatos, abordam desde as origens da escravização de africanos por europeus até os efeitos do racismo na atualidade.

A história do racismo e do escravismo. Direção: Paul Tickell. Grã-Bretanha, 2007 (176 min).

UNIDADE 8 Neocolonialismo e a expansão dos Estados Unidos

 ### *Zarafa*

Essa animação conta a história de Maki, um menino que viveu na época do neocolonialismo europeu na África. Após fugir da escravidão, ele e sua amiga girafa chamada Zarafa viajam à Alexandria, no Egito. Para resolver conflitos políticos, o governante local decide enviar o animal como um presente à França. Veja como Maki vai reagir a essa notícia e conheça mais sobre a história da África no século XIX.

Zarafa. Direção: Rémi Bezançon e Jean-Christophe Lie. França/Bélgica, 2012 (78 min).

Referências bibliográficas

Ariès, Philippe; Duby, Georges (Dir.). *História da vida privada*. Trad. Hildegard Feist. São Paulo: Companhia das Letras, 1995. 5 v.

Baussier, Sylvie. *Pequena história do tempo*. Trad. Pauline Alphen. São Paulo: SM, 2005 (Coleção Pequenas Histórias dos Homens).

Bethell, Leslie (Coord.). *História da América Latina*. São Paulo: Edusp; Brasília: Fundação Alexandre Gusmão, 2004-2005. 6 v.

Bloch, Marc. *Apologia da história ou o ofício do historiador*. Trad. André Telles. Rio de Janeiro: Jorge Zahar, 2001.

Boschi, Caio César. *Por que estudar História?* São Paulo: Ática, 2007.

Bosi, Ecléa. *Memória e sociedade*: lembranças de velhos. São Paulo: Companhia das Letras, 1994.

Caldeira, Jorge (Org.). *Brasil*: a história contada por quem viu. São Paulo: Mameluco, 2008.

Carvalho, José Murilo de. *Os bestializados*: o Rio de Janeiro e a República que não foi. São Paulo: Companhia das Letras, 2006.

Costa, Emília Viotti da. *Da Monarquia à República*: momentos decisivos. 9. ed. São Paulo: Ed. Unesp, 2010.

D'Amorim, Eduardo. *África e Brasil*. São Paulo: FTD, 2015.

Del Priore, Mary (Org.). *História das mulheres no Brasil*. 8. ed. São Paulo: Contexto, 2006.

Del Priore, Mary; Venancio, Renato. *Uma história da vida rural no Brasil*. Rio de Janeiro: Ediouro, 2006.

Doratioto, Francisco. *Maldita guerra*: nova história da Guerra do Paraguai. São Paulo: Companhia das Letras, 2002.

Duby, Georges. *A Europa na Idade Média*. Lisboa: Teorema, 1989.

Fairbank, John King; Goldman, Merle. *China*: uma nova história. Trad. Marisa Motta. Porto Alegre: L&PM, 2008.

Faria, Sheila de Castro. *Viver e morrer no Brasil colônia*. São Paulo: Moderna, 1999 (Coleção Desafios).

Fausto, Boris. *História do Brasil*. 14. ed. São Paulo: Edusp/FDE, 2012 (Coleção Didática).

Ferreira, Antonio Celso; Bezerra, Holien Gonçalves; De Luca, Tania Regina (Org.). *O historiador e seu tempo*: encontros com a história. São Paulo: Unesp/Anpuh, 2008.

Ferreira, Marieta de Moraes; Amado, Janaína (Org.). *Usos e abusos da história oral*. Rio de Janeiro: FGV, 2006.

Ferreira, Olavo Leonel. *Visita à Grécia Antiga*. São Paulo: Moderna, 2003 (Coleção Desafios).

França, Jean Marcel Carvalho. *A construção do Brasil na literatura de viagem dos séculos XVI, XVII e XVIII*: antologia de textos (1591-1808). Rio de Janeiro: José Olympio; São Paulo: Unesp, 2012.

Franco Júnior, Hilário. *A Idade Média*: nascimento do Ocidente. São Paulo: Brasiliense, 2006.

Funari, Pedro Paulo. *A vida quotidiana na Roma Antiga*. São Paulo: Annablume, 2003.

_____ . *Grécia e Roma*. 4. ed. São Paulo: Contexto, 2007 (Coleção Repensando a História).

Guarinello, Norberto Luiz. *Os primeiros habitantes do Brasil*. 5. ed. São Paulo: Atual, 1994 (Coleção A Vida no Tempo do Índio).

Gomes, Marcos Emílio (Coord.). *A Constituição de 1988, 25 anos*: a construção da democracia & liberdade de expressão. São Paulo: Instituto Vladimir Herzog, 2013.

Hernandez, Leila Maria Gonçalves Leite. *A África na sala de aula*: visita à história contemporânea. São Paulo: Selo Negro, 2005.

Hetzel, Bia; Negreiros, Silvia (Org.). *Pré-História brasileira*. Rio de Janeiro: Manati, 2007.

Hobsbawm, Eric J. *A Era das revoluções*: Europa 1789-1848. 25. ed. Trad. Maria Tereza Lopes; Marcos Penchel. Rio de Janeiro: Paz e Terra, 2009.

Karnal, Leandro. *Estados Unidos*: a formação da nação. 4. ed. São Paulo: Contexto, 2007 (Coleção Repensando a História).

Karnal, Leandro et al. *História dos Estados Unidos*: das origens ao século XXI. 3. ed. São Paulo: Contexto, 2015.

Le Goff, Jacques. *As raízes medievais da Europa*. Petrópolis: Vozes, 2010.

Leick, Gwendolyn. *Mesopotâmia*: a invenção da cidade. Trad. Álvaro Cabral. Rio de Janeiro: Imago, 2003.

LEWIS, Bernard. *O Oriente Médio*: do advento do cristianismo aos dias de hoje. Trad. Ruy Jungmann. Rio de Janeiro: Jorge Zahar, 1996.

LOWE, Norman. *História do mundo contemporâneo*. Trad. Cataldo Costa. Porto Alegre: Penso, 2011.

MENDONÇA, Marina Gusmão de. *Histórias da África*. São Paulo: LCTE, 2008.

MORAES, Mário Sérgio de. *50 anos construindo a democracia*: do golpe de 64 à Comissão Nacional da Verdade. São Paulo: Instituto Vladimir Herzog, 2014.

MUNANGA, Kabengele; GOMES, Nilma Lino. *O negro no Brasil de hoje*. São Paulo: Global, 2006 (Coleção Para Entender).

NAPOLITANO, Marcos. *1964*: História do regime militar brasileiro. São Paulo: Contexto, 2014.

NOVAIS, Fernando A. (Dir.). *História da vida privada no Brasil*. São Paulo: Companhia das Letras, 1997. 5 v.

PAULA, Eunice Dias de; PAULA, Luiz Gouveia de; AMARANTE, Elizabeth. *História dos povos indígenas*: 500 anos de luta no Brasil. Petrópolis: Vozes/Cimi, 1986.

PERRY, Marvin. *Civilização Ocidental*: uma história concisa. Trad. Waltensir Dutra; Silvana Vieira. 3. ed. São Paulo: Martins Fontes, 2002.

PESTANA, Fábio. *Por mares nunca dantes navegados*: a aventura dos descobrimentos. 2. ed. São Paulo: Contexto, 2015.

PILAGALLO, Oscar (Ed.). *O sagrado na história*: judaísmo. São Paulo: Duetto, 2010. v. 2. (Coleção História Viva).

_____. *O sagrado na história*: islamismo. v. 3. São Paulo: Duetto, 2010 (Coleção História Viva).

PINSKY, Carla Bassanezi; LUCA, Tania Regina de (Org.). *O historiador e suas fontes*. São Paulo: Contexto, 2012.

PINSKY, Carla Bassanezi (Org.). *Fontes históricas*. 2. ed. São Paulo: Contexto, 2006.

PINSKY, Jaime; PINSKY, Carla Bassanezi (Org.). *História da cidadania*. São Paulo: Contexto, 2003.

PREZIA, Benedito; HOORNAERT, Eduardo. *Brasil indígena*: 500 anos de resistência. São Paulo: FTD, 2000.

REDE, Marcelo. *A Grécia Antiga*. São Paulo: Saraiva, 1999. (Coleção Que História é Esta?).

RICARDO, Beto; RICARDO, Fany (Ed.). *Povos indígenas no Brasil*: 2011-2016. São Paulo: Instituto Socioambiental, 2017.

SCHAAN, Denise Pahl. *Cultura marajoara*. Rio de Janeiro: Senac Nacional, 2009.

SCHUMAHER, Schuma; BRAZIL, Vital. *Mulheres negras do Brasil*. Edição condensada. Rio de Janeiro: Senac Nacional, 2013.

SCHWARCZ, Lilia Moritz (Dir.). *História do Brasil nação*. Rio de Janeiro: Objetiva; Madri: Fundação Mapfre, 2011-2014. 5 v.

SEVCENKO, Nicolau. *Literatura como missão*: tensões sociais e criação cultural na Primeira República. São Paulo: Companhia das Letras, 2003.

SILVA, Kalina Vanderlei; SILVA, Maciel Henrique. *Dicionário de conceitos históricos*. São Paulo: Contexto, 2006.

SOON, Tamara. *Uma breve história do islã*. Trad. Maria Helena Rubinato Rodrigues de Sousa. Rio de Janeiro: José Olympio, 2011.

SOUZA, Marina de Mello e. *África e Brasil africano*. São Paulo: Ática, 2006.

THOMPSON, Edward P. *A formação da classe operária inglesa*. Trad. Denise Bottmann; Renato Busatto Neto; Cláudia Rocha de Almeida. Rio de Janeiro: Paz e Terra, 1987. 3 v. (Coleção Oficinas da História).

TODOROV, Tzvetan. *A conquista da América*: a questão do outro. Trad. Beatriz Perrone Moisés. 4. ed. São Paulo: Martins Fontes, 2010.

TOTA, Antonio Pedro. *Os americanos*. São Paulo: Contexto, 2009.

TURAZZI, Maria Inez; GABRIEL, Carmen Teresa. *Tempo e história*. São Paulo: Moderna, 2000.

VAINFAS, Ronaldo (Dir.). *Dicionário do Brasil Colonial*: 1500-1808. Rio de Janeiro: Objetiva, 2000.

_____. *Dicionário do Brasil Imperial*: 1822-1889. Rio de Janeiro: Objetiva, 2002.

VISENTINI, Paula Fagundes; RIBEIRO, Luiz Dario Teixeira; PEREIRA, Analúcia Dnilevicz. *História da África e dos africanos*. Petrópolis: Vozes, 2013.

WHITROW, G. J. *O que é tempo?* Uma visão clássica sobre a natureza do tempo. Trad. Maria Ignez Duque Estrada. Rio de Janeiro: Jorge Zahar, 2005.